尚書正讀

曾運乾 著

湖南圖書館藏手批稿本

長江出版傳媒
崇文書局

圖書在版編目（C I P）數據
尚書正讀 / 曾運乾著. -- 武漢 : 崇文書局, 2025.
3. -- ISBN 978-7-5403-7667-3
Ⅰ. K221.04
中國國家版本館 CIP 數據核字第 20240DQ143 號

策　　劃：陶永躍
責任編輯：胡　欽　王　璇
責任校對：董　穎
責任印製：馮立慧

尚書正讀
SHANGSHU ZHENGDU

出版發行：長江出版傳媒｜崇文書局
地　　址：武漢市雄楚大街 268 號 C 座 11 層
電　　話：(027)87677133　　郵　編：430070
印　　刷：湖北新華印務有限公司
開　　本：787mm × 1092mm　1/16
印　　張：38
字　　數：379 千
版　　次：2025 年 3 月第 1 版
印　　次：2025 年 3 月第 1 次印刷
定　　價：198.00 圓

前　言

曾運乾先生（一八八四—一九四五）字星笠，晚號棗園，湖南益陽人。他幼時發憤攻讀，寖饋於經、史、小學，十六歲補縣學生員，後來考取湖南優級師範學堂，以高才能文聞名一時。一九一三年，曾先生入選湖南官書局，與好友陳鼎忠合撰《通史叙例》，同時潛心探究古聲韵學，前後十年，成《聲學五書》，後來的聲韵學創見大多孕育於此。一九二六年以後，曾先生相繼執教於國立東北大學、國立中山大學，講授聲韵學、文字學、《三禮》學、《尚書》學、《春秋》學等課程，發表《〈切韵〉五聲五十一紐考》《喻母古讀考》《論雙聲迭韵與文學》《等韵門法駁議》《〈禮經〉喪服釋例》《原禮》《〈尚書〉立具録》等重要論文，並編成《音韻學講義》《春秋公羊傳講義》《禮經禮記通論》《周官通論》等講稿。一九三七年秋，曾先生返湘擔任國立湖南大學國文系教授，除講授聲韵學、《尚書》、《三禮》等課程，又開講《春秋三傳》《爾雅》《史記》《莊子》等，一面精心編撰新講義，一面仔細修改舊講稿，其中有《聲韵學》鉛印本，《廣韵研究》《古聲韵學》《史記概要》《春秋三傳通論》《尚書正讀》等石印本，以及《春秋三傳講義》《春秋左氏禮例》《爾雅義證》《莊子札記》等手稿，均留存至今。一九四五年一月，曾先生偶染小疾，竟溘逝於辰溪（湖南大學西遷地）。楊樹達哀痛之餘，特作《曾星笠傳》，對其一生成就極爲推崇：「其治學也，學以濟其思，思以助其學，謹而不拘，達而有節，故其説經不泥守家法，平視漢宋，惟以聲音、訓詁、辭氣推求古人立言真意之所在，其精謹綿密，實事求是，並時承學之士無與抗手。」當年十一月，國民政府教育部采納楊樹達等人的聯名請求，對曾先生予以明令褒揚。

曾運乾先生不僅以精究古聲韻學享譽於世，在經史研究、詩文創作等領域也各有所成，其中《尚書正讀》尤爲卓絶。《尚書》文句詰詘，字詞艱澀，雖經漢、唐、宋、清無數名家注解訓釋，學子仍然苦其難讀。曾先生吸取漢儒明通訓詁、宋儒善審辭氣的優點，綜合運用音韵、訓詁、語法、修辭等知識，兼采衆家，折衷一是，將今文二十八篇解説得文從字順，明白如話，堪稱《尚書》學史上一大創舉。方孝岳爲之作序，即交口稱贊：「先生創通小學，早著經神。是用刊彼扶疏，申兹諷籀，不增字以説經，不破言以逆志。殷盤周誥，觸手而如新；五家三科，擊目而可辨。優賢揚歷，何夏侯嚮壁之愚；耄遜於荒，笑舊傳囊螢之智。凡皆夸目者不尚奢，而愜心者終貴當矣。」楊樹達則在序文中，作了一個非常形象的對比：讀江聲、王鳴盛、孫星衍諸家《尚書》著述，「往往讀一篇竟，有如聞異邦人語，但見其唇動，聞其聲響，不知其意旨終何在也」，而曾先生作《尚書正讀》，「於訓詁、辭氣二者，既極其精能矣，而又能以此通解全書，直不欲令其有一言之隔，讀者依其訓釋以讀經文，有如吾人讀漢、唐人之詔令奏議。嗚呼，何其盛也！」

曾運乾先生《尚書正讀》初稿完成於國立中山大學，一九三三年冬約請同事方孝岳作序（序文翌年三月刊於《文學雜志》第八期，同期也刊發《尚書正讀·洛誥》篇），一九三六年四月又函囑好友楊樹達作序。及至執教湖南大學，他繼續講授《尚書》課程，又對《尚書正讀》加以修訂，除《大誥》篇刊載《湖南大學期刊》新一期（一九四一年），並將全書作爲講義印發給學生。今湖南省圖書館收藏有石印本《尚書正讀》，六卷，上下兩册，版心底部有「國立湖南大學」字樣，兩册正文首行均鈐「譚自西印」（篆文方印），下册封面又題「卅一年秋期，棗園夫子講授」。譚自西畢業於國立湖南大學，可知這個石印本正是一九四二年秋季學期的講義。

曾運乾先生原本有出版《尚書正讀》的計劃，殆因過早病逝而未果，以致長期湮没。據顧頡剛日記，他曾從楊樹達序文中得悉此書，但「欲讀不得」，一九六一年九月才輾轉借得湖南大學講義本，一經披讀，「甚有創見，快甚」，並吸收書中觀點修改其舊作。也許正是這個因緣，谷湜一九六三年即據湖南大學講義本進行整理，校正訛誤，補編目録，增添附録，翌年由北京中華書局出版，成爲人們肄習《尚書》的重要讀本，後來港臺等地屢有翻印，流傳甚廣。此後又經數十年，黄曙輝對《尚書正讀》施以新式標點，特别是校核引文，標明起迄，尤便讀者，二〇一一年由華東師範大學出版社印行；二〇一五年又改題爲《尚書》，署曾運乾注、黄曙輝點校，由上海古籍出版社出版。谷湜整理《尚書正讀》時，未能查出原稿下落，黄曙輝點校時，仍未查尋原稿加以檢對，均有餘憾。

茲逢曾運乾先生一百四十周年誕辰之際，崇文書局將湖南圖書館所藏《尚書正讀》稿本加以影印，紙墨爛然，手澤如新，蠅頭細字，一筆不苟，讓人嘆爲觀止，不僅賡續經典、嘉惠學林而已。原稿本爲三册，第一册正文前有曾運乾先生手書《虞夏書》、《商書》篇目，並附有《〈禹貢〉所載隨山濬川之圖》（有先生圈點及文字），第二册正文（卷三《湯誓》）前有《周書》篇目。除此之外，每册前後均裝訂有數頁餘稿（抄寫有誤的手稿）。崇文書局將三册稿本影印爲一册，原一、二册正文前之篇目，置於全書正文之前，以爲原目。第三册卷六後有四頁手稿，無標題，以其内容擬名爲「後叙」。原稿本各册前後餘稿及《〈禹貢〉所載隨山濬川之圖》作爲附録置於全書末尾，以存前賢手澤。

筆者先睹爲快，確認這個稿本正是國立湖南大學石印本的底稿，其中留存的豐富信息值得大作發掘，同時與國立湖南大學石印本、谷湜整理本、黄曙輝點校本略作對照，發現彼此文字、句讀多有差異，稿本對後續整理尤有裨補，因此略作述介，以爲愿讀是書者之先導。

翻開《尚書正讀》稿本，即可發現曾運乾先生仿用傳統批點法，對大多數注解文字作了圈點（僅第一册《皋陶謨》、第三册《召誥》《多士》《無逸》《多方》《秦誓》無圈點）。就其内容來看，約可分爲兩類：一是在所引前人注釋某些重要詞句旁加小點、小圈，二是對自己解説中的關鍵字詞、重要觀點或總結性文句作圈點。例如，對《堯典序》的解説，曾先生引録鄭玄之説，將「獨云『昔在』，使若無先之典然也」兩句加點，是突出問題所在。接著引《周官》《左傳》《國語》等史料，指出「是堯以前書有稱典者」並加點，表明存在與鄭説相反的事實。再引《史記》之説作分析，然後提出：「唐虞以上，非無記載，以其簡編脱落，樸略難傳，斷遠取近，自唐虞始，故云：使若無先之典然也。」這是對鄭玄看似違背史實的判斷作疏證，全部加點，十分醒目。曾先生最後提出：「堯、舜禪讓之事，雖分兩序，實爲一篇，首尾貫穿，蓋夏史所記也。」這是他對《尚書》開篇大公案的總看法，因此也全部加點。又如，對於《梓材》开篇「王曰：『封，以厥庶民暨厥臣達大家，以厥臣達王惟邦君。』」曾先生解爲倒語，「猶云由王與邦君達厥臣，由大家達厥庶民暨厥臣」，進而指出：「倒言之者，周初詞氣，不與後同。《尚書》此類甚多，不憭其詞氣，則見爲詰屈也。」這是他總結《尚書》語言表達的一種普遍現象，因此全部加點，極爲醒目。此外，曾先生也在少數經文旁加小圈，表示格外重視，可見於《盤庚》《高宗肜日》《西伯戡黎》《微子》《大誥》《酒誥》《君奭》《立政》等篇。綜觀全稿，圈點最密集的篇章，有《堯典》《盤庚》《微子》《大誥》《康誥》《酒誥》《洛誥》《君奭》《立政》《顧命》《吕刑》等，均爲《尚書》中詰屈難解或屢有歧解者，同時也是曾先生多有勝解者。細心體會這些圈點，可知曾先生並未落入前人詩文批點的俗套，而是引導讀者抓住關鍵、把握重點、盯住亮點，既多提綱挈領之益，也有畫龍點睛之妙。因此，捧讀這份稿本，如有一幅幅導覽圖在手，對於深入理解《尚書正讀》，進而研讀《尚書》，必有事半功倍之效。

《尚書正讀》稿本中，同時留存有大量眉批和少量夾注，均出自曾運乾先生之手，與其解説文字密切相關。如《堯典》篇中，曾先生解「歷象日月星辰」句説：「歷，數也，讀如『歷日月而送迎之』之歷。象者，像也，讀如『堅人象之』之象也。」眉批：「王安石云：歷者，步其數；象者，占其象。梅文鼎云：歷者，算數也；象者，圖也，渾象也。」是對「歷象」二字作補充性解説。又解「平秩東作」時，曾先生引録陳壽祺致阮元書中之論，認爲「陳氏以『平秩東作』及『平秩西成』爲春秋致月之事，實發前人所未發」，稿本於陳壽祺言及「日春行東陸」「日秋行西陸」，各作眉批：「按，『春行東陸』，東當作西。」「按，『秋行西陸』，西當作東。」其實杭世駿《訂訛類編》卷五《天文訛》有專篇論「日行春西陸秋東陸」，分析前代相沿日春行東陸、秋行西陸的謬誤。魏源《書古微》卷二更明指陳氏全懵於天文，「誤以爲日春行東陸、秋行西陸，不知正與日春行西陸、秋行東陸者相反」。曾先生正是有見於此，以眉批的方式糾正陳壽祺沿用舊説之失。又如《皋陶謨》篇中，曾先生訓釋「在治忽」語意後，又提出：「『在治忽』三字，《史·夏本紀》作『來始滑』，《索隱》：古文『在治忽』，今文作『采政忽』。《漢·律志》引作『七始詠』，『七』或又作『桼』。忽，鄭本作『曶』。皆因形近、聲近而致誤，當依古文爲是。」眉批：「按，『在治忽』三字，古今文本各不同。古文本蓋本作『才治忽』，借『才』爲『在』，今文以聲譌爲『采』，《漢書》以形譌爲『七』，《史記》又以『采』形譌爲『來』，或本又以『七』聲譌爲『桼』。治，或作『始』，聲之譌也；或作『政』，義相近也。忽，鄭本或作『曶』，同聲字也；《史記》作『滑』，曉母雙聲字也；《漢書》作『詠』，喻三與曉相爲清濁也。諦審文義，當以古文爲是。」這正是曾先生注解所謂「皆因形近、聲近而致誤」的具體呈現。又如《禹貢》篇冀州節下，曾先生指出：「九州之文，皆先舉州界，次山原、川澤、夷服，次土性、草木，次田賦，次土貢，次貢道。」這是對篇中九州各節行文規律的總結，然後又在各州相關文句頁眉，分別標上州界、山原、川澤、土性、草木、田賦、土貢、貢道等字眼，如同章節綱目，讓人一目瞭然。再如《盤庚上》篇，曾先生解「既爰宅于兹」説：「爰，易也。爰宅，指祖乙自相遷耿言。」眉批：「《左》僖十五年傳『晉於是作爰田』，服注：『爰，易也。』本文『爰宅』，正『易宅』也。孔《傳》『爰』訓『於』，『于宅于兹』文不成義。」又下句「卜稽曰：其如台」，曾先生釋曰：「其如台者，猶言其如何也。」眉批：「台、何，聲之變轉。《尚書·湯誓》『夏罪其如台』，《西伯戡黎》『今王其如台』，《史記》皆釋作『奈何』。『如』訓『奈』者，古音娘、日歸泥也。晚出孔《傳》訓『台』爲『我』，雖本《雅》訓，然曰『其如我所行』，文不成義。」這兩條眉批，通過增加書證材料、運用古代聲韻知識，使自己的解説更爲堅確可信，同時也指出孔《傳》訓釋之誤。特別值得一提的是，曾先生在《禹貢》導水節後，以眉批總結出《禹貢》詞例五類、導山導水釋名十六條、貢程釋名十條及補例兩條，並揭明其旨趣與價值：「古今説《禹貢》之書至夥，諸説紛紛，莫衷一是。鄭君、王肅常就詞例求之，顧初發端題，未甚精審。今輒推全經詞例，援甲證乙，同條共貫，而三江、九江之争，河源、江源之辨，依例證之，迎刃而解，略無疑滯。」這種高屋建瓴的學術總結，更是彌足珍貴。總之，在《尚書正讀》稿本中，批校文字層出不窮，長短不一，或補證己説，或糾改前人，或分門別類，或提綱挈領，或畫圖示意，内容相當豐富，與正文一起閲讀，可收相得益彰之效。

將《尚書正讀》稿本與國立湖南大學石印本對檢，既能察覺石印本在某些文句上對稿本的增删、移易及其改進，判定二者的源流關係，也能發現石印本存在諸多手民之誤，可據以糾正後來各種整理本的訛謬。以下僅就谷湜整理本前兩卷中的失誤，各舉數例。其一，稿本不誤，石印本有誤，整理本沿而未改者。如谷湜整理本第三十四頁「《易繫辭》云：幾者微之動」，石印本、黄曙輝點校本均同，但稿本原作「幾者動之微」，與《繫辭》合。第三十九頁「六律者，律十有二。陽六爲律，陰六爲宫」，石印本、黄曙輝點校本均同，「宫」字實誤，稿本作「吕」爲是。第五十二頁經文「厥田爲中中」，石印本、黄曙輝點校本均同，「爲」字誤，稿本原誤作「爲」，但已旁改作「惟」。其二，稿本、石印本不誤，整理本反而有誤。如谷湜整理本第二頁引陳蘭甫「若謂《舜典》亡矣，豈可云《康王之誥》亦亡失乎」，黄曙輝點校本同，但回查《東塾讀書記》卷五，上句本作「《舜典》亡失」，與稿本、石印本正合。第九頁「合諸《左傳》『日在北陸、西陸朝覿』之交」，「交」字，稿本、石印本作「文」爲是，黄曙輝點校本已校正。第二十四頁引《孟子》述放勛曰「勞之來之，道之直之」，黄曙輝點校本同，「道」字，稿本、石印本作「匡」爲是，與《孟子》合。第三十五頁「《周官》卿大夫使民興賢」，黄曙輝點校本同，「卿」字誤，稿本、石印本作「鄉」爲是。特别要指出的是，通過對照稿本、石印本，發現谷湜整理本時有過度校改之失。如第二十頁「濬，疏通之也」，黄曙輝點校本同，「疏」字，稿本、石印本均作「深」，當依從。《皋陶謨》「濬畎澮」，曾先生又説「濬，深通之也」，前後相符。「濬」字本有「深」義，孔《傳》釋「濬川」爲「有流川則深之，使通利」，釋「濬畎澮」同樣突出一個「深」字，曾先生的訓解應是取資於此，整理者不當校改。第五十四頁「厥貢漆絲，厥篚織文」條下，曾先生全引鄭玄注，其中有「《武成》曰：『篚厥玄黄，昭我周王』」，「武成」二字，稿本、石印本原作「胤征」，但因「篚厥玄黄，昭我周王」不見於今本《胤征》，而見於今本《武成》，谷湜整理本加以校改，黄曙輝點校本同。其實，曾先生此條注解沿用清儒舊説，其源則在《堯典正義》所謂鄭玄「注《禹貢》引《胤征》云『篚厥玄黄，昭我周王』」，因此不必校作「武成」。惠棟《古文尚書考》、王鳴盛《尚書後案》

對此作過考辨，可以參見。

「周誥殷盤，佶屈聱牙」，句讀向爲《尚書》注解之先務。曾運乾先生除對歷來存在分歧的文句明確提出「某某句絶」，還不厭其煩地對經文及解説文字全部標明句讀，不僅有利於初學者閲讀，更爲今人作新式標點提供了現成方案或重要參考。對照稿本與石印本，兩者句讀基本一致，而少數句讀有異者，往往石印本不如稿本之合理、準確。谷湜整理本的斷句，基本保留石印本句讀原貌，因而失當之處在所難免。黄曙輝點校時，仍是依循谷湜整理本的斷句，有所改進者不多。茲舉《禹貢》數例，以見稿本在句讀上的優越。如谷湜整理本第五十七頁引《漢志》「汶水出泰山萊蕪縣原山西，南入濟」，石印本、黄曙輝點校本句讀均同，稿本則將「西」字屬下句，最爲正確。第七十一頁釋三危山，據鄭玄所引《地記書》云「三危之山，在鳥鼠之西南，當岷山，則在積石之西南」，又引焦循《禹貢鄭注釋》云鄭注「又引《地記》明三危山之所在，云鳥鼠之西南當岷山，在積石西南」，均將「鳥鼠之西南」連讀，石印本句讀全同，稿本則標明「鳥鼠之西，南當岷山」。第七十七頁又有「三危山在鳥鼠之西而南，當岷山，則在積石山之西南」，石印本句讀同，稿本仍將「而南」二字下屬。這兩處句讀，當以稿本爲是，黄曙輝點校本已改正前後兩處句讀，中間引焦循句則未斷開。第八十三頁「江聲云：侯之言候，候逆順兼司，候王命」，黄曙輝點校本同，均誤以「兼司」上屬爲句，稿本則作「候逆順，兼候王命」，「兼」字下屬爲句（惟「兼」下脱「司」字），石印本則「兼」下空一字，句讀不誤。第八十五頁經文「東漸于海，西被于流沙，朔南暨聲教，訖于四海」，「朔南暨聲教」五字連讀，黄曙輝點校本同，而稿本、石印本句讀均爲「朔南暨，聲教訖于四海」。曾先生雖未明言「朔南暨」句絶，但注解中援引江聲、章太炎兩家之説並以之爲然，顯然也是以「朔南暨」爲句，「聲教」二字下屬爲句。可知谷湜此處依通行本斷句，與曾先生原意相違，屬於擅改。

《尚書》文句艱深，歷代注家異讀歧解，《尚書正讀》堪稱簡便，但要進行現代整理，仍非易事。事實上，從谷湜到黄曙輝，整理質量不斷改進，但斷句、標點、引文覆查、文字核校等失誤還時有所見。因此，希望《尚書正讀》稿本的影印，可以直接帶出一部盡善盡美的整理本，進而推動學界對曾運乾先生的經學成就以及整個《尚書》學作出更好的研究。

甲辰初秋，漵浦後學吴仰湘謹識於長沙寓廬得一間齋

目録

虞夏書
堯典 舜典
汩作 九共九篇 槀飫 汩作九共逸 槀飫亡
大禹謨 臯陶謨 益稷 大禹謨逸 晚出古文有
禹貢
甘誓
五子之歌 古文逸 晚出古文有 胤征 古文逸 晚出古文有

商書
帝告 釐沃 亡 湯征 亡 汝鳩 汝方 亡
湯誓
夏社 疑至 臣扈 亡
典寶 逸 晚傳亦亡
仲虺之誥 古文亡 晚出古文有
湯誥 古文逸 晚出古文有 明居 亡
伊訓 肆命 徂后 古文伊訓肆命逸 徂后亡、晚出古文伊訓有 其
太甲三篇 古文亡 二篇亡 晚出古文有 咸有一德 古文逸 晚出古文有
沃丁 亡 咸乂四篇 亡 仲丁 亡 河亶甲 亡 祖乙 亡 盤庚三篇 今文古文皆有
說命三篇 古文亡 晚出古文有 高宗肜日 高宗之訓 高宗之訓亡
西伯戡黎
微子

周書
泰誓上中下三篇亡 晚出古文有
牧誓
武成逸 建武之際亡 晚出古文有
洪範
分器亡 旅獒逸 晚出古文有 旅巢命亡
金縢 大誥
歸禾亡 嘉禾亡
康誥 酒誥 梓材 召誥 洛誥 多士 無逸 君奭
成王征亡 將蒲姑亡
多方 立政
周官亡 晚出古文有 賄肅慎之命亡 亳姑亡
君陳亡 晚出古文有
顧命 康王之誥
畢命亡 晚出古文有 君牙亡 晚出古文有 冏命逸 晚出古文有
呂刑 文侯之命 費誓 秦誓

尚書正讀 卷一卷二

尚書正讀卷一

益陽曾運乾

虞夏書

堯典 舜典

昔在帝堯，聰明文思，光宅天下。將遜于位，讓于虞舜。作堯典。

堯，唐帝名。典，說文云：從冊在丌上，尊閣之也。鄭康成云：書以帝典爲始，獨云昔在，使若無先之典然也。按周官外史掌三皇五帝之書。左傳載楚左史能讀三墳、五典、八索、九丘。楚語申叔時云：教之訓典。注以爲五帝之書。是堯以前書有稱典者。史記五帝本紀云：學者多稱五帝尚矣。然尚書獨載堯以來。蓋孔子序書，上記唐虞，下至秦繆，編次其事。唐虞以上，渺無紀載，以其簡編脫落，樸略難傳。斷遠取述。自唐虞始,故云若古先之典也。光,猶廣也。宅,宅而有之也。堯舜禪讓之事,雖分兩序,實爲一篇,首尾貫穿,蓋夏史所作也。

虞舜側微,堯聞之聰明,將使嗣位,歷試諸難,作舜典。

側,伏也。微,猶賤也。之,猶其也。歷試諸難,勤庸成,謂以入麓伐木其陽也。劉逢祿書序述聞云:二典太史引作帝典,以蓋堯典、舜典。異序同篇,故序言將遜于位,讓于虞舜,即前半篇皆堯舉舜之事也。又序言虞舜側微,堯聞之聰明,將使嗣位,歷試諸難,即下半篇賓四門納大麓當之事也。古今文本二典皆合爲一篇。猶之顧命、康王之誥,伏生本合爲一篇,則亦一書而兩序也。惟趙岐孟子注乃云:孟子時尚書凡百二十篇,逸書有舜典之序,亡失其文。

孟子所言舜事，皆舜典及逸書所載。攷孟子所載舜往于田、完廩、
諸事不載舜典。又不稱書曰。又不稱書曰。其祇載見瞽瞍稱書曰，則逸書大傳之
類也。又曰不及貢以政接于有庳，此之謂也。亦傳記所稱，皆不言為舜
典之證。即史記所作舜本紀，亦本堯典所述之外，可知此別有篇矣。
陸氏釋經題亦云本無別出舜典大字，別書通謂之二帝典可也。虞夏
之書不若後世史家立有定體，二帝分載為兩紀也。陸蘭甫云，陸說
通矣。劉說以康王之誥為比，說通者但舜典之矣，豈可云康王之
誥亦此矣乎。今案，諸說並是也。二典通為一篇，究與後世史家合傳體
臨出孔傳本析慎徽以下為舜典，固為割裂。清朱竹垞、趙雲松欲析
月正元日以下為舜典，然截去慎徽五典以下，則與本文歷試諸難

二

漢時今文家秦近君說粵若稽古三萬言，實則祇是救閑多是四字也

不合，不如仍舊。

曰若稽古。帝堯曰放勳。欽明文思安安。允恭克讓。光被四表。格于上下。

曰若，審慎之詞。曰亦作粵，或亦作越。漢書律曆志引武成惟一月壬辰旁死霸。粵若來三月。逸周書世俘惟一月丙午，越若來二月。周書召誥惟太保先周公相宅，越若來三月，惟丙午朏。越若皆發語詞，無實義。稽，考也；古，故也。從十口，十口識前言者也。曰若稽古四字，由總。段玉裁今古文尚書撰異云：曰若稽古四字為句，不獨皋陶謨也。蓋堯典之序。逸周書武穆解可證也。按左傳引堯典賦納以言為夏書。墨子明鬼篇引尚書夏書，其次商周之書。鄭康成書贊云三科之條，五家之教。三科謂虞夏一科，商一科，周一科也。楊子法言志稱

大戴記誥志篇虞
史伯夷
世本彭祖氏在商為
守藏史在周為柱下
史蓋世守典籍者
也

虞夏之書渾渾爾，商書灝灝爾，周書噩噩爾。皆題曰虞夏書者，孔
穎達謂虞夏同科，雖虞事亦連夏。竊意二典三謨本夏史所記，
或雖出於伯夷、彭祖之手，其書實成於夏代，故冠以曰若稽古四字。左
氏、墨子所由目為夏書也。而馬鄭等乃改題虞夏也。序云昔在帝堯云
昔在者卽曰若稽古之例，亦審慎之意也。昔正考父校商之名頌十
二篇於周太師，以那為首。其輯之亂曰：自古在昔，先民有作，溫恭朝夕，
執事有恪。先聖王之傳恭猶不敢專，稱曰自古，古曰在昔，昔曰先民，此
與太史執簡、孔子序書，咸出一轍。而賈馬乃以若稽為順考，鄭君乃
以稽古為同天，豈所擬於不知則闕者哉。堯，名也。放勳，蓋字也。帝
堯曰放勳，五字內絕。卽五帝本紀云帝堯者放勳也。放勳事字闬謂

三

之欽，照臨四方謂之明。經緯天地謂之文。慮深通敏謂之思。寬容覆載謂之安。允，信。克，能。不懈於位曰恭。推賢讓能曰讓。光被四表，格于上下。

鄭云：言堯德光耀及四海之外，至于天地，所謂大人與天地合其德，與日月合其明也。曉按：孔傳訓光為充，雖本雅訓，然以光為廣之借字，不如鄭君用光之本義為訓也。

克明俊德，以親九族，九族既睦，平章百姓，百姓昭明，協和萬邦，黎民於變時雍。

俊，大也。大學引此經釋之云：皆自明也。鄭注云：皆自明明德也。九族者，鄭云：上自高祖，下至玄孫，凡九族，皆同姓。睦，敬和也。平當為釆，形之誤也。說文：釆，辨別也。讀若辨。鄭云：辨別章明也。百姓，百官族姓

也。協，亦和也。雝，又聲，服用。黎，衆也。於，歎詞。如初發昭于天，天於變化也。時，善

也。雍，和也。言衆民從化而皆慕隆和善也。章太炎尚書故言云：堯典記

事文不直遂，而以美言緣飾，與漢世銘頌相似。其頌德稱欽明文

思安安，允恭克讓，光被四表，格于上下，又與魏晉州郡品目鄰類也。上

世史官識草略，亦由德廣而友不可縶稱，而但太上下知有之。蕩蕩乎，

民無能名焉。按以上渾言堯之德化。

乃命羲和，欽若昊天，歷象日月星辰，敬授民時。

國語楚語云：少昊之衰也，九黎亂德，民神雜糅，不可方物。顓頊受之，

乃命南正重司天以屬神，命火正黎司地以屬民。其後三苗復九黎

之德，堯復育重黎之後不忘舊者，使復典之。故重黎氏世序天地，其

王安石云：曆者其數，象者其象。梅文鼎云：曆者其算數也，象者其圖也，渾象也。

注云：重黎之後羲和。鄭康成謂堯育重黎之後羲氏和氏之賢者，使掌舊職天地之官，是也。欽，敬也；若，順也。昊天，混然之氣，昊然廣大也。欽若昊天者，言當順天以求合，而當為合以驗天也。曆，數也，該於曆日月而迭迎之之曆。象者，像也，該於聖人象之之象也。古曆定天周三百六十五度又四分度之一。日每日行天一度，（天東旋，日月西旋）月每日行天一十三度又十九分度之七。星二十八宿環列於天，四時迭中者也。日月之所會是謂辰。分二十八宿之度為十二次，是為十二辰，精四者之度。象四者之行，以審知時候而授民也。羲和當乎天地四子分掌四時。

分命羲仲，宅嵎夷，曰暘谷。寅賓出日，平秩東作。日中星鳥，以殷仲春。厥民析，鳥獸孳尾。

羲仲官名，蓋春官也。下文羲叔、和仲、和叔，則夏官、秋官、冬官也。仲叔皆羲和氏之子。所謂重黎氏世序天地，以至于夏商者也。宅，度也。度之而識其晷景，以定中國之日出入多少也。嵎夷，禹貢在青州，說文在冀州。史記索隱云：按今文尚書及帝命驗並作禺鐵，在遼西。後漢書東夷傳說夷有九種，云昔帝命羲仲宅嵎夷，曰暘谷，蓋日之所出也。考禹貢海岱惟青州，爾雅釋文引鄭注，舜以青州越海而分齊為營州，則青州之有今遼瀋之地，暘谷為首陽山谷。則在今遼陽縣境。禹貢之冀州接壤，故說文以為在冀州也。寅，敬也。賓，蔡傳云禮接之如賓客也。出日，方出之日，蓋以春分之旦朝

五

仲春寅賓出日，亦當寅餞納日；仲秋寅餞納日，亦當寅賓出日，文意互相足之。
發，此日躔自此而南；斂，此日躔自南而北。
摟春行東陸，東當作西。
摟秋行西陸，西當作東。

方出之日，而識其初出之景也。盛百二尚書釋天云：寅賓測日出
敬致，日圓體測於正午之時，以表景之長短知日行之發斂；而此
則測之於卯酉，以表景之斜直知日躔之進退，所當互備，須必
先以候之，始知寅餞之之喻，乃知訛紕。平，當爲釆，周官馮相氏注
引作辨。辨秩，辨別秩序也。東作，陳壽祺左海文集云：作，始也。日
春行東陸，立春春分，月從青道出黃道東，故經曰辨秩東作。言
日月之行於是始，羲仲辨次之也。西成，成平也。日秋行西陸，立
秋秋分，月從白道出黃道西，故經曰辨秩西成。言日月之行於是
終，和仲辨次之也。是時日夜分，太陽假道乎中也。又日春在奎而月圓
於角，角在東宮，維首之景也。日秋在角而月圓於奎，奎在西宮，維

周官馮相氏春秋陟月，冬夏陟日。
按致形[illegible]猶陟之致

首之星也，亦東始西平之義。步日以月，此二者，春秋致月之事也。按陳氏以平秩東作及平秩西成為春秋陟月之事，實發前人所未發。蓋前人於東作南訛西成朔易四者，均謂農事之言。按之曆法及文例，均有未合。考日躔月離，同為步天家所重。春分賓日，秋分餞日，既以寅景測日躔之進退，而於月離竟無及焉，豈不以朔會朔之遲速及交食之時刻一也。上文命羲和曆象日月星辰，是言總測四者，乃能敬授民時。此文賓日餞日，推測日躔之進退，致陟推測日躔之發斂，是曆象日行也。星鳥、星火、星虛、星昴，考驗漏刻中星，以定啓閉分至，是曆象星辰也。若遺月不測，四缺其一焉，是以瞻天象之全二也。又本文文例整齊，由天象而

六

人事。由人事而物候。皆先言雅步。後言徵驗。若東作南訛西成朔易，皆言農事。而南訛之下又言敬致。則文氣隔閡為不辭矣。三也。故陳氏言東作西成為春秋啟閉之候。意無可疑。惟其所釋闊略。而未足以闡明緯旨。考一行大衍曆議引劉向洪範五行傳云：日有中道。月有九行。中道謂黃道也。九行者，青〔黃道〕道二，出黃道東；赤道二，出黃道南；白道二，出黃道西；黑道二，出黃道北。立春春分月東從青道。立夏夏至月南從赤道。立秋秋分月西從白道。立冬冬至月北從黑道。月不行黃道，謂之九道。月之出也，必循黃道內外也。所謂黃道即白道。錯居於赤道。而與赤道交於春秋分之處。所謂白道朱道、青道、黑道皆有道。又錯交於黃道。其更互躔亙時亦移。交周

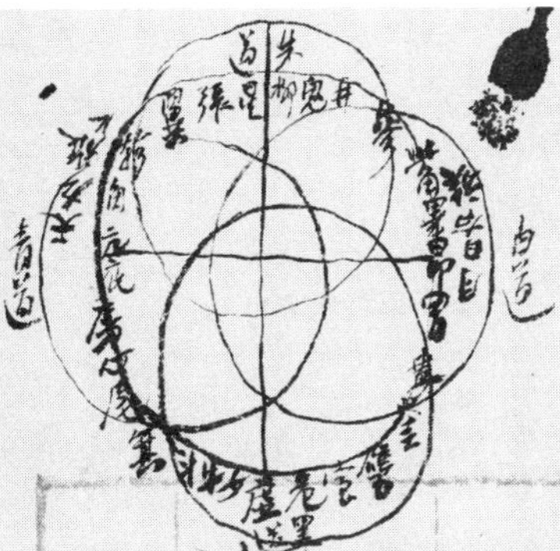

分爲四象。有正交，有中交。正交者，交之始也；中交者，交之終也。又有半交，當兩交之中。與黃道相去六度。堯時冬至日在虛，立春日在壁，春分日在昴，立夏日在東井，夏至日在星，立秋日在軫，秋分日在房，立冬日在斗。今春分用黃道，繼昴卯起，右旋。當星，又陰歷爲正交。當房，去黃道六度，爲半交。正虛入陽歷爲中交。復於婁，所而積，東北是爲交周。一復以次而東，正於井爲立夏，正於星爲夏至，正於軫爲立秋，正於房爲秋分，正於斗爲立冬，正於虛爲冬至，正於壁爲立春。遞以次移，不循故軌。凡月道交於日，而東西各距六度，爲朔；距日一百八十度爲望。此皆爲東西周經其交也。正當黃道而各偏度，是爲

七

日之宿留此數，故月道過白道與黃道交點中之昇交點（古稱陰曆）、或降交點（古稱陽曆）。月自過白道昇交點或降之交點所需時間，謂之交點月（古稱交周），二十七日五時五分三十五、八秒，乃其平均值。日在與月合此數所與昇交點或降交點附近始生日食。研究交點月有重要之關係。交點月比恒星月短，故同太陰經過交點並行之始。

◎盛為之所行之宿也；宿入陰曆之度數也；宿入陽曆，是為月行之度也。

◎行之宿，宿入陰曆之宿，宿入陽曆，是為月行白道。

東此同緯，雖入交而非朔望，則同緯而不同經；當朔望而非入交，則同經而不同緯。若日月之行，適朔望而東西同經，又值入交而南北同緯，則有虧食。當朔而日為月所掩，是為日食；當望而月為日所掩，是為月食。故月行出入黃道，有陰陽曆，為推測日月食之根。推步家所依以為經度也。羲和從歷，於春秋分測日之晷景，於冬夏至以測日躔進退，又測月之宿度於夜，以知交道。以出入圜中景以知日躔之西；中景以知月道。一行《大衍曆》議云：「月行合朔所交，以黃道內為陰曆，外為陽曆。」陰陽曆交在夏至冬至，則月行青道、白道所交，則同而出入之行異。故青道至（以冬至夏至黃道為標準）春分之宿及其所衝，皆在黃道正東，白道至秋分之宿及其所

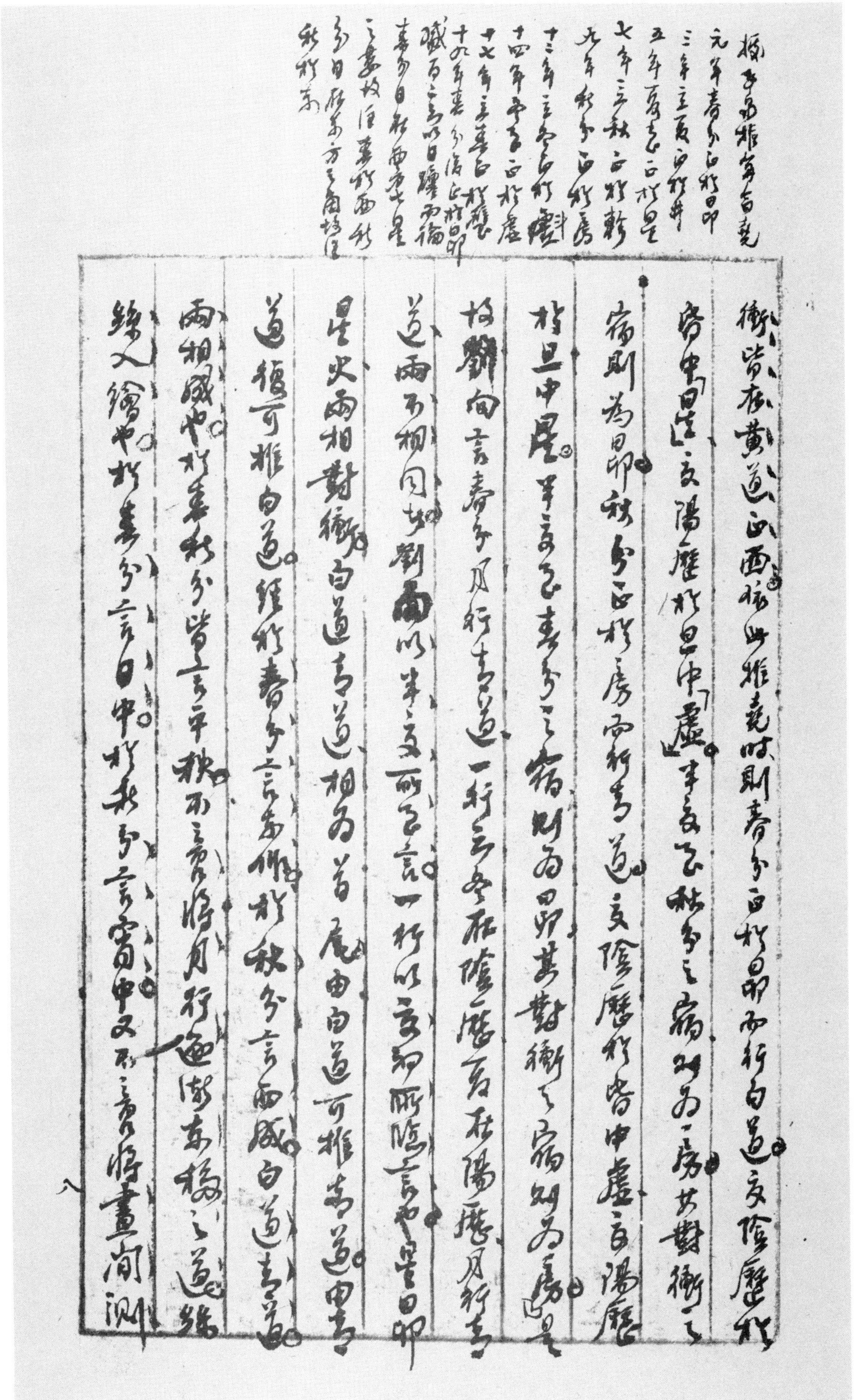

歷家舊說以冬至時
黃道與赤道半相交
其緯度所差一日不
過數分初二分黃道
與赤道斜交其緯度
易見
一日差二十四分其差
測道周歷四象測之以
交緯每交退天一度

日夜間則月之理兩之對勘也一月行交道段以日月薄蝕乃有可推古
人制字朔望有均從月從義朔字從月以屰月與日同經度而不同
緯度則相屰而為合朔者同經度而又同緯度則相屰而為日
食望為月食專字從月從壬取日月相對望也從之過食則有
三象焉有為日食專字從朔月晝蔽其明也從又一指蔽前泰山
不見也則知日月食之由於蔽也然則測月道以驗薄蝕有文
字以來創之羲和掌周禮馮相氏者也至於測驗不於冬夏而春
秋也蓋以測天之微月道為難令多之驗日食為準春秋二
分道則黃赤鈎交緯度之差大而易見景則昏旦違中晝
夜之度均而不爽故陵以春秋為宜也雖交緯有逐周而差

十退一周天 西退一度

晉奇月遍歷天度，視之交周，月道之差，約十九年一歸元。陸交行，每歲二十六次

四十六分四十二秒

羲和驗之於分至之交，蓋當時月道之表，春分正於日卯，夏正於星，秋分正於房，冬至正於虛，則固萬世推算日月，食之根數，分至所以驗之也。一日中，着春分之訓，於此說爲適中也，正以羲和司曆驗之，古制訓漏，晝夜百刻，日中晝漏五十刻，夜亦五十刻。星鳥，東方南方朱鳥七宿之中星，卯之七星也，不曰星，星宿星鳥者，避之殷，訓也。殷正也。正義之冬夏言正，春秋言殷，其義同，以調正四仲之氣候也。析，分散也，春作之時，冬寒民聚於隩，至是則以民之散處而就其氣之溫也。孳尾也，乳化曰孳，交接曰尾，以物之生育而驗其氣之和也。

申命羲叔，宅南交，曰明都，平秩南訛，敬致。日永，星火，以正仲夏，厥民因，鳥獸希革。

秩　接

九

申，重也。南交，交阯也。大戴禮少閒篇云：昔虞舜以天德嗣堯，朔方幽都來服，南撫交阯，出入日月，罔不率俾。墨子節用篇云：昔者堯治天下，南撫交阯，北降幽都，東西至日所出入，莫不賓服。是其證也。曰明都，依鄭增。鄭云：夏不言明都，三字磨滅也。按經上文曰暘谷，曰昧谷，曰幽都，例宅南交下無實指其地名。鄭知有曰明都三字，無有所稽，今據鄭說增。審平秩南訛與下文平秩朔易同例，知夏，致日之事。南，南陸也。朔，北陸也。爾雅釋天云：玄枵，虛也。北陸，虛也。大梁，昴也。西陸，昴也。古以星紀日月之經行，分為四象，而謂之四陸。曲禮云：前朱雀而後玄武，左青龍右白虎。今按左傳曰在北陸、西陸朝覿之文，是四陸即四象也。角亢氐亢心尾箕爲東陸蒼龍之宿。斗牛女虛危室壁爲北陸玄武之宿。奎婁胃昴畢觜參爲西陸白虎之宿。井鬼柳星張翼軫爲南陸朱雀之宿。爾雅舉虛爲北陸。昴爲西陸。則星爲南陸。房爲東陸可知。又左傳於冬言日在北陸。則夏時日行南陸可知也。此所言之南。即日所躔之南陸。堯時夏至日在星也。下文所言之朔。即日所躔之北陸。堯時冬至日在虛也。訛。動也。言發動也。下文易。說文云日月爲易。即交易也。訛與易相對爲文。古曆言天體渾圓。環列之道。一曰赤道。赤道黃。以南北極爲主。而中分之南北緯度皆九十度是也。一曰黃道。其道斜交於赤道內外。其與赤道南北之遠之處。不過二十三度半是也。本爲平直。因其斜交赤道。故以其爲內外也。赤道

十

者曰中衡。從黃道東端引一線，南與赤道平行者，為內衡，今稱北回歸
線。從黃道西端引一線，北與赤道平行者，為外衡，今稱南回歸線。日
道南北二所稱也。唐堯時，夏至日行南陸朱鳥七宿，夏至日在星，
在黃道為最北，南去赤道二十三度半，是稱內衡。自此發而南者，旋歷東
陸蒼龍七宿，迄房，交於赤道，為秋分。復右旋，行北陸玄武七宿，
迄虛，此距赤道二十三度半，是為冬至，是稱外衡，在黃道為最南
也。自此發而北，仍右旋，歷西陸白虎七宿，迄昴，交於赤道，為春分。
復右旋，經南陸朱鳥七宿，迄柳星，當內衡，復於夏至，是為一歲。
本文南訛，言日行自南陸而東；下文朔易，言日行自北陸而南也。或曰
南訛，言日道自內衡南行；朔易，言日道自外衡北返也。南訛、朔易

堯時冬至日在虛，夏至日在星；漢時冬至日在斗，夏至日在井。其由恆星有移，每歲有移，故之差也。法初每年以差五十年差一，移約七十年有餘而差一度。

猶言南發北斂。南訛極於冬至，朔易極於夏至，其間遲疾盈縮不
能一概，故須辨章次第之也。經於南訛言平秩，於朔易言平在
者，秩，察也，言人從曆從冬至起，氣分太過或未至，識微之愆誤
以千里，故尤須平章孰察之也。放陟其周官保章氏冬夏陟日在
傳曰官虔卿以底日，爾雅釋詁：底，止也；文轉也，之底致聲相近，義
之相成。春迎方出之日而言賓，秋送將入之日而言餞，夏冬待方
中之日而言致，言底其義一也。漢書天文志云：日有黃道，一日光道。
黃道北至東井，去北極近；南至牽牛，去北極遠。夏至至於東井，
近極，故晷短，立八尺之表，而晷景長一尺五寸八分；冬至至於牽牛，遠
極，故晷長，立八尺之表，而晷景長一丈三尺一寸四分。晷景長所以知

十一

日之南北也。此日去極遠近之差，晷景長短之制也。日永者，馬云：日長則晝漏六十刻，夜漏四十刻。星火者，仲夏之昏火星中。左傳云：火正或食於心，或食於咮。心為大火。夏小正五月大火中。傳曰：大火，心也。爾雅：大火謂之大辰。注：大火，心也。在中最明，故時候主焉。因，猶言因仍也。說文：仍，因也。論語：仍舊貫。言因仍舊居也。此言夏時天氣炎暑，民氣因仍憚於進取改作也。希革者，鼂錯云：楊粵之地，鳥獸希毛，其性能暑。是希革猶言稀毛也。

分命和仲，宅西，曰昧谷。寅餞納日，平秩西成。宵中星虛，以殷仲秋。厥民夷，鳥獸毛毨。

李光地云：西者，九州之極西，非實識其晷景以定中國之日入時也。昧谷，今文本作柳谷。虞仲翔奏鄭解尚書違失事，言古大篆丣字讀爲柳，古柳丣同字，而以爲昧。案古文丣卯二字形近，伏生本蓋作丣，以丣柳聲同而讀爲柳。壁中本蓋作卯，以卯昧雙聲而讀爲昧。爾雅西至日所入爲大蒙。淮南子曰淪於蒙谷，是謂定昏。蒙谷即昧谷，日之將入有蒙昧之象也。蒙昧亦雙聲字。蔡傳云曰昧谷者，以日所入而名也。餞，禮送行之名。納日，方納之日也。蓋以秋分之暮，方納之日而識其景也。（景）西成者，秋分月從黃道，與春分月從白道相對也。平秩西作，平秩西成，謂春秋際月之事。宵中者，鄭云日不見之漏與見者齊。星虛，秋分之昏虛星中。厥民夷，史記作其民夷易。鳥獸毛毨云，齊聯，平均也。夷，易也。是夷易同。蔡言其民至秋而易也。毨

十二

傳說云：箕云
堯時春分日躔在昴。
初昏中星為鶉鳥。
今春分日在室。初
昏參井也。
堯夏至日在星。昏大火。
今當昏亢。
堯秋分日在房。昏虛。
今翼，昏斗。
堯冬至日在虛，昏昴。
今日箕，昏室。

鄭云：理也。毛更生整理。案更生為鮮，鮮、毨聲相近。

申命和叔，宅朔方，曰幽都。平在朔易。日短，星昴，以正仲冬。厥民隩，鳥獸氄毛。

朔方，北方。堯地云九洲之極北處，識其景晷，以定中國之日南也。蓋地極南則夏至日極北，地極北則冬至日極南也。幽都，幽州也。下文流共工於幽州。淮南子作幽都，幽州都古聲相近。朔易，日道自極南斂而北也。與平秩南訛對文。皆冬夏陰日之事。日短，馬云：晝漏四十刻，夜六十刻。冬至之昏，昴星中。隩，鄭本作奧，內也。江聲云：謂民避寒而入室內也。詩云：嗟我婦子，聿為改歲，入此室處。氄毛，蔡傳云：鳥獸生耎毳細毛以自溫也。

帝曰、咨、女羲暨和。期三百有六旬有六日、以閏月定四時、成歲。允釐百工、庶績咸熙。

咨、嗟也。暨、與也。期、復其時也。十日曰旬。有讀爲又。古曆周天三百六十五度又四分度之一。日行曆周天爲一歲。日日行天一度、則行三百六十五日又四分日之一、乃復其時。此云期三百有六旬有六日者、舉成數言之也。以閏月定四時成歲者。王蕃云、四分術曰、周天三百六十五度四分度之一。日日行一度、月行十三度十九度之七。減日一度、餘十二度十九度之七。以月分母十九乘十二度、又入加餘分七、得二百三十五、爲章月。以分母四乘章月、得九百四十五爲日法。積三百六十五日九百四十分日之二百三十五、爲一歲日行數。以分母四乘三百六十五日、入子一，得一千四百六十一。以月行分母十九乘之，得二萬七千七百五十九，為周天分數。如日法九百四十而一，得二十九日九百四十分日之四百九十九，為合朔日數。十二乘合朔，得全日三百四十八，餘分五千九百八十八。如日法九百四十而一，得全日六，又九百四十分日之三百四十八。共三百五十四日九百四十分日之三百四十八，為一歲月行數。三百六十五日者一歲常數也。日行一歲多五日九百四十分日之二百三十五，為氣盈。月行一歲少五日九百四十分日之五百九十二，為朔虛。合氣盈朔虛，得十日九百四十分日之八百二十七，為一歲閏數。三歲一閏，則得三十二日九百四十分日之六百一。五歲再閏，則五十四日九百四十分日之三百七十五。十九歲七閏，則二百六日九百四十分日之六百七十三。故三年和置閏則以正月為二月，每月皆差。九年差三月，即以春為夏。十七年差六月，即四時相反，時何由而定，歲何由而成乎。允，信也。釐，治也。工，官也。庶，衆。熙，興也。言置閏成歲，四時不差，庶官以信治，百工而興起衆功也。以上治歷明時。

帝曰：疇咨若時登庸。放齊曰：胤子朱啓明。帝曰：吁，嚚訟，可乎。

說文：𠷎，誰也。爾雅釋詁：疇，誰也。疇為𠷎之借字。劉逢祿尚書今古文集解云：疇咨二字，乃書倒易，古人文字不拘也。下疇咨若予采同。今案劉說是也。疇若時登庸，疇咨若予采，皆歸命官疇若予上下草木鳥獸也。次咨嗟也，疇語絕，咨語絕。猶言嗟，疇可順時徽用賢才者。此疑同例。位於內者，亦通。放齊，臣名。胤子朱，鄭云帝堯胤嗣之子，名曰丹朱。啓，開也。開明之言，其有知人之明也。吁，嗟歎詞。

嚚訟。史記易爲頑凶。正義曰：凶，訟也。蓋本爾雅：訩，訟也。爲訩言不

忠信爲嚚，曰嚚。

帝曰：疇咨若予采？驩兜曰：都！共工方鳩僝功。帝曰：吁！靜言庸違，象恭

滔天。

采，事也。又曰：嗟，誰順予事者？驩兜、共工，四凶之二，當時之貴人，共相薦

舉。都，於，歎美之辭。方讀如旁。鳩如左傳五鳩鳩民之鳩，聚也。僝，具

也。功，事也。言共工安集人民，功已具。吁，驚辭。靜讀如靖，靜言、巧

言也。公羊文十二年傳：惟諓諓善竫言。說文引作諓諓之巧言。是靜言即

巧言也。庸，用也。違，邪僻也。言共工巧言，其用違僻。象，似也。象恭，貌似

恭順，即令色也。皋陶謨「巧言令色孔壬」，以理共工也。滔讀為慆。周語
言帝慆淫。注：慆，慢也。離騷「椒專佞以慢慆兮」，慆慢同義。服閭天君
也。慆天即慢天也。滔天字與下文字同義異。

帝曰：咨！四岳，湯湯洪水方割，蕩蕩懷山襄陵，浩浩滔天。下民其咨，有能
俾乂？僉曰：於！鯀哉。帝曰：吁！咈哉，方命圮族。岳曰：异哉！試可乃已。帝曰：往
欽哉！九載，績用弗成。

咨，嗟也。四岳，四方諸侯之長，分主方岳之事。虞[illegible]為四岳，周初則
二伯也。呼四岳者，欲共薦賢治水也。[illegible]其[illegible]之湯湯，流貌。洪，洚水也。
洚水，逆行之水也。方，併為二為溥也。割，害也。蕩蕩，水[illegible]也。懷，包也。襄，
上也。浩浩，盛大貌。滔，水漫漫大也。俾，使也。乂，治也。言洪水漫天，下民咨嗟。

十五

有能使治此者乎。僉，皆也。於，歎美詞。鄭云，於為烏聲。鯀，禹父，崇伯也。

咈，違也。方命，鄭云，俾放棄教命。圮，毀也。族，族類也。言其婞戾自用也。

异哉，鄭君讀為異。四岳稱異其言，異於帝所聞也。試可乃已，史記作試

不可乃已。錢大昕云，古人語急，以不可為可。欽，敬也，帝命鯀也。鄭康成

謂堯知鯀不可用而用之，抑屈己之明，因人之心也。三考九年，功用不成，則

放退也。以上三詢不得賢，為下文禪舜作張本。

帝曰：咨！四岳，朕在位七十載，汝能庸命，巽朕位。岳曰：否德忝帝位。曰：

明明揚側陋。師錫帝曰：有鰥在下，曰虞舜。帝曰：俞，予聞，如何？岳曰：瞽

子，父頑，母嚚，象傲，克諧以孝，烝烝乂，不格姦。帝曰：我其試哉！女于時，觀

厥刑于二女。釐降二女于嬀汭，嬪于虞。帝曰：欽哉！

庸，用也。巽，史記易爲踐。履也。孟子：踐天子位，而曰史言也。踐與巽聲相近。否，史記作鄙，言鄙陋也。忝，辱也。明明揚側陋，史記諸爲悉舉貴戚及疏遠隱匿者。上明，明於周語尊貴明賢之明；下明，明於洪範而畏高明之明。揚，如文王世子言揚可以第之揚。側陋，鄭云：謂微賤之處也。錫，合詞獻言也。召誥"太保乃以庶邦冢君入錫周公"，亦此意。古書曰鰥。虞，國氏；舜，名。俞，然也。予聞，其言已上書聞其人也。如何，其詞其實也。瞽，子樂官瞽瞍之子。心不則德義之經爲頑，口不道忠信之言爲嚚。象，舜異母弟也。傲，傲慢不友也。克，能。諧，和。以孝烝烝。烝烝的德。詩泮水傳云：烝烝，厚也。以孝烝烝。烝烝，謂孫語。猶言烝烝以孝也。乂，治也。言自治也。格，至也。言相厚以孝治而不至姦也。蔡邕九疑山碑云：逮於虞舜，聖德光明，克諧頑傲，以孝

十六

丞哉。是二語明德之證。試者，鄭云：試以為臣之事。今案：試即今文曆試諸難之試，釐降二女，試以內治也。慎徽五典，五典克從，納于大麓，乃試以為臣之事也。此試字直貫至烈風雷雨弗迷。據此，知截慎徽五典以下為舜典者非也。女，讀為汝者，偽孔傳、宋蔡氏。女於鄭莊子之女。是指舜言。刑讀如詩思齊刑于寡妻之刑。傳：刑，法也。二女者，娥皇女英也。見列女傳。帝曰：我其試哉，女于時觀厥刑于二女。皆記堯言，而義云：馬鄭王本說經皆無帝曰。當時庸生之徒漏之也。釐，飭也。降，下也。嬀汭，馬云：水所入曰汭。嬀汭，嬀水之曲。段玉裁古今文撰異云：此亦自堯言之，皆記言也。整治下二女于嬀汭。易曰：自上下下。詩序云王姬下嫁于諸侯也。與大雅自彼殷商來嫁于周，曰嬪于京文法正同嬪、婦也。婦、服也。帝曰欽哉、文記言也。欽哉、飭之也。

慎徽五典、五典克從。納于百揆、百揆時序。賓于四門、四門穆穆。納于大麓、烈風雷雨弗迷。

徽、美也。五典、五品之常也。左傳、太史克謂以父義母慈兄友弟共子孝。孟子謂以君臣有義父子有親夫婦有別長幼有序朋友有信。孟子所為誤也。鄭云五典五教。蓋試以司徒之職。五典克從者、左氏云無違教也。孟子所謂文以孝烝烝刑于二女、皆慎徽五典之事。納于百揆者、左傳云使主后土以揆百事、莫不時叙。又云百揆時序、無廢事也。王引之云時叙、猶承叙也。承叙者、承順也。似是衍云此試以司空之職。賓讀為儐。四方諸侯來朝者、舜賓迎之也。四門、明堂四門也。明堂位云、

十七

九夷之國，東門之外。八蠻之國，南門之外。六戎之國，西門之外。五狄之國，北門之外。四門穆穆，孔氏云：無凶人也。史記云：諸侯遠方賓客皆敬。孫星衍云：此蓋試以司馬之職。納于大林麓也，劉逢祿云：孟子所謂使之主祭而百神享之，是天受之也。烈風雷雨弗迷，謂風雨時節，百穀順成，神享之徵也。按此即禮器所云因吉土以饗帝于郊，而風雨節，寒暑時也。以上言歷試諸難。晚出孔傳分帝曰欽哉以上為堯典，慎徽五典以下為舜典，姚方興又增曰若稽古等二十八字，均不知其文承上試字來。

帝曰：格，汝舜。詢事考言，乃言底可績，三載。汝陟帝位。舜讓于德弗嗣。

格，來也。詢，謀也。乃，猶汝也。底，定也。績，成也，功也。三載，試舜以來年數。後文所謂三載考績也。乃言底可績者，言詢事考言，其言皆定可成也。可字當在底字上，作乃言可底績。知者，底績二字當時成語。禹貢云覃懷底績也。皋陶謨朕言惠可底行。禹曰俞乃言底可績。上文可字在底上，下文可字在底下，其義一也。陟帝位者，欲禪位于舜也。嗣，繼也。李善文選典引注云：韋昭云古文台為嗣。是嗣之古文作台也。作嗣於義為順。

正月上日，受終于文祖。」

正月者，王肅云，惟殷周改正，易民視聽，自夏以上，皆以建寅為正。此篇二文不同，史異辭耳。上日，馬云，朔日也。受終者，史記云於是堯老，命舜攝行天子之政。孟子亦云堯老而舜攝也。文祖者，史記說堯太祖也。以

十八

六曆
月二十七日．七五九
日年三百六十五．二五
金地一年
火星一年．七一四三
木星十一年．八五七一
土星二十九年．五
恒星最遲，每年東行五十一秒，約七十餘年行一度，約七十年[illegible]

上舜受堯禪。

在璿璣玉衡，以齊七政。

鄭云：璿璣玉衡，渾天儀也。其轉運者爲璣，其持正者爲衡，皆以玉爲之。七政，日月五星也。以璣衡視其行度，以觀天意也。按：在，察也。察其行度，以觀天象也。正義：璣爲運轉，衡爲横簫，運璣使動於下，以衡望之。是王者正天文之器。傳從略。要言曆之理，非數無以顯，而數非象無以明。璿璣玉衡，實具天象。七政麗天，惟月之距地爲近，次日，次金，次水，次火，次木，次土，而恆星爲最遠。七政之行，惟月之右旋爲速，次日，次金、水，次火，次木，次土，而恆星爲最遲。又就其行度細按之，日有盈縮，月有朓朒，五星復有遲留順逆之不同，必有以齊之，而後曆可得而正也。聖人

差一度二萬五千四百一十六年而一周

觀天地之經緯，七政之運行，而為璿璣以象之，復為玉衡以窺之。以察日之南北，則節氣之早晚可辨；以察日之出入，則晝夜之永短可分；以察月之周天與會日，則晦朔弦望之期候可定；五星之會日、離日，而有合伏遲疾；五星之近日遠日，而有順逆遲留，與夫日月五星之互相掩映，而為交食凌犯，俱可推步而索矣。是所謂齊也。蓋璿璣之設，象天地之經緯；玉衡之覷，窺七政之運行也。

告祭

肆類于上帝，禋于六宗，望于山川，徧于羣神。

肆，遂也。類，謂以攝位事告天也。五經異義：非時祭天謂之類。禋，精意以享也。六宗者，馬融：天地四時也。按周官大宗伯以蒼璧禮天，以黃琮禮地，以青圭禮東方，以赤璋禮南方，以白琥禮西方，以玄璜禮北方也。此

十九

朝覲

於山川者，曉其就修之九州名山大川五嶽四瀆之屬。皆以一時望祭之。徧于羣神者，鄭云：以尊卑次秩祭之。若丘陵墳衍之屬。

輯五瑞。既月乃日。覲四岳羣牧，班瑞于羣后。

馬云：輯，斂也。五瑞，公侯伯子男所執以為瑞信也。周官典瑞云：公執桓圭，侯執信圭，伯執躬圭，子執穀璧，男執蒲璧。虞制當相同也。堯將禪舜，使羣牧斂之，復使舜親往班之。既月乃日，史記訖為擇吉月日。

是月，為擇月；日，為擇日也。

歲二月，東巡狩（守），至于岱宗，柴。望秩于山川。肆覲東后。協時月正日。同律度量衡。修五禮。五玉三帛二生一死贄。如五器，卒乃復。

鄭云：歲二月者，正歲建卯之月也。巡守者，行視所守也。岱宗，東岳名也。

巡狩

柴，馬云：積柴加牲其上而燔之也。望秩于山川，遍以等尊祭之。五嶽視
三公，四瀆視諸侯，其餘小者或視卿大夫，或視伯子男焉。秩，次也。東后，東方
之諸侯也。協正四時之月數及日名，備有失誤也。其節氣晦朔，恐諸侯
有不同，故因巡守而合正之。律，陰呂陽律合之也。度，丈尺。量，斗斛。衡，
斤兩也。五禮，公侯伯子男五等之禮也。五玉，即五瑞，執之曰瑞，陳列曰玉。三
帛，所以薦玉也。受瑞玉者以帛薦之。周禮改之為繅也。二生一死贄者，
羔、鴈，生。卿大夫所執也。雉，死。士所執也。贄之言至，所以自致也。馬云：五玉
禮終則還之。三帛以下不還也。摯如犧者。與王交為贄禮也。三帛三贄
不還。五玉則卒事而還。大傳所謂無過行者復其圭以歸其國。
五月南巡守，至于南岳，如岱禮。八月西巡守，至于西岳，如初。十有一月朔

二十

考績

畺理

巡守，至于北岳，如西禮。歸，格于藝祖，用特。

史記以南岳爲衡山。或云如岱，如西，或言如初者，文之省也。馬云：藝，禰也。晚出孔傳云：巡四岳，然後歸，告至文祖之廟，特一牛。

五載一巡守，群后四朝，敷奏以言，明試以功，車服以庸。

四朝者，馬云：四面諸侯朝于方岳之下。敷，猶徧也。奏者，進也，告也。敷奏以言，述職也。明試以功，考績也。車服以庸，酬庸也。周官：國功曰功，民功曰庸。

肇十有二州，封十有二山，濬川。

馬云：禹平水土，置九州。舜以冀州之北廣大，分置并州。燕齊遼遠，分燕置幽州，分齊置營州，於是爲十二州，在九州之後也。肇，當爲兆，域也。

鄭云：新置三州，并舊爲十二州，更爲之定界，據十二州地，冀、兗、青、徐、揚、

刑典

荆、豫、梁、雍、幽、并、營也。封，封土為壇也。封之者，將以為國高壇，高也。十有二山者，鄭云十有二州之鎮。按周官職方氏九州各有山鎮，諸[illegible]適之也。

象以典刑。流宥五刑。鞭作官刑。朴作教刑。金作贖刑。眚災肆赦。怙終賊刑。欽哉欽哉，惟刑之恤哉。

象，刻畫也。蓋刻畫墨劓剕宮大辟之刑於器物，使民知所懲戒，如九鼎象物之比。俗儒乃以畫衣冠異章服為象刑，蓋傳之失其真也。象即唐虞時刑名。皋陶方施象刑是也。荀子正論云：世俗之為說者曰：治古無肉刑而有象刑，是不然。以為治邪，則人固莫觸罪，非獨不用肉刑，亦不用象刑矣。以為人或觸罪矣，而直輕其刑，然則是殺人者不死，傷

二一

人者不刑也。亂莫大焉。以此知象刑非示侮辱也。以，用也。典，常也。虞時之典刑，蓋伯夷所作。呂刑云，伯夷降典，折民惟刑，是也。流，放也。宥，寬也。五刑，墨、劓、剕、宮、大辟也。官刑，馬云，為辨官治者為刑。扑作教刑，鄭云，扑，檟楚也。為教官為刑者。金作贖刑者，鄭云，意善功惡，使出金贖刑。坐不戒慎者。此刑五，刑之流宥、鞭扑、贖刑，此之謂九刑。按此言刑之條目也。眚災過失也。肆，緩也。怙，恃也。賊，殺也。孫星衍云，言有所恃而終不改過者，如賊殺人之刑，不赦之也。按，怙終賊刑，如康誥言人有小罪非眚，乃惟終，自作不典，式爾，有厥罪小，乃不可不殺。眚災肆赦，如康誥言乃有大罪非終，乃惟眚災，適爾，既道極厥辜，時乃不可殺也。此言用刑之方法也。恤，憂也。晚出孔傳云，舜陳典刑之義，敕天下使敬之，憂欲得中

制罰

流共工于幽州。放驩兜于崇山。竄三苗于三危。殛鯀于羽山。四罪而天下咸服。

馬云、幽州北裔。崇山南裔。三危西裔。羽山東裔。殛、誅也。鄭云、禹治水既畢、乃流四凶。舜先舉禹而後殛鯀。王肅云、若待禹治水功成而後以鯀為無功、而後殛之。是為舜用人子之功、而流放其父。則為禹之勤勞、適足使父致殛。舜以五典之義、爲臨三千莫大之罪。進退無據、且亦甚誣。劉逢祿云、舜流四凶、蓋在詢事考言三載之中。左氏所謂四門穆穆、無凶人也。史官類記在攝位之末。所謂先德教而後刑罰、非順時事。洪範亦言鯀則殛死、禹乃嗣興。鄭氏之誤、王肅駁之、當矣。以上記舜攝政之大事。

堯崩

二十有八載，帝乃殂落。百姓如喪考妣，三載，四海遏密八音。

二十有八載者，曉先孔傳云：堯年十六即位，七十載求禪，試舜三載，自正月至崩二十八載。凡壽一百一十七歲。殂落，死也。百姓，百官也。蓋有爵土者為天子服斬衰三年，禮也。孟子亦云：舜既為天子矣，又帥天下諸侯為堯三年喪。是百姓即百官之證。三載，孟子引作三年，當從之。遏，絕。密，靜也。八音，金石絲竹匏土革木。此節結束上半篇，皆堯時事。

即位

月正元日，舜格于文祖。詢于四岳，闢四門，明四目，達四聰。

此堯崩後三年也。孟子，舜相堯二十有八載，堯崩，三年之喪畢。夫然後之中國而踐天子位焉。月正，正月也。或言正月，或言月正，或言上日，或言元日，皆史變文耳。王肅云：夏而上皆寅正。據此堯典冬至中星仲

十二版

夏日永星火，仲冬日短星昴，則寅正爲暑。鄭君云：帝王易代，莫不改正。
堯正建丑，舜正建子。前受終時，未改堯正，故云正月上日；即位乃改堯
正，故云月正元日。故以異文，其說非也。文祖者，堯太祖之廟也。楊之也。晚出
孔傳云：舜服堯之年喪畢，將即政，故復至文祖廟告。詢，謀也。四門
者，明堂四門也。古以明堂爲宗祀之所，帝咨詢岳牧，儐見羣后，穆納
賢士，宮布治教之地。賓于四門，四門穆穆，無凶人也。闢四門，明四目，達四
聰，無遺賢也。伊訓言旌咨有牧方明。咨，咨牧伯也。諮諸言方明穆穆
御衡不違，光于上下，勤施四方也。闢，開也。達，通也。江聲云：開明堂之四
門，以出治教于天下，以明通四方之耳目。是也。此所總攝天下事，篇皆舜事時
咨十有二牧曰：食哉惟時，柔遠能邇，惇德允元，而難任人，蠻夷率服。

二三

百揆

咨，嗟而勅之也。牧，長也。十有二牧，十二州長也。曰者，嗟咨而言於州牧也。食哉，食，鮮食之食。時黎民阻飢，民食尤重，故首及焉。惟時，其食為民和而重農，先在授時也。柔遠能邇，柔，謂民勞來之。能，侞也。安遠方之國，順侞其近地，擾侞之，安擾之意。惇，厚。允，信。元，善也。難，拒遠也。任人，佞也。率，循也。服，治也。

舜曰：咨四岳，有能奮庸熙帝之載，使宅百揆，亮采惠疇。僉曰：伯禹作司空。帝曰：俞，咨禹，汝平水土，惟時懋哉。禹拜稽首，讓于稷、契暨皋陶。帝曰：俞，汝往哉。

按：此篇首言舜曰，已下乃言帝曰者，以別於前文之帝也。奮，起。庸，功。熙，廣。載，事。宅，居也。亮，相。采，官。惠，順。疇，類。百揆，度百事總百官。

后稷

司徒

故以亮采惠疇為言。僉、皆也。皆四岳也。司空、平水土之官。與周禮冬官司空職略同。四岳舉之者、言伯禹見作司空、可居百揆之任也。俞、然。汝平水土者、嘉其舊績也。惟時懋哉、勉其新功也。暨、與也。稷契與皋陶、皆堯時舊臣。俞者、鄭云然其舉得其人。汝往居此官、不聽其所讓。

帝曰、棄、黎民阻飢。汝后稷、播時百穀。

棄、后稷名。周之先也。黎、衆也。阻、厄也。后、主也。后稷、官名。播、散也。時、鄭云讀為蒔。說文蒔、更別種也。

帝曰、契、百姓不親、五品不遜。汝作司徒、敬敷五教在寬。

契、高辛氏之子、殷之先。五品、孟子稱為君臣父子夫婦昆弟朋友也。遜、順也。孟子言契之為司徒也、教以人倫。父子有親、君臣有義、夫婦有別、

二四

長幼有序、朋友有信、此之謂敬敷五教。又述放勳曰、勞之來之、匡之直之、輔之翼之、使自得之、又從而振德之、此之謂五教在寬也。五教、或本有重文。

帝曰、皋陶、蠻夷猾夏、寇賊姦宄。女作士。五刑有服。五服三就。五流有宅。五宅三居。惟明克允。

說文、夏、中國之人也。猾、亂也。猾夏、侵犯中國也。強取為寇。殺人為賊。亂在外為姦。在內為宄。士、鄭云、察也。主察獄訟之事。五刑、墨、劓、剕、宮、大辟也。觀舜命皋陶語。即知象刑非畫衣冠異章服也。蠻夷猾夏寇賊姦宄。豈畫衣冠異章服所能治哉。服、用也。五刑五服、即皋陶謨五刑五用也。就、成也。三就、野、朝、市也。國語臧文仲云、大刑用甲兵。其次用斧鉞。中

刑用刀鋸。甚次用鑽鑿。薄刑用鞭扑。以威民也。故大者陳之原野。小者

致之市朝。五刑三次、是無隱也。流以宥五刑、故為五流。宅、居也。鄭云、

自九州之外、至於四海。三分其地以為遠近。若周之夷鎮蕃也。允、信也。

惟明克允者、蔡傳云、致其明察。乃能使刑當其罪。而人莫不信服也。

帝曰、疇若予工。僉曰、垂哉。帝曰、俞咨、垂。汝共工。垂拜稽首。讓于殳、

斨、暨伯與。帝曰、俞、往哉汝諧。

疇、誰也。若、善也。工、主百工之官也。殳與斨與伯與、三臣名。諧、偕也。和

也。孫星衍云、俞則然其讓矣。仍使偕往治事。

帝曰、疇若予上下草木鳥獸。僉曰、益哉。帝曰、俞咨、益。汝作朕虞。益拜稽

首。讓于朱虎、熊羆。帝曰、俞、往哉汝諧。

上謂山，下謂澤。虞，馬云：掌山澤之官。朱虎熊羆，二臣名。劉逢祿云：史記伯與、垂之佐。朱虎熊羆、益之佐。於此獨言汝諧，而不別命以職也。

帝曰：咨！四岳，有能典朕三禮？僉曰：伯夷。帝曰：俞，咨！伯，汝作秩宗。夙夜惟寅，直哉惟清。伯拜稽首，讓于夔、龍。帝曰：俞，往欽哉。

命汝官之詞，于四岳也，重典祀也。伯夷，國語云：伯夷能禮于神以佐堯者也。大戴記云：伯夷，虞史。三禮，鄭云：天事地事人事之禮也。秩宗，鄭云：主次秩尊卑。夙，早也。寅，敬也。直，正直也。清，靜潔也。神聰明正直而壹，故乃神當正直而清明，可能安陳祠而不可褻瀆也。帝堯之時，三苗復九黎之德，巫風猶有未盡滌除者，故飭之如此。

帝曰：夔，命汝典樂，教胄子。直而溫，寬而栗，剛而無虐，簡而無傲。

詩言志，歌永言，聲依永，律和聲。八音克諧，無相奪倫，神人以和。夔曰：於！予擊石拊石，百獸率舞。

胄子，鄭云：國子也。王制云：王太子、王子、羣后之太子、卿大夫元士之適子，國之俊選皆造焉。是教胄子之事也。馬云：直而溫，正直而色溫和。寬而栗，寬大而敬謹，戰栗也。剛而無虐，剛毅而不虐害也。簡而無傲，簡約而無傲慢也。按四語教國子以德。鄭云：詩所以言人之志意也。永，長也。歌又所以長言詩之意。聲之曲折又依長言而爲之聲。中律乃爲和也。江聲云：和，調也。律呂所以調和其聲也。八音者，詩序云：聲成文謂之音。箋云：聲謂宮商角徵羽也。聲成文者，宮商上下相應。諧，和也。倫，理也。神人以和者，鄭云：祖考來格，羣后德讓，共之陽

二六

也。按：七語教國子以樂，先修性情，乃可以言樂也。於，歎詞。而，聲也。拊，擊也。

周禮太師職云：令奏擊拊。先鄭注云：樂或當擊，或當拊。百獸率舞

者，鄭云：率舞，言音和也。謂聲音之道與政通焉。江聲云：言能

感物，則能使羣生咸遂，故與政通。按：言百獸率舞者，見獸猶知

感，則人民之感化不待言矣。樂為虞氏所重，韶為舜德之至。

故詳言之，加入夔言，所以發揮韶樂之盛也。

帝曰：龍，朕堲讒說殄行，震驚朕師。命汝作納言，夙夜出納朕命，

惟允。

堲，說文云：堲疾惡也。讒說殄行，鄭云：所謂色取仁而行違，是驚動我

之衆庶，使之疑惑。納言，鄭云：如今尚書，管王之喉舌也。漢書百官公卿

表示龍惟納言、出入帝命。詩蒸民亦云、出納王命、王之喉舌。允、信也。

帝曰、咨、汝二十有二人。欽哉、惟時亮天功。三載考績、三考黜陟幽明。

庶績咸熙。分北三苗。

二十有二人、禹、棄、契、皋陶、垂、益、伯夷、夔、龍、彭祖、諸十二牧也。史記五帝本紀曰、禹、皋陶、棄、后稷、伯夷、夔、龍、垂、益、彭祖、自堯時而皆舉用、未有分職、於是舜乃至於文祖。又曰、此二十二人咸成厥功。史公數二十二人、不及四岳也。四岳、四方諸侯之長、堯時所任、舜之所敬命也。又四岳本四人、加入則數、於經未符。如四岳爲四人、其四岳答二帝之詢、皆稱僉曰。且亦僉曰於鯀哉、僉曰伯禹作司空、僉曰伯夷是也。九官之外、增彭祖者、蓋史公所採古文說有之。大戴禮五帝德云、孔子曰、堯舉舜彭祖而任之。則彭祖自堯時已舉也。命官中、疑有命彭祖一節古文脫去也。世本、大戴記、注言陸終娶於鬼方氏之妹、生子六人、其一曰樊、是為昆吾。其二曰惠連。其三曰籛、是為彭祖。其四曰萊言。其五曰安。其六曰季連。昆吾、彭祖皆國氏也。世本又言彭祖姓籛名鏗、在商為守藏史。在周為柱下史。然則彭祖世掌典籍、猶重黎之世序天地也。孔子曰、述而不作、信而好古、竊比於我老彭。包注、老彭、殷賢大夫、好述古事。實則老彭於唐虞時已在其人之列。禹等九人皆有分職、而彭祖未言。由世本推之、則老彭即唐虞史官也。時是也。亮、助也。天功、人為也。言天其代之也。臯陶謨云、天工人其代之。下言五典五禮五服五刑、則天工即人事也。三載考績、三考黜陟幽明。者聽出孔

經示、三年有成、故以考功。九歲則能否幽明有別。黜退其幽者、升進

其明者。伏生大傳云、三歲而小考者、正職而行事也。九歲而大考

者、黜無職而賞有功也。積不善至於幽、六極以類降、故黜之。

積善至於明、五福以類升、故陟之。皆所自取、聖無容心也。熙

興也。庶績咸熙、猶言咸熙庶績也。北當爲𠔁、形之誤也。說文𠔁

分也。从重八。八、別也。象分別相背之形。分北三苗者、江聲云、三苗

爲西裔諸侯、其族類當復不少、相聚爲惡、故復分別流之、是也。

按本文皆敕命二十二人語。分北三苗乃大事之特殊者、附言於末、

欲記臣知所警惕也。以上記舜命九官十二牧、無爲之政、用人而已。

舜生三十、徵庸三十、在位五十載、陟方乃死。

二八

晚出孔傳云、三十徵庸、三十在位、服喪三年、其一在三十之數、爲天子五十年、凡壽一百一十二歲。按史記舜年二十以孝聞、年三十堯舉之、年三十而帝娶、經所謂有鰥在下曰虞舜也。以後歷試三載攝位凡二十八年、經所云二十有八載、放勳乃殂落、孟子所謂舜相堯二十有八載也。三年之喪、二十五月而畢。則舜年六十二。經所謂百姓如喪考妣三載。孟子所謂堯崩三年之喪畢也。又五十載陟方乃死。則壽一百一十二歲、晚傳所推、與經合。惟句讀有誤耳。陟方乃死者、方、方岳也。如易象省方觀民設教之方。陟升也。如詩陟彼高岡之陟。韓詩外傳云、當舜之時、有苗不服、其不服者、衡山在南、岐山在北、左洞庭之陂、右彭蠡之水。時有苗蓋爲亂江漢之閒。舜因南巡以征之、遂死蒼梧之野。淮南子脩務訓：舜南征道死蒼梧。史記云：舜南巡狩崩於蒼梧之野，葬於九嶷，是爲零陵。晚出家語亦云：舜嗣帝五十載陟方岳，死於蒼梧之野而葬焉。皆陟方乃死之證，以正繆訓之失。

汩作　九共九篇　槀飫　汩作、九共逸，槀飫亡。

帝釐下土方，設居方，別生分類，作汩作、九共九篇、槀飫。

晚出孔傳云：言舜理四方諸侯，各設其官，居其方，別其姓族，分其類。汩，治。作，興也。言其治民之功興。案居方蓋官名，與周官職方氏相當。設，置也。九共，江聲云：共讀爲龔，給也。按宋薛季宣書古文訓引伏生敍九共以諸侯來朝，各述其土地所生美惡，人民好惡，爲之貢賦政教，略能記其語，曰予辨下土，使民平平，使民無敖。據此則九共九篇當為九州所共給稅土者。與禹貢相表裏。儻即楚左史倚相所讀之九丘乎。稾飫，孔傳：稾，勞也。飫，賜也。稱其所釋，則稾飫為犒賞宴飫之事。書既亡，暗射無從，考中是非不可知也。鄭康成云：汩作、九共逸，稾飫亡。孔是衍之。逸者未立學官，遂在秘府也。亡者竟亡其文，故漢人所云逸十六篇，亡于晉永嘉之亂也。

大禹謨　皋陶謨　益稷　大禹謨逸，晚出古文有

皋陶矢厥謨，禹成厥功，帝舜申之，作大禹、皋陶謨、益稷。

矢，陳也。申，重也。謨，謀也。按書序有異序同篇者，如堯典、舜典及顧命、康王之誥是也。有同序異篇者，如汩作、九共、稾飫十一篇同序，大禹謨、皋陶謨、益稷三篇同序是也。禹謨已佚，今存者唯皋陶謨一篇。益

稷實也。在冏晚出，孔傳析帝曰來禹以下為益稷，固可不必，然篇首有暨益暨稷之文，則固當書命篇之旨也。合兩篇為一觀之，与序文正相應焉。鄭本則有棄稷，古書徵引殊無證驗，或據後漢輿服志：永初二年詔有司采周官、禮記、尚書皋陶篇，乘輿服從歐陽氏說，公卿以下從大小夏侯氏說，而謂日月星辰及絺繡之文，是今益稷本為皋謨之證，不知二篇合之，今文常例，堯舜二典合稱之亦典，顧命康王之誥合稱顧命，故皋陶謨益稷亦合稱皋陶謨也。益稷，馬鄭本作棄稷，形之誤也，因古文益作森，棄作弃而誤。劉逢祿云：書序孔子所定，稷為配天之祖，周人以禘事神，故典謨稷獨稱官，惟帝命乃名耳，據周立法，必無以棄稷名篇之理。今按劉

三〇

說是也。鄭康成云：大禹謨、棄稷逸。
曰若稽古。皋陶曰：允迪厥德，謨明弼諧。禹曰：俞，如何。皋陶曰：都，慎厥
身。修思永，惇敘九族，庶明勵翼。邇可遠在茲。禹拜昌言曰：俞。
曰若稽古四字句絶。皋陶下屬爲句。曰者，史記言帝舜朝，禹、伯益、
皋陶相與語帝前，皋陶述其謀是也。段玉裁云：帝堯曰放勛，此本
紀記事體之祖也。皋陶曰允迪厥德謨明弼諧，此記言之體也。皆以
曰若稽古先之。夏史所作，故皆云稽古也。今謂曰若稽古四字無異
於竺典之如是我聞。漢今文家秦近君説曰若稽古三萬言，亦太費
詞矣。允，信也。迪，蹈也。德者，管子心術篇云：德者道之舍。舍神明於我
心也。弼，輔也。諧，和也。言信由其德，則謨明而弼諧矣。俞，然也。如何，詢其

詳也。論衡問孔篇云、皋陶陳道帝舜之前、淺略未極。禹問難之、淺
言復深、略指復分、是也。都、於也。歎美也。修治也。永久也。慎厥身句絕、修
思永、言修身當思其可久可大也。惇、厚也。敘、秩敘也。庶眾明賢明
也。勵、勉。翼、輔也。言先修其身、次敘九族、又次以眾賢明作輔翼、則可大可久
之業也。劉逢祿云、禮大學修齊治平、中庸九經之義、本於帝典、此四語
亦總括之。按皋陶陳謨、前三語道其略、後四語道其詳、其指一也。昌
言、美言也。見說文。
皋陶曰、都、在知人、在安民。禹曰、吁、咸若時、惟帝其難之。知人則哲、能官
人。安民則惠、黎民懷之。能哲而惠、何憂乎驩兜、何遷乎有苗、何畏乎
巧言令色孔壬。

上言邇可遠在茲，皋陶嫥意有未盡，復足之曰：在知人、安民。吁，
嗟爲詞。咸，皆。時，是。帝，言堯也。帝其難之者，謂是術雖以堯在位七十
八年始，魯太史克言十六族、四凶，堯不能舉，不能去。論語云：博施濟
眾，堯舜其猶病諸，是也。哲，智。官，任。惠，仁。懷，思也。言知人則能器
使。安民則眾人思歸之也。巧言，靜言庸違也。令色，象恭滔天也。
孔，甚。壬，佞。巧言令色孔壬，言其工也。四凶舉其三者，鄭云禹爲父
隱，故言不及鯀也。
皋陶曰：都！亦行有九德，亦言其人有德。乃言曰：載采采。禹曰：何？皋
陶曰：寬而栗，柔而立，愿而恭，亂而敬，擾而毅，直而溫，簡而廉，剛而
塞，彊而毅。彰厥有常，吉哉！

皋陶既言可大可久之業在於知人安民、此復言知人之道也。亦有兩
相須之意。上下兩語均言亦者、如酒誥言亦罔非酒惟行、亦罔非
酒惟辜也。言人之行有九德、知人之行亦當常其所行某事某事以
為驗、不可憑空妄下考語也。載、為也。采、事也。采采、非一事也。毛傳說
采采卷耳云、采采、事采之也。意亦猶是。何者、禹詢九德之目也。全
履祥說九德云、九德凡十八字、而合為九德者。上九字其資質、下九字
則進修、而有德性之全美者。寬者易弛、寬而堅栗則為德。柔者
易弱、柔而卓立則為德。謹厚曰愿、愿者易同流合污、而不莊、愿
而嚴恭則為德。治亂曰亂、亂者恃有治亂之才、則易忽亂、而
敬禮則為德。擾者馴從而易耎、擾而剛毅則為德。直者經行而

三二

易許直而溫和則為德。簡者多疏略，簡而有廉隅則為德。剛者多無蓄，剛而塞實則為德。彊者恃勇而不審宜，故以彊而義為德也。彰，顯也。常，祥也。吉，善也。常吉，職用字。上舉九者皆祥善之德，所謂吉德也。言用人者當彰顯此有祥善之德之士哉。

日宣三德，夙夜浚明有家。日嚴祗敬六德，亮采有邦。翕受敷施，九德咸事，俊乂在官。百僚師師，百工惟時。撫于五辰，庶績其凝。

此承上言官人之法也。宣，顯也。三德、六德，鄭云皆亂而敬以下之文。浚，方言云：敬也。明，勉也。晚出孔傳云：九德之中有其三，可以為卿大夫。大夫稱家。嚴，馬讀為儼，矜莊貌。祗，亦敬也。聯言之者，如毋逸言嚴恭寅畏，周語云震動恪恭。亮，佐也。采，事也。有邦，晚出孔傳云：可以為諸廣也。翕，合也。敷，溥也。事，立也。聰傳云：能合受三德六德而用之，以布施政教，使九德之人皆用事，謂天子也。按：孫氏於天子言九德，於有邦言六德，於有家言三德，非謂等殺所已。乃言積稱其位大凡如是也。俊乂，鄭云：才德過千人爲俊，百人爲乂。僚，官也。師師，相效法也。時，善也。言俊乂在官，百僚皆轉相師法，百工亦善其事也。鹽鐵論刺復篇引此經說之云：言官得其人，人任其事，故官治而不亂，事起而不廢，士守其職，大夫理其位，公卿總要執凡。公卿謂俊，大夫謂百僚，士謂百工也。王論衡答佞篇云：唯聖賢之人，以九德檢其行，以事效考其言，行不合於九德，言不驗於事效，人非賢則佞矣。是言九德官人之法也。撫，順也。五辰，或謂五時，非有四時無五時也。五辰，即五星，謂土木火金水、言知人既得，則存位之，皆為五常之經，天固有錯亂也。凝，成也。

以上言知人。

無教逸欲有邦。兢兢業業，一日二日萬幾。無曠庶官，天工人其代之。

逸，淫也。欲，私欲也。有邦，諸侯也。逸欲云無，謂上之所好，下有甚焉者也。

兢兢，戒也。業業，危也。一日二日，猶言日日也。幾者，易繫辭云：幾者動之微，吉凶之先見者也。言有國者毋教以佚欲，當戒其危，日日事有萬端也。曠，空也。庶官，百官也。論衡藝增篇云：毋空眾官，寘非其人，與空無異，故言曠也。天生民而立之君，使司牧之，故事曰天工，人其代之者，天不自下治之，使人代治之，故人居其官，不可曠厥職也。言安民之為要。天工人代一語，結上文以起下文。

天叙有典，勑我五典五惇哉。天秩有禮，自我五禮有庸哉。同寅協恭
和衷哉。天命有德，五服五章哉。天討有罪，五刑五用哉。政事懋哉懋哉。
蔡傳云：叙者，君臣、父子、兄弟、夫婦、朋友之倫叙也。秩者，尊卑貴賤等
級隆殺之品秩也。典，常也。勑，飭也。惇，厚也。五典五惇，即孟子所稱君
臣有義，父子有親，夫婦有別，長幼有序，朋友有信也。五典之教，皆以
厚為之本也。禮有五等，謂天子也，諸侯也，大夫也，士也，庶人也。自，從也。
自我出也。禮書云，聖人緣人情而制禮。又云，禮由人起，是也。有庸，馬本作
五庸，當從之。蓋古寫者於上五字旁作二讀者，以為文又讀作有，
則云有庸也。庸，用也。五禮五庸者，言五等之禮各有吉凶賓軍嘉
五者之用也。典曰天叙，禮曰天秩者，典禮皆本乎性之自然，非有創造

三五

撟撟僞若出乎天意之爲。同、協，皆和也。寅、恭，謹恭也。衷則和之事也。見《蒼頡篇》。同寅，相接以寅也；協恭，相協以恭也；和衷，相與以誠也。言同寅協恭，乃可以和衷也。鄭君云：「並上典禮，共有此事，則五典五厚，五禮之用，均當同寅協恭以和其衷，而可觀取也。」陳大猷云：「典禮、敎化也，所以盡感化之妙；服刑、政事也，所以盡勸懲之方。皆承天以從事。」今謂典禮爲人類相與之道，故尊之寅恭以致其和。刑賞爲國家馭世之柄，故齊之以政，乃無求其懲。總須君臣協和於上，而後小民乃能承德於下也。五服，五章哉：十二也，九也，七也，五也，三也。江聲云：「章之言明。五等之服，有五等之章，所以章明其德也。」謂五等者：天子也、上公也、侯伯也、子男也、卿大夫也。五刑，墨、劓、剕、宮、大辟也。五用，即堯典五服，服尚用也。國語云：大刑用甲兵，其次用斧鉞；中刑用刀鋸，其次用鑽笮；薄刑用鞭扑，以威民也。是五刑五用也。服曰天命，刑曰天討，言刑賞皆所以報人功罪，為之無不參私意於其間，皆若出於天意也。懋，勉也。蓋借言賞罰乃人君之政事，君主之，臣用之，當勉之而不可怠者也。

天聰明，自我民聰明；天明畏，自我民明畏。達于上下，敬哉有土。

聰明，謂視聽。泰誓曰：天視自我民視，天聽自我民聽。即此意也。明畏，即賞罰。呂刑云：德威惟畏，德明惟明。是也。周官鄉大夫使民興賢，出使長之；使民興賢，入使治之。注言為政以順民為主也。引此經之云，皆言天人合一之理，明天命本於人心也。達，通也。上謂天，下謂民。民

三六

之所欲，天必從之也。故善爲政者，不必驗諸天，直驗諸民可也。以上言安民。

皋陶曰：朕言惠，可底行。禹曰：俞，乃言底可績。皋陶曰：予未有知，予思日贊贊襄哉。

朕，予也。惠，順也。底，致也。史記引此文作"吾言底可行乎"，則此語爲問詞。乃，猶汝也。績，功也，成也。予未有知，謹詞也。贊，佐也。襄讀爲𤔔，亂也。治理爲襄。贊贊襄，言佐助治理也。重言贊者，言非一也。以上皆禹皋相語者。帝在前。

帝曰：來，禹，汝亦昌言。禹拜曰：都，帝，予何言？予思日孜孜。皋陶曰：吁，如何？禹曰：洪水滔天，浩浩懷山襄陵，下民昏墊。予乘四載，隨山刊木，暨益奏庶鮮食。予決九川，距四海，濬畎澮距川。暨稷播，奏庶艱食鮮鮮食、懋遷有無化居。烝民乃粒、萬邦作乂。皋陶曰、俞、師汝昌言。
予何言也、王肅云、禹言帝在上、皋陶陳謨於下、已備矣。我復何所
言乎。予思日孜孜者、皋陶言予思日贊贊襄哉、禹繼皋陶陳謨、
故言予亦惟思日孜孜矣。據此則皋謨與益稷不可劃分兩篇矣。
但上為禹皋問答之辭、下為舜禹君臣交儆之語、文辭雖不可
斷、文意實各有繫屬。晚出孔本析此以下為益稷、證以書序皋
陶矢厥謨、禹成厥功、帝舜申之、作皋陶謨益稷之文、始無據也。
孜孜、猶汲汲也。吁如何者、詢其所孜孜者何也。禹乃具述孜孜之謹
也。昏墊、鄭云、昏沒也、墊陷也。禹言洪水之時、民有陷沒之憂。四載
者、諸文云、水行乘舟、陸行乘車、山行乘欙、澤行乘輴、是也。刊說文

三七

作栞，槎識也。槎，邪斫也，邪斫木以為道路表識，故史公易為山行表木也。暨，與詞。益，伯益也，堯典「疇若予上下草木鳥獸？僉曰益哉」是也。奏，進。庶，眾也。鮮，馬云生也，晚出孔傳云鳥獸新殺曰鮮，與益槎木，獲鳥獸，民以進食也。九川，王肅云九州之川也。距，致陂也。濬，深通之也。畎澮，鄭云田間溝也。澮，所以通水于川也。論語「禹盡力乎溝洫」。播，敷種也。艱，馬本作根，云根生之食謂百穀。奏庶艱食鮮食者，洪水之後，黎民阻飢，雖種穀物，收穫猶少，兼資鮮食也。懋，大傳作貿，說文云貿，易財也。遷，徙也。化，古貨字。劉逢祿云貿遷有無謂行貨為商，史記訓為調有餘補不足也。化居，謂居貨為賈。按漢書食貨志云廢居居邑。如淳云居賤物於邑中以待貴也。烝，眾也。乂，治也。王引之云：眾民粒食，萬國始治，作之言乍，乍者始也，作與乃相對成文。師、史公易為此。蓋當作斯，斯師古同音。

禹曰：都，帝慎乃在位。帝曰：俞。禹曰：安汝止，惟幾惟康，其弼直，惟動丕應。徯志以昭受上帝，天其申命用休。

禹既言政治之難，故戒以慎乃在位也。安汝止，言安汝之所止，如大學言為人君止於仁，為人臣止於敬，為人子止於孝，為人父止於慈，與國人交止於信也。幾，危也。康，安也。惟幾惟康，於言思危則安也。弼，輔臣也。直，十目燭隱也。丕猶斯也。惟動丕應，於言動之斯和也。徯，待也。昭，清明也。徯志以昭受上帝，史記作清意以昭待上帝命，以清說昭，訓待說徯，似史公所據本作昭志以徯受上帝，或晚出孔傳本有倒誤也。申，重也。禹言謹遵敬止，雖幾惟安，輔臣賢明，動無不應。然後清明志意以待上帝之聽命，天其以休嘉重命汝。汝可永保天祿矣。

帝曰：吁，臣哉鄰哉，鄰哉臣哉。禹曰：俞。

晚出孔傳云：鄰，近也。言君道近，相須而成。鄭云：反覆言此，欲其志心入禹。江聲云：志心入禹，猶言推心置腹，欲禹與己一心一德也。按禹言責重帝躬，帝言亦須良輔，所謂君臣交儆。

帝曰：臣作朕股肱耳目。予欲左右有民，汝翼。予欲宣力四方，汝為。予欲觀古人之象，日月星辰山龍華蟲作會，藻火粉米黼黻絺繡，以五采彰施于五色，作服，汝明。予欲聞六律五聲八音，在治忽，以出納五言，汝聽。予違汝弼，汝無面從，退有後言。欽四鄰。

股肱耳目，鄭云，動作視聽，皆由臣也。左右，助也。馬云，我當左右助民

汝當翼成我也。按此言司徒之職，宣，布也。力者，江聲云，周禮司勳治

功曰力。按此兼王功、國功、事功、戰功言之。功，多也。為，王引之云讀為相

為之為，助也。言助君宣力四方也。按此言士師之職。舜命九官，蠻夷

猾夏，寇賊姦宄，以屬士者也。象，畫象也。日月星辰、虎蜼也，粉米

白米也。自日月至黼黻，凡十二章，天子以飾祭服。日也、月也、星辰也、山

也、龍也、華蟲也，六者畫以作繪，施于衣也。宗彝也、藻也、火也、粉米

也、黼也、黻也，六者黹以為繡，施于裳也。至周而去之，以三辰為旂旗。

謂龍為袞，宗彝為毳，或損益上下，更其差等。周禮有袞冕、鷩冕

毳冕三者，各是其服章首所畫，舉其首章以名服耳。袞，龍也。袞冕九章，以龍為首。鷩冕七章，以華蟲為首。毳，虎蜼也。毳冕五章，以虎蜼為首。黼作斧形，刃白而銎黑。為兩斧相背。黻為兩弓相背。黹為繡黼，所以盛不施而照文德也。龍袞九章，蓋山、龍、華蟲，繪于衣，宗彝、藻、火、粉米、黼黻黹于裳也。鷩冕七章，蓋繪華蟲于衣，餘則黹于裳也。毳冕五章，蓋繪藻、火于衣，黹粉米、黼黻于裳也。其三章者，粉米、黼黻黹于裳也。是周時冕服制也。以五采彰于五色作服者，鄭云：性曰采，施曰色。未用謂之采，已用謂之色。作服者，此十二章為五服。天子備有焉。公自山龍而下，侯伯自華蟲而下，子男自藻火而下，卿大夫自粉米而下。按山龍以下，周官司服之袞冕也。華蟲而下，則鷩冕也。藻火而下，則毳冕也。粉米而下，則希冕也。十二章則大裘而冕也。明者，明其差等也。此言秩宗之職，則爲章服、序，則尊卑。君子所以辨上下而定民志也。六律者，律有十二。陽六爲律，陰六爲呂。舉陽，陰從可知也。五聲，宮商角徵羽也。八音，金石絲竹匏土革木也。在，察也。治，理。忽，怠也。在治忽者，察聲音之哀樂以知政教之理亂也。禮樂記云：凡音者，生於人心者也。情動於中，故形於聲，聲成文謂之音。是故治世之音安以樂，其政和。亂世之音怨以怒，其政乖。亡國之音哀以思，其民困。聲音之道與政通矣。又云：審聲以知音，審音以知樂，審樂以知政，而治道備矣。皆其義也。在治忽三字，史夏本紀作來始滑。索隱云古文在治忽，今文作采政忽。漢律志引作七

按：在治忽三字，古今文本各不同。古文本蓋在作才，治忽，偽孔爲在，今文以聲訓爲采，漢書以形訓爲七，史記又以采形訓來，或本又以七聲訓爲泰，治或作始，聲之訓也，或作政，義相近也。忽，鄭本或作曶，同聲字也。史記作滑，曉母雙聲字也。漢書作詠，喻三與曉相爲清濁也。諦審文義，當以古文

四〇

爲是

始滑，七或又作來。忽，鄭本作曶。皆因形近聲近而致誤。當依古文爲是。五言者，五方之聲詩也。禮王制，五方之民，言語不通，嗜欲不同。達其志，通其欲，東方曰寄，南方曰象，西方曰狄鞮，北方曰譯。合之中國則五言也。出者，周官大行人，王之所以撫邦國諸侯者，六歲屬瞽史，諭書名，聽聲音也。納出，與王制御瞽幾聲之上下，又命太師陳詩以觀民風者也。聽者，察其哀樂，審其貞邪，以疏政教而知人心也。此亦言樂官之職也。違，背也。弼，輔也。四鄰者，史遷說爲四輔，鄭君從爲左輔右弼前疑後丞。實即上文所言汝翼，汝爲，汝明，汝聽也。

庶頑讒說，若不在時，侯以明之，撻以記之，書用識哉。欲並生哉。工以納言，時而颺之。格則承之庸之，否則威之。

庶罪也。心不則德義之經爲頑。讒說見堯典。若禍詞。庭，窮也。時，是。指上
服眩耳目之義。虞爲射侯之侯。考工記梓人爲侯，制上廣下狹，蓋取
象於人也。張臂八尺，張足六尺。孔射義，諸侯以貍首爲節。注，貍首篇
名。儀禮大射儀貍之言不來者。其詩有射諸侯首不朝者之言，因以名
焉。故謂之貍首也。明之所以聽之也。撻古文作遽，撻也。記之，謂從文之俾
不忘也。周禮閭胥凡事掌其比觵撻罰之事。注，撻者失禮之罰也。書者
周官大司寇云以明刑恥之。注，書其罪惡於大方版，著其背。又司救凡
民之有衺惡者，三讓而罰，三罰而士加明刑。注，罰，謂撻擊之也。加明刑者，
去其冠飾，而書其衺惡之狀，著之背也。識，亦記也。郁，亦之也。釋詁，哉
之同訓閒，謂言之閒也。生者，不爲死刑也。言侯以明之，撻以記之，書以識

之、皆欲遂其生之、故不陷之於死也。工、官也。納言者、下之敷納以上言也。時、善
也。颺之、若明明揚側陋之揚。格、正也。承、進。庸、用也。颺之承之庸之者、
所謂或以德進、或以言揚、或以事舉也。否則、與上文為轉語也。上見
無逸。威之、畏之也。
禹曰、俞哉、帝光天之下、至于海隅蒼生、萬邦黎獻、共惟帝臣。惟帝時舉、
敷納以言、明庶以功、車服以庸。誰敢不讓、敢不敬應。帝不時、敷同日奏罔功。
光、充也。蒼生、黔首也。黎、眾。獻、賢也。時、善也。敷、古傳訓布賦。杜注云、賦、
猶取也。取納以言、觀其志也。明試以功、著其事也。車服以庸、報其勞也。
韓詩外傳云、古者必有命民。民有能敬長憐孤、取舍好讓者、命于其君、
然後敢飾車駢馬。未得命者、不得乘車、乘車皆有罰。是故其民雖

有錢財侈物、而無禮義功德、即無所用其錢財。故其民皆興於義。而賤不爭貴、強不凌弱、眾不暴寡。是唐虞之所以象典刑、而民莫敢犯也。春秋繁露制度篇云、貴賤有等、衣服有別、朝廷有位、鄉黨有序、則民有所讓、而民不敢爭、所以一之也。書曰、轝服有庸、誰敢不讓、敢不敬應。此之謂也。帝不時、對上惟帝時舉言也。敷、猶溥也。奏、進也。史公說為帝同善惡則毋功。言帝不能敷納以言、明試以功、車服以庸、善惡同日進用、則治道無成矣。以上亦禹舜對言之、帝意責難于臣、禹意責難乎君。猶君臣交儆義也。

帝曰、無若丹朱傲、惟慢遊是好、傲虐是作、罔晝夜頟頟、罔水行舟、朋淫于家、用殄厥世、予創若時。

晚出孔傳無帝曰二字、史記有。漢書楚元王傳、劉向上奏、論衡譴告及問
孔篇、後漢梁冀傳、袁著上書、注引無若丹朱傲為帝戒禹之詞、則有帝曰
者是也。今據增。本文固帝敕禹者、責在頑讒說之懲。禹言惟帝時舉、莫
敢不應。帝須言若丹朱傲、雖時舉亦罔功也。無若丹朱傲、自來均以為
舜禹相戒之辭。按之文意、實不相類。帝之意蓋言庶頑讒言、未若丹
朱傲者、下歷舉其狀以實之。傲、慢也。慢、惰也。游、佚游也。虐讀為謔、戲謔
也。作、為也。額額當為𠟭、說文、𠟭、行不安也。假若亢、罔、無也。罔晝夜、謂晝
夜不息。鄭云、額額、使人推行之。與許說亦近。罔水行舟者、言洪水已退、丹朱
乘舟行水、非有所由之、般惟好慢遊也。朋讀為風、放也。牝牡相誘謂之風。淫、
淫亂。鄭云、朋淫、淫門內是也。殄、絕也。世者、周語注云、父子相繼曰世。創、懲

按唐何曰娶与生子，乃是二事。其娶正以辛壬癸甲四日，一也；子生啼而不暇子之，二也。

也。二語列文。言予創此用殄厥世。是意言予懲創其如是，故殄其世，使其系得以子相繼也。帝言朕堲讒說，不得不嚴懲也。

禹曰、予娶于塗山，辛壬癸甲。啟呱呱而泣，予弗子。惟荒度土功。弼成五服，至于五千。州十有二師，外薄四海，咸建五長。各迪有功。苗頑弗即功。帝其念哉。

晚出孔傳本無禹曰二字。予娶塗山，作娶于塗山。據史記說文校正本文。禹言庶頑讒說，不偁丹朱然也。苗頑猶為可念。塗山者，說文作嵞，云九江當塗也。列虞書曰：予娶嵞山。辛壬癸甲者，呂氏春秋云：禹娶塗山氏女，不以私害公，自辛壬癸甲四日，復往治水。故江淮之俗，以辛壬癸甲為嫁娶日也。說文亦云九江當塗民以辛壬癸甲之日嫁娶，則禹娶三宿即被命治水也。啟，禹子。呱呱，小兒啼聲。弗子者，列子楊朱篇云：惟荒度土功。予產而字，過門不入。孟子亦云，禹八年於外，三過其門而不入。言急於治水也。此文語意未完，意言娶塗山，僅四日而就命。啟生墮地，呱呱而啼，弗過門而不得入。惟荒度土功是務也。以事涉及閨房之好，蓋暱之私，帝前不能直率言之，僅言辛壬癸甲為歇後語，讀者自能以見下隱也。荒，奄也。奄，大也。大度土功，即下文所言也。弼成五服，至于五千者，鄭云：敷土既畢，廣輔五服而成之。去王城五百里為甸服，於周為王畿，其弼當侯服。去王城千里，其外五百里為侯服，於周當甸服。去王城千五百里，其弼當男服，去王城二千里。又其外五百里為綏服，於周為采服，去王城二千五百里，其弼當衛服，去王城三千里。又其外五百里為要服，於周為蠻服，去王城三千五百里。四面相距為七千里，是九州之內也。要服之彌，當甚袁服，去王城當四千里。又其外五百里曰荒服，于周為鎮服，去王城四千五百里。其彌當蕃服，去王城五千里。至于面方各五千里，四面相距為方萬里。堯初制五服，服各五百里。要服之內方四千里，曰九州。其外荒服曰四海。此為所棱地記書曰昆侖山東南地方五千里，名曰神州者，禹治水所彌五服之殘數，亦每服者合五百里，故有萬里之界，萬里之封焉。五經異義云：今尚書歐陽夏侯說，中國方五千里。古尚書說，五服旁五千里，相距萬里。許慎謹案，以今考之，自黑水至（雲南西之瀾江）東海，衡山之陽至于朔方，經略萬里。從古尚書說。鄭氏無駁，與許同也。按許鄭同謂中國地方萬里是也。雖鄭謂九州界居方七千里之內，似非虞夏之制。虞時十有二州，堯典所謂肇十有二州，咨十有二牧是也。東暨嵎夷，西敘昆

四四

此文語倒，猶云惟敘是汝功。

命南極交趾，北盡幽州，亦以相拘於七千里之內也。師，長也。州十有二師，即十有二牧也。薄，迫也。五長者，孔傳云：諸侯五國立賢者一人為方伯，謂之五長，以相統治，以獎帝室。按管仲云，五侯九伯，汝實征之。五侯當此之所建五長。九州當此之州各有十二師也。各迪有功者，傳云：九州五長各蹈有功。惟三苗頑凶，不得就官，善惡分別。帝其念哉者，言毋果既殄厥世而苗頑凶惡尤甚，當思有以懲治之也。

帝曰：迪朕德，時乃功惟敘。

迪，導也。時，是也。乃，猶汝也。敘，次第也。如三苗丕敘、西戎即敘之敘。帝言朕導之德，若比其族類，比其善惡而誅賞之，是汝之功也。今緯禪曰使禹敷德，皋陶刑，此帝化苗始末。此語在前，分北次之，徂征在後。按禹言苗頑、帝其念、帝言惟敘時乃功、君臣交儆、意義一貫。

皋陶方祗厥敘、方施象刑惟明。

上舜禹相語、由慎德而及任賢、由任賢而及賞罰、由賞罰而及黜陟、由黜陟而及於姦慝、由姦慝而及於苗頑。九州承化、苗民獨昏。數頑之外、則於明刑。蠻夷猾夏、寇賊姦宄、大刑用甲兵、中刑用刀鋸、出士師之職。此皋陶所首事也。故史官於舜禹語畢、即記之曰、皋陶方祗厥敘、方施象刑惟明。言頑出不化非刑無可懲戒也。史公譯之云、皋陶於是敬禹之德、令民皆則禹。不如言刑從之。舜德大明。言用德而如用刑也。惟史公釋意甚當。釋文則甚不詞。今按祗敬也。敘者別生分類、誅姦除暴之法、即上文帝所言之敘也。象刑者刻刑殺之象于器物、使民知所戒、若鄭鑄刑鼎、晉鑄刑書之類。不僅載其條文、且又肖其形象也。禹鑄九鼎、使民知神姦、舜爲象刑、使民知戒懼、其意一也。自來言象刑者、拘泥上古無肉刑、而有象刑、上刑赭衣不純、中刑雜屨、下刑墨幪、以居州里、而民恥之、而反于禮。試問寇賊猾夏、三苗逆命、墨赭墨幪所能感化乎。荀子正論篇云、凡爵列官職賞慶刑罰、皆報也、以類相從者也。一物失稱、亂之端也。夫賞不當功、罰不當罪、不祥莫大焉。殺人者死、傷人者刑、是百王之所同也。未有知其由來者也。其駁世俗象刑之說甚當。明乎吕刑之言明于刑之中也。此言舜爲羣后交儆、臯陶方從事於詰姦除暴之際、故象刑于民、而務求其中也。

夔曰、戛擊鳴球、搏拊琴瑟、以詠。祖考來格。虞賓在位、羣后德讓。下史記說爲於是夔行樂、則此句爲史管鼗鼓，合止柷敔，笙鏞以閒，鳥獸蹌蹌。簫韶九成，鳳皇來儀。夔曰：於！予擊石拊石，百獸率舞。

夔曰戛擊鳴球搏拊琴瑟以詠，史記作「於是夔行樂」，則以節爲史官敘事文。曰，爲也。戛，于是也。戛擊，鄭云：戛，櫟也。戛擊鳴球以下數器。鳴球，玉磬也。磬縣也，而以合堂上之樂。玉磬和尊之也。搏拊以韋爲之，裝之以糠，形如小鼓，所以節樂。以詠，謂歌詩也。搏拊鳴球以下數器，謂搏拊琴瑟及鳴球四者，總當戛擊爲文也。格，至也。虞賓，謂前代帝王之後，舜以爲賓也。羣后，謂諸侯來助祭者。德，說文：升也。德讓，相升降揖讓也。鄭云：以上皆宗廟堂上之樂，所感也。下管上下，謂舜廟堂下之樂，故云下也。下管者，吹管者在堂下。管爲竹樂之總名。鼗鼓如鼓而小，持其

四六

柄搖之，傍耳還自擊。合止柷敔者，鄭云：合樂用柷，柷狀如漆筩，中有椎，合
之者，投椎於其中而撞之，所以節樂。敔狀如伏虎，背有刻，以物擽之，所以
止樂。笙鏞以間者，晚出孔傳云：鏞，大鐘。間，迭也。鄭云：以間於堂上堂下
間代而作。鳥獸蹌蹌者，鄭云：謂飛鳥走獸蹌蹌然而舞也。簫韶，鄭云：舜
所制樂也。樂備作，謂之成，成猶終也。每曲一終，必變更奏。若樂九成，人鬼可
得而禮。夔來儀者，言安姿而舞也。夔曰於以下見堯典。夔奏樂節次
凡六。先金奏，次升歌，次下管，次間歌，次合樂，次金奏。以金奏始，以金奏
終。本文不言金奏，然以鳴球始，以擊石拊石終，金石即鐘磬，孟子所謂
金聲而玉振之也。此文戛擊鳴球，則金奏也；搏拊琴瑟以詠，則升歌也。下
管鼗鼓，合止柷敔，則下管也。笙鏞以間，則間歌也。簫韶九成，則合樂也。擊

石樹不、則以金奏終也。此樂之大成也。言鳥獸蹌蹌、鳳皇來儀、百獸率舞者、皆形容聲樂之盛、雖見難賤之獸、猶且率舞、則物無不和可知矣。此本有虞祭祀之樂、史官類記於皋陶身刑後者、欲以盛樂化當須也。

庶尹允諧。帝庸作歌曰、勑天之命、惟時惟幾。乃歌曰、股肱喜哉、元首起哉、百工熙哉。皋陶拜手稽首颺言曰、念哉、率作興事、慎乃憲、欽哉。屢省乃成、欽哉。乃賡載歌曰、元首明哉、股肱良哉、庶事康哉。又歌曰、元首叢脞哉、股肱惰哉、萬事墮哉。帝拜曰、俞、往欽哉。

庶眾長正。允信。諧、和也。鄭玄言樂之所感使眾正之官得其諧和。稷庶尹允諧、與上鳳皇來儀百獸率舞等文不類。列子黃帝篇、堯使夔典

四七

樂、擊石拊石、百獸率舞、鳳皇來儀、簫韶九成。亦不連庶尹允諧類舉、別不與上文爲一事也。庶尹允諧、賓帝歌章首。段玉裁以作歌內施、云目下文意以勑天之命以下歌詞、不用韻也。不知庶尹允諧與惟時惟幾爲韻。歌詞在下者、古人行文自有相也。勅、正也。時、是。幾、庶幾也。意言庶尹允諧、正天之命、惟此惟庶幾也。乃歌曰者、續爲歌也。孔傳云、元首、君也。股肱之臣、喜樂盡忠、君之治功乃起、百官之業乃廣。江聲云、先言股肱、重任于臣也。颺與揚通、續也。念此將言帝其念之也。率作興事、言元首當爲股肱先導也。憲、法度。屢、亟也。省、顧省。成、成功也。皋陶所言、即下賡歌之意。賡亦續也。載、爲也。江聲云皋陶先言元首、責難于君之意也。叢脞、細小之事、以亂大政。惰、懈弛也。墮、壞也。江聲云拜者答皋陶也。受其戒故答拜之。明上之不虚取于下也。在欽哉者、戒群臣各往敬其職也。金履祥曰、簫韶作歌之章、蓋因上章股肱耳目之辭、亦以類附於此以見喜起之和之盛非一時之言也。吳闓生云、即治之隆、及君臣相得之美、非語言文字所能盡。既於歌樂以形容之矣。猶以爲未足。乃復著帝與皋陶之賡歌以極其趣、即以代後世史家之論贊也。

四八

尚書正讀卷一終

孫淵如曰據詩甫田傳則貢之制與井田皆有稅夫之法即貢也古者稅民之法有所謂貢者從意所遺貴於下而賦之則曰貢賦要而言之古以貢爲殺稅經言賦也凡言之物而在稅所按量之度貢什一也

尚書正讀卷二

益陽曾運乾述

禹貢

禹别九州，隨山濬川，任土作貢。

九州之名舊矣，此言禹别九州者，禹始分畫州界，主名山川，亦大中國區域也。任土者，鄭云"謂定其肥磽之所生"。江聲云：土肥則所生豐，土磽則所生儉。視其所生，準其貢賦，以制貢。即鄭注經文所云"觀地肥磽，定貢賦上下"是也。"作貢"云者，猶書序"作禹貢"三字。

禹敷土，隨山刊木，奠高山大川。

敷，分也。鄭序云"禹别九州也"。隨山刊木者，鄭云"必隨州中之山而登之，除木爲道，以望觀所當治者，則規其形而度其功焉"。奠，定也。正也。劉逢

州界、山原川澤

胡云：堯都平陽，在山西平陽府臨汾縣西南，平陽故陽故城是也。

鄭云：舜以青州越海，分齊為營。

胡云：西起東受降城之北，東迄于大遼河。

禮記：禹平水土，主名山川，蓋謂導其脈絡，正其主名也。

冀州。既載壺口，治梁及岐。既修太原，至于岳陽。覃懷底績，至于衡漳。

九州之文，皆先舉州界，次山原川澤，次厥土性，次草木，次田賦，次土貢，次貢道。冀州直舉州名，不言界者，宋晁以道云：所以尊帝都，示王者無外之意。據古帷九州圖，舜攝帝位，命禹平水土，以冀青地廣，分冀東恆山之地為并州，又東北醫無閭之地為幽州，又分青州東北遼東之地為營州。然則禹貢冀州青州，當以遼河為界。以西為冀州，以東而南至朝鮮為青州地。冀州當東據遼，西南距河。晚出孔傳謂冀州三面距河，非其實也。若言之，當云遼河惟冀州也。至九州之次，正義云以治為先後，水性下流，當從下泄，故治水皆從下始。冀州帝都，故從冀起，而東南次冀，而東南次青，而南次徐，而南次揚，從揚而西次荊，而北次豫，從豫而西次梁，從梁而北次雍。雍地最高，故在後也。自兗以下，皆準地之形勢，從下向高，從東向西，青徐揚三州並為東偏，雍高於豫，豫高於青徐，雍豫之水，從青徐入海也。梁高於荊，荊高於揚，梁荊之水，從揚入海也。兗州在冀州東南，冀兗二州之水，各自東北入海也。冀水不經兗州，以冀是帝都，河為大患，故先從冀起，而次治兗。若依冀州之水，東入兗州，水無出處，治之無益。雖是帝都，不得先也。按孔説是也。既載壺口以下，言山原川澤，載事也。馬鄭王均以既載屬上為讀，非是。壺口，山名，在今山西吉縣西南七十里。梁，山名，今陝西韓城西北之山也。王鳴盛《尚書後案》云：壺口山上連孟門，下控龍門，當路東流，為河之扼要處，故禹首闢之。孟門在今山西大

二

甯縣西南七十里，龍門在今河津縣西北三十里，壺口山盡處，西與韓城之龍門相對。上口至下口，約一百六十餘里。水經注云：龍門未闢，河出孟門之上。大禹疏通，謂之孟門。孟山即龍門之上口，實黃河之巨阸。此石經始禹鑿，河中漱廣，夾岸崇深，其水崩浪萬尋，渾浩贔怒，追於下口，是也。梁山首枕河西，北連龍門，詩所謂奕奕梁山，維禹甸之者也。今案：河自孟門而下，東於高山，水流激迫，及至鴻水泛濫，高出孟門之上，冀州全境均在懷山襄陵之中。禹先鑿龍門以通其流，下播九河以殺其勢，故經首書既載壺口矣。次言治梁及岐者，鄭云：治水從下起，以襄水害易也。焦循禹貢鄭注釋云：壺口、梁山既治，而河水南下矣。河之為害者，積石至龍門，阻而横流，一旦鑿而通之，既出龍門，非南溢出，且四瀆，乃治岐使渭水挾關中諸水之勢，從西來逼之東行於太華雷首之間。故治壺口不治梁，水仍壅積而不行。治梁而不治岐，水之南決無由趨而東也。壺口梁岐之治三者闕一不容髮，故曰既載壺口，治梁及岐。河水湍急，非有他水特之患可言治。治梁及岐，即所以平冀州之水，又何疑稱雍州之山郡。今案岐在陝西岐山縣東北十里。梁岐證雍州山，於冀州言之者，如其所說。太原，今山西縣，汾水所經。岳即太岳山，今山西霍縣東。既修太原至于岳陽者，王鳴盛云：言禹導汾水，因鯀之功修之也。是時帝都平陽，太原據其上游，鯀必相意此營護。然無河道既通，而汾水無所受，鯀但知治太原，不知道壺口，功用不成。故禹必先治壺口、梁山，而後修鯀舊績，自太原而至岳陽也。今案州中言至于者，猶功所及也。覃

三

土性

田賦

懷。鄭云：縣名。在今河南武陟縣西。衡漳者，孔疏云：漳水橫流入河。言覃懷底績，然王鳴盛云：覃懷地當孟津之東北，太行之西南，沁水出其西，淇水出其東，為河北沃壤，蓋太行乃河北之脊，脊上諸州皆山險，惟覃懷南臨河，地平衍，諸水所亦受河患。今曰底績，則孟津以東之河治矣。其至于衡漳者，蒙上底績為文也。以上言山原川澤。

厥土惟白壤。

此言土性也。馬云：壤，天性和美也。傳云：色白而壤。

厥賦惟上上錯，厥田惟中中。

傳云：賦謂土地所生以供天子。上上，第一。錯，雜出第二等之賦。田之高下肥瘠，九州之中為第五。此言田賦也。鄭云：此州入賦不貢。

（上文例）

土貢

恆衛既從、大陸既作。

恆水、今滱水、即職方之漚夷。衛水即職方之虖池、今同。胡渭禹貢錐指云、經首自上目下互受通稱之例也。曾謂此冀之大川、禹曾不一及之、而僅錄功於恆衛小水耶。既從者、從河入海也。大陸、澤名、鄭云在鉅鹿。此爾雅十藪晉有大陸。按今河北鉅鹿西北、作者為之陂障以瀦水也。按此言川澤而與衛漳類叙者、胡渭云、恆衛大陸施功於九河既道之後、故變例書於田賦之下。

島夷皮服。

猶言海島曲理之島。按云島夷、蓋今之遼河以西地、與青州嵎夷指遼河以東者為異。皮服者、蔡沈云海島之夷以皮服來貢也。按此言土貢

四

貢道

也。冀州附近之帝都，有賦無貢。惟島夷有貢。

夾右碣石入于河。

孔疏云：地理志，碣石山在右北平驪城縣西南。傳於下文導河入海云入于渤海。渤海北距碣石五百餘里。按在今河北撫寧昌黎二縣界。夾右碣石者，傳云：夾行此山之右。今案夾右者，右山左海也。山脈太行恒山至于碣石，自西向東趨；島夷貢道，循海岸西趨，故云夾右碣石也。凡貢道所經，旁山海行曰夾。今陸舟行曰入。梁州云逾于沔，入于渭是也。王肅云：凡每州之下，說諸治水者，禹功主於治水，故詳記其所治之州，往還所乘涉之水名。後儒則以為貢道。揆經文語次，各州土貢之下，則記貢道，當為允合也。

州界

川澤

濟河惟兗州。

此州之東南據濟，西北距河。

九河既道，雷夏既澤，灉沮會同。

九河者，鄭云：河水自上至此，流盛而地平無岸，故能分為九，以殺其勢。壅塞，故通利之也。九河之名，徒駭、太史、馬頰、覆釜、胡蘇、簡潔、鉤盤、鬲津。周時齊桓公塞之，同為一河。今河間弓高以東至平原鬲津，往往有其遺跡焉。此疏，漢書溝洫志，成帝時河隄都尉許商上書曰：古記九河之名，有徒駭、胡蘇、鬲津，今見在成平、東光、鬲縣界。自鬲津以北至徒駭，相去三百餘里。是九河所在，徒駭最北，鬲津最南。蓋徒駭是河之本道，東出分為八枝也。今河北阜城縣西南有弓高

五

岢紀

故城。山東省平原縣。及德縣。山東省鬲縣故城。河北交河縣東有成平故城。東光縣東，有東光縣城。皆九河之播處也。於冀州首言壺口，於兗州首言九河者，禹治洪水，二處用時多功。孟子言禹功亦以疏九河為第一義也。雷夏，澤名。漢志，雷夏澤在濟陰成陽。灉沮者，爾雅，水自河出為灉，濟為濋。濋沮同音字。會同者，灉與河濟流入雷夏也。成陽在今山東菏澤縣東北。雷夏又在其東北。王鳴盛云，雍沮二水，漢志不載。蓋濟之別流，平地涌出。五代後河流經此，蕩然無存矣。

又桑土既蠶，是降丘宅土。

鄭云，其地尤宜蠶桑，因以名之。今濮水上地有桑間，在此州，實寡於山。

土性草木

而夾川兩大流之間，遭洪水，其民尤困。水害既除，於是下丘居土，以其免於厄，尤喜，故記之。

厥土黑墳，厥草惟繇，厥木惟條。

馬云：墳，有膏肥也。繇，抽也。條，達支，由枝也。

厥田惟中下，厥賦貞，作十有三載乃同。

鄭云：貞，正也。治此州正作不休十三年，乃有賦，與八州同。言功難也。其賦下下。金仁山尚書表注云：貞本作下下，篆文重字，但於字下作二。兗賦下下，古篆作下二，或誤作正，遂譌為貞。今按金說近是。鄭貞作連讀下詞。

土貢

厥貢漆絲，厥篚織文。

五

貢道

州界

鄭云：貢者，百功之府受而藏之。其實于篚者，入于女功，故以貢篚別之。僞孔曰：篚，厥玄黄，昭我周王。

浮于濟漯，達于河。

漢地理志東郡東武陽下云：禹治漯水，東北至千乘入海。按東武陽在今山東朝城縣西，千乘則今山東高苑縣也。王鳴盛云：自宋時河決濬滑，朝邑流絶，舊跡不可復見。惟指唐宋以後所行之大清河為故漯水，小清河為故濟耳。案：橫流上下曰浮，因水入水曰達。

海岱惟青州。

孔傳云：東北據海，西南距岱。按此州越海而有遼東朝鮮之地，當云東北跨海。案陸釋文引鄭注：舜以青州越海，而分齊為營州。馬

川澤夷敞

釋堯典肇十有二州正云舜分置齊營州。青州既兼青營二州地則分山東東郡、并分遼河以東之地皆古青州境。孔疏云東萊東境之縣浮海入海間。青州之境非止海畔而已。漢末公孫度為遼東太守越海收東萊諸郡、置營州刺史自立為遼東侯平州牧。堯時青州當越海而有遼東也。舜分青州為營州、營州即遼東也。岱泰山也。鄭云東岳曰岱山按岱泰聲相近。

嵎夷既略。濰淄其道。

嵎夷已見堯典。史記夏本紀嵎夷既略、索隱云今文尚書及帝命驗並作禺銕。在遼西。說文嵎作堣、在冀州。後漢書東夷傳說夷有九種、云昔堯命羲仲宅嵎夷曰暘谷蓋日之所出也。正以為在遼海之地。惟

六

本經於嵎夷在青州，說文說於冀州。蓋由今文從家說遼西，遼西夏
冀州境，故實則嵎夷青州地。當在遼西以東。知者，堯典宅嵎夷曰
暘谷。暘谷今首陽山谷，則今遼陽縣境在遼東也。說文暘作崵，云
山在遼西，一曰嵎夷暘谷。蓋亦從今文家之說而誤也。略，說文云：經
略土地也。金仁山云：首書堣夷，非例也。自帝堯以嵎夷為東方之畧，
而青境實跨有東夷。逆河未淪，斜連遼碣，其後遂分為營州。今
案禹貢立文，先書州界，次書山原川澤，次書夷裔。於梁州云和夷底
績，雍州云三苗丕敘是也。此特先書其經於冀州，未言島夷皮服。
青州首言嵎夷既略，正見禹之經略廣遠也。孔疏：地理志云：濰水
出琅邪箕屋山，北至都昌縣入海。淄水出泰山萊蕪縣原山，東北

土性　田陸　土貢

至千乘博昌縣入海。按箕縣在今山东莒縣东。都昌今昌邑縣也。
莱芜今縣。原縣在縣东。博昌今博興縣。
厥土白墳，海濱廣斥。
鄭云，斥謂地鹹鹵。
厥田惟上下，厥賦中上。
傳云，田第三，賦第四。
厥貢鹽絺，海物惟錯。
絺，細葛。海物，海魚也。魚種類尤雜。
岱畎絲枲，鉛松怪石。萊夷作牧，厥篚檿絲。
畎，谷也。怪，異。好石似玉者。岱山之谷出此五物，皆供之。萊夷地名。萊夷

七

貢道

州界

山原川澤

作牧與上島夷皮服、下島夷卉服一例，皆言夷貢也。此云作牧，蓋貢牧養之物，非謂萊夷可以放牧也。檿桑蠶絲中琴瑟弦。

浮于汶，達于濟。

漢志汶水出泰山萊蕪縣原山，西南入濟。孫云今安山縣，古汶達濟之道。

海岱及淮惟徐州。

傳云東至海，北至岱，南至淮。

淮沂其乂，蒙羽其藝，大野既豬，東原底平。

淮見後導水。沂水出山東沂水縣北，南至邳縣東南入運。乂，治也。蒙山在山東蒙陰縣西南。羽山在江蘇贛榆縣西南。藝，傳云可種藝。大野即

土性草木

田賦

土貢

鉅野澤。今鉅野縣境也。馬云水所停止、深者曰豬。王鳴盛云是澤本汶濟所鍾。明永樂九年、開會通河、遏汶濟入運、澤涸無存。東原今東平縣地。汶濟之間也。

厥土赤埴墳、草木漸包。

傳云土黏曰埴。漸包相包裹而同長也。

厥田惟上中、厥賦中中。

傳云田第二、賦第五。

厥貢惟土五色。羽畎夏翟。嶧陽孤桐。泗濱浮磬、淮夷蠙珠暨魚。厥篚玄纖縞。

土五色者、王肅云王者取五色土為大社、封四方諸侯各割其方色。王者覆

八

貢道

四和四畎者，鄭云羽山之谷。貢夏翟之羽。孔傳云羽中旌旄。嶧山名，在今山東鄒縣南。傳云嶧山之陽特生桐，中琴瑟。泗水出今泗水縣，下流入淮。浮磬者，傳云泗水涯，水中見石，可以為磬。蠙珠，鄭云珠名。淮水之上夷民獻此蠙珠與美魚也。說文云玭，珠也。宋宏云淮水中出玭珠，玭珠之有聲者。玄纖縞，傳云玄，黑繒。縞，白繒。纖，細也。纖在中，明二物皆當細。

浮于淮泗，達于菏

釋文：菏，說文作菏，云水在山陽湖陵南。从水，苛聲。胡氏禹貢錐指云：金履祥通鑑前編云：菏澤與濟水相通，而泗水上可以通菏。徐州浮淮泗達泗，自泗達菏也。青州亦達于濟，則達菏可知。故徐州書達于菏，則達于

州界

濟可知。渭案濟水豬為菏澤，此經蒙青之文，曰達于菏，則由濟水入澤可知矣。兗青徐揚四州之貢道，前後相承，不複不亂。汶與濟連，故青曰浮于汶，達于濟。徐揚道由淮泗，以泗入濟，必由菏澤，故書曰達于菏澤。若作河，則複而無理。河澤青且不言矣，而徐顧云達于河，陵亂失次。王光祿云：泗水從淮陰入淮，即為浮淮達泗之道；菏水從湖陵入泗，即為浮泗達菏之道也。菏即濟也，達于菏，達于濟矣。

淮海惟揚州。

孔傳云：北據淮，南距海。杜佑通典云：揚州東南距海，自晉以後，皆以五嶺之南至于海，為揚州域。今案揚以距海為界，貢以沿海為道。又陽鳥攸居，島夷卉服，皆指附海者。島則州界自以孔傳南距海為正。鄭但言自

九

山川原澤

海以東，非其實也。堯典羲仲宅南交，墨子言堯治天下南撫交阯。
島夷九州，豈南緬暹五嶺以北乎。
彭蠡既豬，陽鳥攸居。三江既入，震澤底定。
彭蠡，鄭云地理志彭蠡澤在豫章彭澤縣西。南方謂都為豬。陽鳥，
鄭云謂鴻雁之屬，隨陽氣南北。今案禹貢全文，無以禽獸表地者。
又經文先序州界，次言山原川澤，次言夷服，亦無舍地望而先言鳥
獸者。鳥當讀為島。說文所謂海中往往有山可依止曰島是也。本
經皆假鳥為之。島夷皮服，島夷卉服，古今文本皆作鳥。鄭釋冀州
鳥夷云東方之民搏食鳥獸者也。後漢書度尚傳注鳥語，謂語音
似鳥也。則古島夷卉服，猶於望文生義矣。晚出孔傳讀鳥為島，云海

曲禮之島。與說文合。本文陽鳥，鳥字亦當讀爲島。陽島即揚州附海岸
各島。六者則臺灣、海南是也。云陽島者，南方陽位也。攸，所也。安，攸居，
安居也。知島隸本州者，下文上貢有島夷卉服可證。卉服，故陽島皆
是。故有卉服。猶之冀州苦寒，斯有皮服也。青州越海而有登、萊本
島，則言嵎夷既略。揚州越海而有附近諸島，則言陽島攸居。其例一
也。解島者不知揚州南距海，乃釋陽島爲鴻雁，貢積之練綫珠
岸際之禮，際岸幾島貢所及春秋　說矣。豈其然哉。又經文於各州
兼領夷夏者，皆舉外以況內。曰嵎夷既略，曰陽島攸居，曰和夷底績，
曰三苗丕敘。由夷及此，內地可知矣。三江者，江隨地而異名也。以會漢爲
北江，會彭蠡爲南江（鄭注），會匯爲中江。既入者，入于海也。本文立文與
十

土性草木

田賦

伊雒瀍澗既入于河同歸。雒水出上源而同，而同入于河，于水以隨地異名而同入于海。然各自獨流也。詳見下導水。震澤者，孔疏云：會稽吳縣故周太伯所封國。具區在西，古文以為震澤。是吳南太湖名。蓋縣治居澤東北。

篠簜既敷，厥草惟夭，厥木惟喬。

鄭云：篠，箭。簜，大竹也。馬云：夭，長也。傳云：喬，高也。

厥土惟塗泥。

馬云：塗泥，漸洳也。

厥田惟下下。厥賦下上上錯。

傳云：田第九，賦第七，雜出第六。

厥貢惟金三品、瑤琨篠簜。齒革羽毛惟木。島夷卉服。厥篚織貝。厥包橘柚錫貢。

金三品、王肅云、金銀銅也。瑤琨、傳云、美玉。齒、象齒。革、犀皮。羽、鳥羽。毛、旄牛尾。木、楩梓豫章。惟木之惟、猶與也。聲之轉。島夷、即上文陽鳥東方附岸居島也。鄭云、此州下溼、故衣卉服。貢其服者、以給天子之官。按、海島溽暑者、故衣卉服。織貝、錦名。厥包橘柚、傳云、小曰橘、大曰柚。其所包裹而致者。錫賜聲借。錫獻也。釋詁、貢、錫、賜也。錫貢同義。古人自有複語耳。

沿于江海、達于淮泗。

釋文、沿、鄭本作松。馬本作均。按、沿作松、形之誤也。沿作均、聲之誤也。均沿聲相近。循江海行曰沿。傳云：順流而下曰沿。沿江入海，自海入淮，自淮入泗，非也。禹時有江路可通者，而不遵海。沿江上下、自江入淮，自淮入泗。江淮之通，始見於禹貢之導江會于匯（即淮）。繼見於孟子之禹排淮泗而注之江。不自吳王溝通（江淮）始也。當時貢路無舍安全之路、而就海道艱險之理。所謂沿于江海也，即島嶼外各地附海諸島之貢道也。其程沿海入江，溯江入淮，由淮達泗，轉由菏濟而達於河也。後人不知島嶼外各地為禹貢所治，又不知江淮之通、禹時固然，乃謂沿江入海、自海入淮矣。為著舊說於此。

荊及衡陽為荊州。

孔傳云：荊州北據荊山、南及衡山之陽。按荊山在今湖北南漳縣西。州

州界

山川澤

境當今湖北湖南貴州廣西安南諸地。唐虞疆域。以交趾爲極南
故曰分命羲叔宅南交曰明都矣。
江漢朝宗于海。九江孔殷。沱潛既道。雲土夢作乂。
江漢自揚州入海。此言朝宗于海者。段玉裁云。說文淖水朝宗于海
也。從水朝省聲。淖今之潮字。此今文說也。洚水之時。江漢不順軌。至爲
淤之。江漢始與海通。故於揚州曰三江既入。既入者入于海也。於荊州
曰江漢潮宗于海。言海潮上達。直至荊州也。海潮上迎江漢之水下
赴。朝夕往來。如君臣一德一心。呼吸相通。與前此壅閼者異矣。二州
之文相爲表裏也。九江。漢志在廬江尋陽縣南。皆東合爲大江。王
鳴盛云。楚考烈王徙都壽春。秦滅之。以其都置九江郡。高帝更

十二

爲淮南國尋陽縣屬焉。文帝析爲廬江郡，尋陽改廬江。班志於
尋陽曰，禹貢九江在南，漢尋陽在江北。東晉移於江南，今九江府德
化縣西十五里是。非漢尋陽也。今蘄春，壽春今壽縣。廬江今縣。漢
尋陽在今黃梅縣北。是秦漢均以九江在荊揚之間，即今皖鄂贛
三省之交。江分九道，故爲九江。而李釋文引張須元緣江圖說云，九
江參差，隨水長短，始於鄂陵，終於江口。會於桑落洲是也。然經
文無詞於水道由合而分、分而復合之例，所著之，如導河云，播爲九
河。導江云，東別爲沱是也。若九江亦爲九道，則導江文當云，又東播
爲九江，或云又東別爲九江矣。而經乃云過九江，至於東陵。此其詞例不
合者一也。又經文立例，大水絕小水曰過。如導河云，東過洛汭。北過洚水。

導漾云過三澨，導渭云東過漆沮，是也。今以九江爲江水九孔，經於導江不應云過九江矣。此其詞例不合者二也。又經文詞例，山脈絕水曰過。如導岍及岐，云逾于河，是也。若岷陽山脈過江而北，經當云逾九江至于東陵，知其詞例不合者三也。劉歆以爲其來合乃稱九江者，湖漢九水入彭蠡澤，如釋文太康引地記所稱是也。此其所指與地理相準，詞例亦合。惟湖漢諸水合流爲澤，經既稱爲彭蠡，又別其上源諸水爲九江，因地異名，仍違經例。且彭蠡爲九江，於古無徵，臨近凡說也。諸九江者，惟宋晁氏爲允。蔡氏、胡氏、曾氏以爲九江即今之洞庭也。水經言九江在長沙下雋縣西北，楚地記云巴陵瀟湘之淵在九江之間。今岳州巴陵縣即導江之東陵，楚之巴陵，漢之下雋也。洞

十三

庭正於其西北，則洞庭之爲九江審矣。劉逢祿云：山海經洞庭之山，帝之二女居之，在九江間。水經注引同。弟子據以難史記、漢志尋陽九江之誤。劉歆以彭蠡當九江，亦誤。其說詳見也。惟九江是洞庭，洞庭入江，江大而九江小，江縱而九江橫，故可言過。又岷陽山脈亦稱過九江者，是過其源，非過其流；若過其流，則當云逾九江矣。山脈長而九江短，山脈縱而九江橫，故可言過；若九江爲江流九派，則尊山不當言過，而當言逾矣。如秦置九江郡於壽春，爲無據也。孔，甚也；殷，盛也。洞庭匯沅、澧、湘、資各水派匯入大江，與彭蠡匯湖漢、沙水派入大江，其勢正等。彭蠡因漢與江鬭，移成其澤，故謂之漢；洞庭因泡江與九江鬭，移而成澤，故謂之江。謂之九江者，九爲數之終，古人數之極多者，皆約之以九。

土性田賦

如因爾雅有九河之名，於九河之外實指其名以配之，則鄰於鑿矣。沱
者，爾雅云：水自江出為沱。漢志南郡枝江，江沱出西，東入江。水經江水
篇，又東過枝江縣南。注：江水又東逕上明城北，其地夷敞，北據大江，江汜
枝分，東入大江，縣治洲上，故以枝江為稱。按上明城，在今松滋縣西。潛者，爾
雅云：水自漢出曰潛。史夏本紀作涔，說文：涔，潰也。一曰涔陽渚在郢中。
則漢水之別出者也。按當今湖北潛江縣境。雲夢，二澤名，跨江南北。
雲在江北，夢在江南。雲夢土者，楚語稱雲連杜洲，雅言為雲土，長
言則為雲連杜矣。作乂者，言可作而耕治也。
厥土惟塗泥。厥田惟中下。厥賦上下。
按云，田第八，賦第三。

十四

禹貢

厥貢羽毛齒革、惟金三品。杶榦栝柏、礪砥砮丹。惟箘簵楛、三邦底貢

厥名。包匭菁茅。厥篚玄纁璣組。九江納錫大龜。

惟、猶與也。杶榦栝柏、四木名。礪、磨石也。精者曰砥。砮、石中矢鏃。丹、

可以為采。箘簵、皆美竹。楛中矢榦。底、致也。厥名、其善也。包上匭

裹而致之。匭、說文古文作朹。从木九聲。爾雅釋木朹、檕梅。郭注朹

樹狀似梅。子如指頭。赤色。似小柰可食。異物志云楊梅一名朹子。如

彈丸、正赤。五月中熟、味甘酸是也。菁茅、鄭云茅之有毛刺者、給宗

廟縮酒。玄纁可染之物也。璣、珠類。組、綬屬。納、入也。錫、賜、賜者上下

通稱。此錫命也。

浮于江沱、潛于漢。逾于洛。至于南河。

貢道

潛、僭並朁音從母，謝、訴並𥁕音心母，聲亦相近，故云潛于漢也。

江、沱、漢皆此州川也。浮江泝漢，沿丹水而上，至商縣龍駒寨，與雒源近。由此可達南河矣。貢程循流而下曰浮，逆流而上曰潛。今文本作浮於江、沱，潛于漢，踰于雒，或作潛于漢，非。正義本或潛下有于，誤耳。按史記作浮于江沱涔于漢，史遷書禹貢多古文說，故涔下有于字。曉出古文之有于字，或以今文校之，刪去于字，非也。陸氏以有于字者爲誤，所謂以不狂爲狂也。攷潛與泝聲義相近，潛之與泝，猶譖之與訴。說文：譖，謝也。是二字義通。潛，涉水也；泝，逆流而上曰泝。義亦相近。下犯上謂之僭，又謂之逆；下告上謂之譖，又謂之訴；逆流而上謂之泝，亦謂之潛。其例正也。陸氏不明潛字之義，乃反以古文作潛于漢爲非，不知浮于江沱潛漢，經文固無此例也。漢源與雒源雖

十五

豫州州界

川澤

逌。然中陽峯嶺。其間有陸路數十里，故曰逌。凡貢程舍舟登陸曰逌。梁州浮于潛，逌于沔，西漢東漢之間山有數十里之陸程，故亦曰逌于河矣。又凡貢道與他州模例不複述。浮于江沱潛于漢，逌于洛，荆州已畢。此言至于南河者，蓋由漢而雒，由雒而至潼關、即南河矣。與荆州之浮伊雒達河者，其道各異。禹時黃河東折處蓋稱南河。

荆河惟豫州。

晚傳云，豫州南至荆山，北距河。按當有今河南全省及湖北北部。

伊洛瀍澗，既入于河。滎波既豬。導菏澤，被孟豬。

漢志，伊水出宏農盧氏縣東熊耳山，東北入洛。洛水出宏農上洛縣冢嶺山東北至鞏縣入河。瀍水出河南穀城縣曁亭北，東南入洛。澗水出宏農新安縣，東南入洛。伊洛瀍澗，源異流同。然別言之者，蓋適河津，施功特多也。此與揚州言三江既入同例。彼異源同流而稱三江既入，此異源同流而云伊洛瀍澗既入于河。皆非各自獨流入海入河也。滎波既豬者，鄭云：沇水溢出河爲澤也，今塞爲平地，滎陽民猶謂其處爲滎播，在其縣東。按，波播聲之轉。漢滎陽在今滎陽縣西南。菏澤，漢地志在濟陰定陶縣東。孟豬在梁國睢陽縣東北。菏澤之西南。按定陶在今山東定陶縣西北，睢陽今河南商邱縣。王鳴盛云：此一節紀禹治陶丘，復出于濟也。菏澤在定陶之東。孟豬在睢陽之東北，相距僅一百四十里。二澤本有相通，禹因而疏之以殺濟瀆之勢。水經注引晉闞駰十三州記云：不言入而言被者，明不常入也。水盛方覆被矣。是也。運謂澤水所停陶者，其澤也。杜湖陵者，其派也。其派東合泗以注淮，與孟豬全無關涉。按被者及也。水盛則泛被及也。

土性

厥土惟壤，下土墳壚。

壚，疏也。馬云：豫州地有三等，下者墳壚也。

田賦

厥田惟中上，厥賦錯上中。

傳云：田第四，賦第二，又雜出第一。

土貢

厥貢漆枲絺紵，厥篚纖纊，錫貢磬錯。

傳云：纊，細綿。錫，亦貢也。錫貢聯語。段玉裁云：錫，賜。古者上下通

貢道

州界

山川奠治

類珠錫命也。磬錯。傳云：治玉石曰錯，治磬錯也。

浮于洛，達于河。

自伊洛而下達于河。

華陽黑水惟梁州。

晚傳云：東距華山之陽，西至黑水。地志：京兆華陰縣南有太華山，在今縣南八里。黑水，即今怒江，上源曰喀喇烏蘇，譯言黑水也，出前藏境，東南流入雲南西境，又南流入海。詳見導水章。梁州之境，東北距華山，西南距黑水。約有今之陝西南部、四川、雲南全省，及貴州北部、西康東南地。

岷嶓既藝，沱潛既道。蔡蒙旅平，和夷底績。

漢地理志、岷山在蜀郡湔氐道西徼外。嶓冢山在隴西郡西縣。西漢所出。但導水章、嶓冢導漾、東流為漢。則嶓冢實為東漢所出。益由嶓冢自甘肅西和縣蜿蜒而東、至陝西鳳縣北折而西南至畧陽縣境、仍有嶓冢之號。故唐李吉甫、杜佑、於上邽縣、金牛縣分列兩嶓冢山也。禹貢嶓冢、以在金牛縣者為是。沱潛既道、已見荊州、復見此州者。水自江出者為沱、漢出為潛。荊梁二州、各有其流。今岷江自四川灌縣南、分為二。沱江東南流、至瀘縣合於江。是本州之沱也。潛水今稱西漢水、出西和縣之嶓冢山。南流至寧羌縣、有東漢通谷、潛流來會。又南流至葭明縣地。又有東漢潛流來會。荊州疏引郭璞爾雅音義云、有水從漢中沔陽縣、南流至梓潼漢壽、入大穴中、通峒山

田賦　土性

下。西南潛出，一名沔水。舊傳云，即禹貢潛也。此系西漢水，與導自嶓冢之漢源流各別。惟因漢水潛流南出，與此相合，故禹貢通稱為潛。是本州之潛也。蔡、蒙，山名，漢志在漢嘉縣，今在四川雅安縣北。旅，猶治也。和夷，鄭云，和上夷所居之地也。和讀曰桓，地志云，桓水出蜀郡蜀山西南行羌中者也。王鳴盛云，酈注云，岷山西傾，各有桓水。岷山桓水，即蜀山桓水也。蓋以今地望準之，則大小金川即古和夷所居地。

厥土青黎。

馬云，黎，小疏也。

厥田惟下上。厥賦下中三錯。

十八

土貢

貢道

田第七。賦第八，三錯，錯出第七第九等也。

厥貢璆鐵銀鏤砮磬，熊羆狐貍織皮。

傳云：璆，玉名。鏤，剛鐵。貢四獸之皮，按織物。

西傾因桓是來，浮于潛，逾于沔，入于渭，亂于河。

西傾，地理志云：在隴西臨洮。王鳴盛云：今爲甘肅洮州廳治所，三面臨羌，南與四川松潘廳接界。西傾在其界內。因桓是來者，馬云：治西傾山，惟因桓水是來，言無他道也。王鳴盛云：酈道元謂蜀山西傾俱有桓水，以和夷之和爲蜀山桓水，以因桓之桓爲西傾桓水，其說據馬王，因謂自西傾至葭萌入西漢，即潛水也。此條所謂桓水，即白水。水經注，白水出西傾山，流注漢水。按即今白龍江也。此言西傾貢道，而言因桓

是來者。與冀州言夾右碣石同例。此皆特例也。潛水源為西漢下流與
東漢之伏流相會、稱為潛。爾雅所謂漢別為潛。水經桓水注所謂
葭萌西漢。即鄭康成之所謂潛水者也。沔者、鄭云或謂漢為沔。
按郭璞爾雅音義云、有水自漢中沔陽縣南流至梓潼漢壽
入大穴中、通峒山下、西南潛出、一名沔水、舊俗云即禹貢潛水也。按
此則東漢別流、從沔陽西南潛出者稱沔水。此經貢程自西漢白
龍順流而下、自廣漢達流而上、皆所謂浮於潛也。貢程循水上下
曰浮、絕水登陸曰逾。荊州浮于江沱潛于漢、逾于洛是也。西漢水
雖于通谷及漢壽均與東漢會、然皆伏流大穴中、不能乘舟、故
須舍舟登陸。王鳴盛云：以今輿地言之、從嘉陵江至廣元縣北

十九

龍山第三洞口、會毋登陸、越閩粵而北。至第一洞口出登萊。毋至河縣西。經兩碑、浮潛、逾河也。入於渭者、禹貢言入、導山功與貢程不同。導山功言入、則山功所歸也。如導山言入于海、導弱水入于流沙、黑水入于南海、河入于海是也。貢程言入、則會陸無行也。如冀州言夾右碣石入于河、梁州逾于沔入于渭、皆會毋陸行也。或裡經例由水而陸以入水曰逾、由水入水曰入、非也。由河入渭、中隔終南太壹岳固由水入水。道由陝西褒城、溯褒水、絶水行百餘里、入斜水。至郿縣東北入渭。或謂漢武帝時曾有通褒斜漕運事、實則中間尚隔百餘里、以車轉從斜下渭。非二水可通也。亂於河者、爾雅正絶流曰亂。從渭至夏都安邑、則正絶流也。

雍州如昇

黑水西河惟雍州。

晚傳云：雍州西據黑水，東距河。西南據黑水。黑水，今怒江，源出西藏拉薩之北，南流入南海者也。此州蓋有今陝西、甘肅、新疆、青海、西藏各地。王鳴盛云：南至西傾、積石，西逾三危，北至沙漠，遼闊不可紀矣。

弱水既西，涇屬渭汭，漆沮既從，灃水攸同，荊岐既旅，終南惇物，至于鳥鼠。原隰底績，至于豬野。

弱水者，鄭云：眾水皆東，此獨西流，故記其西下也。按，當指甘肅西境安西、敦煌二縣水西流入黑海子者。詳下導水章。涇水，出甘肅平涼縣西南笄頭山，東南流，至陝西高陵縣入渭。王鳴盛云：說文：汭，水相入也。雍州有二渭汭，高陵涇渭二水之合；懷德洛渭二水之合，均為

二〇

水相入。按：屬，相連屬。屬於渭也。漆水，地理志云：出扶風漆縣西，即今武功縣也。沮水，地志無徵，當即今富平縣西之沮水，自北而南漆者。從，從於渭也。灃水，地志云：出右扶風鄠縣東南，北入渭。同，同於渭也。荊山，疏云：禹貢北條荊山在左馮翊懷德縣南。岐山在今岐山縣東北。旅，治也。終南、惇物，疏云：地理志云：右扶風武功縣有太一山，古文以為終南；垂山，古文以為惇物，皆在縣東。三山，空峯山名，意蓋上既旅也。按：鳥鼠，即鳥鼠同穴山，渭源也，詳下。原隰者，鄭云：詩曰度其隰原，即此原隰是也。原隰遠地，從此致功，西至豬野之澤也。地理志：都野在武威，名曰休屠澤。疏云：武威縣東北有休屠澤，古文以為豬野。按：今鎮番縣地。

雍田賦

三危既宅，三苗丕敘。

三危，鄭氏河圖及地記書曰：三危之山在鳥鼠之西南，當岷山。則在積石之西南。焦循時書禹貢鄭注釋云：鄭注既引班志漢地理志，洞又引地記，明三危山之所在，云鳥鼠之西南，當岷山，在積石西南。其地依稀者難陳澧東塾讀書記云：黑水出西藏喀薩此境（東流）至喀木，蓋即禹貢之雍州之田曰。三危當在其地。按：僅用鄭義，陳言今地疑是也。宅，居也。三苗在虞書舜典云：竄三苗于三危，是也。

厥土惟黃壤，厥田惟上上，厥賦中下。

田第一，賦第六。

厥貢惟球琳琅玕。

二

鄭云、球，美玉也。琳，美石也。琅玕，珠也。

浮于積石，至於龍門西河，會于渭汭。

晚傳云，積石山在金城西南，河所經也。按杜今青海西寧縣西南。龍門山，在今陝西韓城縣北。西河，河西岸也。渭汭，渭入河處也。貢說、

道會同曰會。絕河泝流為安邑。

織皮崑崙、析支、渠搜，西戎即敘。

鄭云，衣皮之民，居此崑崙、析支、渠搜三山之野者，皆西戎也。按崑崙今葱嶺也。山海經云，崑崙虛在西北，河水出其東隅。水經注云，自崑崙至積石一千七百四十里。又引涼土異物志曰，葱嶺之水分流東西，西入大海，東為河源。禹本紀所謂崑崙是也。此言河源，皆初源。漢

人以西域兩河合源至鹽澤潛行地下南出於積石為中國河則此所云昆侖即今西新疆西部也水經注云自析支以西濱于河首羌居其右河水東流屈而東北逕於析支之地是為河曲矣後漢書西羌傳云西羌之本出自三苗姜姓之別也其國近南嶽及舜流之三危河關之西南羌地是也濱於賜支至乎河首綿地千里皆羌地賜支南接蜀漢徼外蠻夷西北接鄯善車師據此則析支當今青海地也渠搜之西戎漢武紀應劭注禹貢渠搜在金城河關之西西戎今按古之渠搜漢稱車師聲之轉漢時車師前王庭則今新疆吐魯番地也敘九州竟連及西戎之國者漢書西域傳引此而解之曰禹就而敘之非上威服致其貢物也

二二

導山
正陰列
渭河以北山脈

導汧及岐，至于荆山，逾于河；壺口、雷首，至于太岳；底柱、析城，至于王屋；
太行、恒山，至于碣石，入于海。
以下四節言導山，即言山脈也。鄭云：四列，導汧為正陰列，西傾為次陰列，嶓冢為次陽列，岷山為正陽列。王鳴盛云：天官書云：中國山川東北流，其維首在隴蜀，尾沒於勃碣。今鄭此注所分四列，皆在隴蜀，正所謂維首。今案：就禹貢山脈言，維首當在昆侖，禹本紀所謂昆侖是也。本文導山水亦承上昆侖析支渠搜西戎之國言。上節於九州為總結，於導山水為總起。因中國山川均以昆侖為遠源，特昆侖以東至河源積石，江源岷山，其中多未立名，且非治功所及，故略之耳。所謂中國山川維首在隴蜀也。此節正陰列也。汧，漢志吳岳在右扶風汧縣西，古文

以爲岳山。今在陝西隴縣西北。岐山、在今陝西岐山縣東北。荊山、漢志在
馮翊懷德縣。禹貢北條荊山在南。按懷德今陝西朝邑縣。以上皆
河渭之間名山也。逾于河者、孔疏云謂山逾之也。此處川勢相望。越
河而東。越按山脈未有逾河者。此逾河而東。故特記之。山絕流曰逾。與
貢程絕水登陸曰逾者別。此由陸絕流。復由水登陸也。又導山言逾亦
与言過者別。荊山逾河、言絕流也。衡山過九江、言經其源也。壺口、漢志
在河東北屈縣東南。今在山西吉縣西。雷首、漢志在河東蒲坂縣
南、今山西永濟縣東南。太岳、漢志在河東彘縣東、今山西霍縣東。底
柱、在今山西平陸縣東。析城、漢志在河東濩澤縣西南、今山西陽城
縣西。王屋山、漢志在河東垣縣東北、今山西垣曲縣東北。太行山綿亙

二三

次陰列

渭漢淮漢間山脈

於沁水漳水之間、逾靈而東北、今山西垣曲縣、與恒山接。漢志、恒山在常山上曲陽西北、今河北曲陽縣也。碣石山、漢志在北平驪城縣西南、今河北撫寧縣西南也。入于海者、山脈入于海也。

西傾、朱圉、鳥鼠、至于太華。熊耳、外方、桐柏、至于陪尾。

此言次陰列也。西傾、漢志在隴西臨洮、今甘肅臨洮縣之西南也。朱圉山、漢志在天水冀縣、今在甘肅伏羌縣。鳥鼠山、漢志在首陽縣西、今甘肅渭源縣西。據今地志、朱圉在東、鳥鼠在西、自西而東、應先鳥鼠後朱圉、經似誤倒。王鳴盛云、以山脈言、朱圉山綿亙於伏羌西南者甚衆、可与鳥鼠雜錯羣之、是也。太華、漢志在宏農華陰南、今陝西華陰縣南。熊耳山、漢志在盧氏縣東、今在河南盧氏縣

沔陽列
江漢間山脈

西南。外方山，漢志潁川崈高縣，注云：武帝置，以奉太室山，是為中
岳。古文以為外方山也。崈高，今河南登封縣。桐柏，漢志在南陽平
氏東南，今河南桐柏縣西。陪尾，漢志江夏郡安陸縣，橫尾山在東
北，古文以為陪尾山。安陸，今湖北縣。漢志言在東北，則今大別山
脈也。此條為渭漢、淮漢之間諸山也。
導嶓冢，至于荊山。內方，至于大別。
嶓冢山，漢志隴西郡西縣，禹貢嶓冢山，西漢所出。則今甘肅西和縣
東北之山也。然禹貢言嶓冢導漾，東流為漢，則為東漢所出。故
唐李吉甫、杜佑於上邽縣、金牛縣分列兩嶓冢。蓋由嶓冢山脈自西
和縣起，蜿蜒而東，折而南，至陝西略陽縣東，而名嶓冢為東漢水源。

二四

正陽列
江與西江間山脈

析而東、為江漢間諸山脈。至湖北南漳縣西南、為南條荊山。禹貢導荊豫兩州之界山也。漢志南郡臨沮縣、禹貢南條荊山在東北是也。内方、漢志云、立章山在江夏竟陵縣東北、古文以為内方山也。竟陵在今鍾祥縣南。大別、漢志以為在廬江安豐縣、則今安徽霍山縣境。杜預酈道元均不信其說。元和志云、魯山一名大別山、在漢陽縣東北一百步。則今漢口西岸晴川閣畔瞰江之山、與南岸黃鶴樓相對者。此與導漾云至于大別南入于江正合。以言江漢間山脈之得。

岷山之陽、至于衡山、過九江、至于敷淺原。

岷山、地志在蜀郡湔氐道西徼外、江水所出。今四川松潘縣西北。按此言

岷山非言岷山山脈也。嶓冢、西傾、皆自岷山分出。此云岷山之陽、則今
烏蒙山脈東走為苗嶺山脈、又東為五嶺山脈者也。不舉山名而言
岷山之陽者、自衡山以上未有其名。故略言其方向也。爾雅、山南曰
陽。烏蒙山脈上接昆侖南幹、東出為五嶺。自越城嶺東北走者
為衡山山脈。正幹越湘灕之源為海陽山。又東為九疑山、包絡沅資
澧湘之源。則經所謂過九江也。山脈絕水過其源曰過。如衡山過九江
是也。絕其流曰逾。如荊山逾于河是也。又山言過與水異。水言過者過
其流也。山言過者過其源也。導山、導水同言過九江、而所指之地各異。
敷淺原、漢志、豫章郡歷陵、傅陽山、傅陽川在南、古文以為敷淺原。
按漢志歷陵、在今江西九江縣東。傅陽即鄱陽。鄱傅聲相近。敷傅

二五

導水
弱水

聲之同。傳陽山即鄱陽山，亦即敷淺原，即今之廬山。敷廬聲相
彭者。如皮膚之膚，籀文則作臚也。或謂高平曰原，當為地名，不
爲山名。不知本文導山凡言至于者，皆爲山名，如荊山、太岳、壺口、砥石、
太華、荊山、大別、衡山皆是。若作地名，則於經例不合矣。方氏通雅
云：禹貢表山，豈高山如廬雲表耶。其說是也。蓋五嶺山脈，至于
騎田、大庾之間，北出一支，爲湘、贛二水之界，山東北行，則盡於廬山
矣。此長江、珠江兩川之間之山脊也。

導弱水，至于合黎，餘波入于流沙。

弱水，自水經、漢志均以爲今之黑水，自甘肅山丹縣西北流，經張掖、酒
泉，北流與白河會，而北經新居延海，流沙在其東，是古弱水也。然經

明云弱水在西山北始西北流繼乃北流與既西之文不合。劉逢祿云今有合黎河在甘肅州西南會弱水與合黎山即傳所云在大流沙東者也。按以今地志言之則為今出自酒泉西南之疏勒河西流經安西縣北為布隆吉河與自敦煌南來之黨河會。西流入哈喇淖爾。則所謂餘波入于流沙者也。或謂弱水源出山丹縣西北流經張掖澤高台縣北至鹽池驛西流經酒泉玉門與疏勒河會西流入流沙。惟自鹽池驛以西至玉門今不通流耳。說亦近是。今甘肅西部合河形體皆無定。水大皆汪洋流注。水少則形同沙塞也。鄭云凡言導者發源於上未成流。凡言自者亦發源於上未成流。此經自弱水以下言過言會者皆是水名。言至於者或山或澤皆非水名。按言導者

黑水

或有重源。

道黑水，至于三危，入于南海。

黑水，鄭云：地理志，益州滇池有黑水祠，而不記此山水所在。今中國無也。

陳澧云：昔人黑水之說不一，惟以為今之怒江者為是。其上源曰哈喇烏蘇。（蒙古語黑曰哈喇，水曰烏蘇。）出西藏喀薩北境，東流至喀木，蓋禹貢雍梁二州之界。三危當在其地。自此屈南流為梁州西界，至雲南曰潞江，又南出雲南徼外，入南海也。禹貢雍州經文云：三危既宅，則導黑水至於三危者，為雍州境。（雍州西境，其地甚廣，哈喇烏蘇在河源之西，為雍州之水。）則河源亦在雍州（雍州境內也）。雍州不近南海，則其入於南海者，必過梁州矣。又云：禹貢鄭注祇云今中國無黑水。漢書地理志亦不志黑水，惟益州郡滇池下有黑水祠。蓋濮地也。至瀾滄江而止。即地理志越嶲郡青蛉僕水也。怒江又在其西、非漢時中國地。但於滇池為祠遙祀之耳。按雍梁二州西界入南海之水、惟瀾滄、怒江足當黑水。而怒江上源又有黑水之稱。則其為禹貢黑水無疑。三危、鄭引地記云、三危山在鳥鼠之西而南當岷山、則在積石山之西南。按地記云、當岷山者、直岷山而西南也。故鄭申云、在積石山之西南也。以地望準之、則今怒山山脈也。怒江經此地為薩爾溫河。薩爾溫即三危之轉、音也。西藏總傳云、衛在打箭爐西南、俗稱前藏。在衛西南、俗稱後藏。喀木在衛東南。三處總名三危。即禹貢導黑水至于三危也。按三危必以三處當之、似嫌過泥。但堯典云竄三苗于三危、禹貢云三危既宅、三苗丕敘。三苗為一

二七

河

大部落。則係宅之處，其地當純山也。楚詞天問云、黑水玄阯、三危安
在。玄為交字之譌、玄阯即交阯。古黑水蓋由交阯入海也。
導河積石、至于龍門、南至于華陰、東至于底柱、又東至于孟津、東過洛
汭、至于大伾、北過降水、至于大陸。又北播為九河、同為逆河、入于海。
漢志、金城郡河關縣、云積石山在西南羌中、河水行塞外、東北入塞
內。按在今西寧之西南。河水由星宿海、東南流繞大積石山之東麓、折
而西北流。復折而東北流、至甘肅臨夏、經積石山南、則小積石山即禹導
河之積石也。凡導水舉地、從其初源者、言自。不自其初源者、不言自。如
導淮自桐柏、導渭自鳥鼠同穴、導洛自熊耳、施功皆自初源、故言
自。岷山導江、嶓冢導漾、導河積石、江河漢皆別有遠源。故不言自。岷

江自岷山一源外，別有出青海之大金沙江。漢水自寧羌嶓冢一源外，
別有源出西和嶓冢之西漢水。河自積石一源外，別有出昆侖之遠源。
而此積石山，則河之重源，故不云導河自積石也。王光祿云：自古言河
出昆侖。爾雅、山海經皆無實指。惟于寘之西，水西流，其東水東流，
注鹽澤，潛行地下，南出為河源。見史記大宛、漢書西域傳。言河源者，
以此為正。劉逢祿云：西域傳蒲昌海，一名鹽澤，去玉門陽關三百餘里。
廣袤三百里。其水停居，冬夏不增減，皆以為潛行地下，南出於積石，
為中國河云。華陰，今陝西華縣華山之陰也。底柱，晚出孔傳云：山名，河水
分流，包山而過，山見水中，若柱然，在西虢之界。按西虢，今河南陝縣
也。孟津，漢志河內郡河陽縣，孟津在其境。此今河南孟津縣。導

漢

水文凡大水經小水曰過。洛汭者、洛水入河之曲也。今在河南鞏縣北。大
伾、張揖云成皋縣山也。按今河南汜水縣西北。降水、鄭玄、地說云大
河東北流過降水、千里至大陸爲地腹。今河內共縣北山、其水出之東
至魏郡黎陽入河、近所謂降水也。降讀爲鄉降于齊師之降。蓋周
時國其地者、惡言降故改云共耳。大陸、澤名在鉅鹿北。播、散也。播爲者、
導水隨流異名曰爲、分流曰播、爲九河者、爾雅釋水云徒駭、太史、馬
頰、覆釜、胡蘇、簡、絜、鉤盤、鬲津是也。徒駭爲最北之經流、鬲津
最南。中間分流者七、總名九河也。異流同歸曰同、爲、鄭云同合也。
下尾合、名曰逆河。言相向逆受也。入于海、北入于渤海也。
嶓冢導漾、東流爲漢、又東爲滄浪之水、過三澨、入于大別、南入于江。

東匯澤爲彭蠡。東爲北江入于海。

嶓冢有二。一在今甘肅天水縣東南。一在陝西寧羌縣西北。自天水縣之嶓冢山流出者爲西漢水。自寧羌縣之嶓冢流出者、爲東漢水。元和郡縣志、通典均作上邽、金牛分別兩嶓冢。此經所導自指東漢。故云嶓冢導漾、不云導漾自嶓冢。蓋禹時以西漢爲東漢之上源。又自東漢別出爲潛、至四川巴縣入江。實則東漢固有別出之潛。而東西二源各自分流也。漾水、華陽國志云漢水有二源、東源出武都沮山。是嶓冢一名沮山、山以水名也。東流爲漢者、水隨地異名曰爲。王鳴盛云自略陽縣南寧羌州北流經沔縣西南、又東逕沔縣襄城西鄭縣南、經所謂導漾東流爲漢也。滄浪水、經沔水注云武

二九

江

當縣西北四十里。漢水中有洲，名滄浪洲。庾仲容漢記謂之千齡洲，世俗語譌，音與字變矣。按，武當，今湖北均縣。三澨，鄭云：水名，在江夏竟陵界。史記索隱云：竟陵有三參水，俗云是三澨也。按，竟陵，今湖北天門縣。至于大別，出，水經注引地說云：漢水東行過三澨合流，觸大別之陂，南與江合。元和志云：魯山一名大別山，在漢陽縣東北一百步。東匯澤爲彭蠡，鄭云：匯，回也。漢與江鬭，轉東成其澤矣。東爲北江，入于海，王鳴盛云：此言導漢，故曰北江，下文導江曰中江。知彭蠡爲南江矣。

岷山導江，東別爲沱，又東至于澧，過九江，至于東陵，東迤北會爲匯，東爲中江，入于海。

不言導江自岷山者，江之遠為大金沙江。此但記其功自始而言其遠源所自。故與導河積石嶓冢導漾同例也。東別為沱者，岷江自四川灌縣分枝東南流至瀘縣入江為沱。東至于澧，經言至于，皆地名。後以地名為水名。水經澧水出武陵充縣西至長沙下雋縣西北東入于江。漢志言澧水流注于洞庭湖。蓋澧水注湖由湖達江，在今洞庭湖北。九江，水經以為在長沙下雋縣西北。山海經洞庭山帝之二女居之。在九江間。楚地記云，巴陵瀟湘之淵，在九江之間。據此則洞庭匯沅湘資澧諸水北入江，謂之九江。經例大水過小水曰過。故言過九江矣。東陵，地名。地志、水經注以為廬江金蘭西北有陵鄉。王鳴盛以為在今湖北黃梅縣境，是也。東迤，鄭云，東迤為南江。按江合漢為北江，合彭蠡爲南江。岷江則中江也矣。說文：迤，邪行也。江自東陵而東，邪行向北，故云東迤。北會爲匯者，匯爲淮之段借字。兩大水相合曰會。江淮勢均力敵，故云會。古江淮本通，孟子言禹決汝漢，排淮泗而注之江，是也。久而湮塞，故春秋時吳城邗，溝通江淮。云溝通者，復禹之舊蹟也。或裡匯即彭蠡，非也。彭蠡已見上導漾章，不應此章重見。當云東會，不當云北會。又經凡言會者，皆水名。匯非水名，無例不諧，故知非彭蠡也。東爲中江，對會漢爲北江，會彭蠡爲南江而言也。言入于海者，即上文三江既入也。

沇

導沇水，東流爲濟，入于河，溢爲滎，東出于陶丘北，又東至于菏，又東北會于汶，又東北入于海。

淮

沇水、地志、出河東垣王屋山、東至河内武德入河。按漢垣縣、今山西垣曲縣、武德、今河南武陟縣西。其南岸則成皋也。今爲汜水縣。泲從此入河。溢出爲滎澤。在今滎陽縣北。鄭云、今塞爲平地、滎陽民猶謂其處爲滎播也。出者、出於地也。陶丘、今山東縣。菏、今山東菏澤縣。會于汶者、會于南旺也。王鳴盛云、以水經注元和志寰宇記諸書考之、今小清河所經、皆古濟瀆。而大清河所經、自歷城以上已東阿志古漯水也。

導淮自桐柏、東會于泗沂、東入于海。

桐柏、漢志、南陽郡平氏縣、禹貢桐柏大復山在東南、淮水所出。按平氏、今河南桐柏縣東。言自者、自其發源也。東會于泗沂者、淮經安徽

渭

至江蘇淮陰，泗水自北合沂水來會，東入於海。即淤黃河舊槽也。其枝流則自淮陰南流，經高郵、江都入江。導江章所謂北會爲匯之匯字，所謂挾淮泗而注之江也。

導渭自鳥鼠同穴，東會于灃，又東會于涇，又東過漆沮，入于河。

地志隴西郡首陽縣，禹貢鳥鼠同穴山在西南，渭水所出。按山在今甘肅渭源縣西。灃水，漢志出右扶風鄠縣東南，北過上林苑入渭。按上林苑在今長安縣西南。會于涇者，涇水自西北來，與渭會於高陵縣縣南。漆沮者，孫星衍云：說文瀘水出北地直路西，東入洛。水經、地志瀘作沮。漢直路縣在今陝西中部縣西北二百。地說文又有漆水，出右扶風杜陵岐山，東入渭。一曰洛水。詩緜所謂自土沮漆者。此漆在今

洛

陝西岐山縣。經文於涇屬渭汭下云漆沮既從、似以漆水從洛入渭爲是。今按此經先言會涇、後言過漆沮、亦以洛水入渭爲是。惟本條經文、終有可疑。經例大水過小水曰過、大小相等曰會。灃爲小水、當言過而言會、漆沮如爲洛水、則當言會而言過、皆不與例相符。又灃水流甚短促、王鳴盛謂灃水禹功所及、故獨著于經、意或然與。

導洛自熊耳、東北會于澗瀍。又東會于伊、又東北入于河。

洛水出陝西商縣西熊耳山、東北流、所謂導洛自熊耳也。至河南洛陽、澗水自西北來會于城西、瀍水自北來會于城東。又東流至偃師、伊水自南來會。又東北流至鞏縣北入于河。孔氏正義云、漆沮先山後水、渭洛先水後山、皆史文詳略、無義例也。

三三

禹貢詞例

言水道者曰播、曰屬、曰道、曰同、曰乂、曰般、曰會、曰同、曰朝宗

言澤藪者曰作、曰澤、曰豬、曰被、曰道、曰底定

言原者曰底績、曰底平

言山者曰修、曰治、曰藝、曰旅

言夷者曰略、曰居、曰宅、曰敘

導山導水釋名

1 施功所始曰導

2 自其所原曰自

3 施功有暨曰及

4 兩水相合曰會

5 大小相敵曰過

6 山水所經曰至

7 山水所歸曰入

8 山絕流曰逾

9 水邪行曰迤

九州攸同，四隩既宅，九山刊旅，九川滌源，九澤既陂，四海會同。六府孔修。

隩，說文作墺，四方土可居也。宅，居也。九山、九川、九澤，九州之山川與澤也。刊，除也。旅，王引之云治也。滌者，河渠書云九川既疏滌。孫星衍云滌源者，謂疏導其水源也。陂者，說文云一曰澤障，謂為之陂障俾無決溢也。會同者，謂貢道達于京師，無有阻礙。上文所謂會于渭汭也。六府，左文七年傳云水火金木土穀謂之六府。孔，甚也。修，治也。

庶土交正，底慎財賦，咸則三壤成賦。中邦錫土姓，祗台德先，不距朕行。

鄭云眾土美惡及高下得其正矣，亦致其貢篚，慎奉其財物之稅，皆法定制而入之也。三壤，上中下各三等也。中邦，九州也。天子建其國，諸侯胙之土，賜之姓，命之氏。其敬說天子之德既先，又不距違我天

10 別趨曰出
11 隨流異者曰爲
12 分流異者曰播爲
13 異流同歸曰同爲
14 兩水相鬥成澤曰匯爲
15 兩水相轉成澤曰注爲
16 異流復合在江爲沱在漢爲潛

貢程釋名
1 旁山海行曰夾
2 循江流曰沿
3 循流上下曰浮
4 絕水登陸曰逾
5 舍舟陸行曰入
6 因水入水曰達
7 正行絕流曰亂
8 邪行絕流曰邪
9 經過到止曰至
10 衆道會同曰會

子政教所行矣。按三壤者，非三等中又分九等也。中邦錫土姓，則異夷戎狄不在邦土命氏之列可知矣。祇台德先，則文猶言先祇台德也。不距朕行者，明此篇爲禹所自述。

五百里甸服，百里賦納總，二百里納銍，三百里納秸服，四百里粟，五百里米。

五百里甸服者，史夏本紀云：令天子之國以外五百里甸服。案天子之國，謂王城也。鄭云：甸服者，堯制賦其田使入穀，禹弼其外，百里者賦入總，謂入所刈禾也。二百里銍，銍，謂刈禾斷去稾也。三百里秸，秸又去穎也。四百里入粟，五百里入米者，遠彌輕也。甸服之制，本自納總，禹爲之差，使百里繼之爾。堯之五服，服五百里，禹平水土

三三

古今說為貢之書也異說誤傳之失蓋之是鄭君之固常執詞例求之顧初發端題未甚精審今擬推全經詞例援甲證乙因條其甘而三江九江之事河源江源之辨依例證之迎刃而解無疑滯為說其例為下

補例

正絕流曰亂

衮流源曰潛

之後，每服更以五百里輔之。是五服服別千里。故一面而為差，至于五千里。相距為方萬里也。每言五百里一服者、是堯舊服。每服之外、更言三百里、二百里者、是為所鄉之殘數也。甸服比周為王畿。其鄉當侯服，在千里之內。據使百里繼之者、百里賦納總、百里之外至二百里、亦服納總也。他皆倣此。

五百里侯服。百里采、三百里男邦、三百里諸侯。

鄭云：侯服于周為甸服。其鄉當男服、在二千里之內。江聲云：侯之言候、候逆順、兼候王命。采者、采取美物以當穀稅。男、任也。謂任王事。周之男服、蓋取諸此。晚出孔傳云：三百里諸侯同為王者斥候、故合三為一名。據皮氏今文尚書攷證云：三當作二、是也。按鄭

說差次、則百里至二百里。三百里至六百里男邦。七百里至千里、皆

同為王者斥候矣。

五百里綏服。三百里揆文教、二百里奮武衛。

晚修之綏、安也。安服王者政教。揆、度也。度王者文教而行之。奮武

衛、天子所以安。鄭云、綏服於周為采服。其弼當衛服、在三千里之內。

按經鄭差次、則六百里揆文教、四百里奮武衛矣。

五百里要服。三百里夷、二百里蔡。

要服者、江聲云、要結好信而服從之。夷、晚修之守平常之教。鄭云、

蔡之言殺、減殺其賦。要服於周為蠻服、其弼當夷服。在四千里之內。

按經鄭差次、則六百里夷、四百里蔡矣。

五百里荒服。三百里蠻，二百里流。

馬云：荒者政教荒忽，因其故俗而治之。蠻，慢也。禮簡怠慢，來不距，去不禁。流者，流行無城郭常居。鄭云：荒服于周為鎮服，其遐當蕃服。在五千里之內。按依鄭義次，則六百里蠻，四百里流矣。五經異義云：今尚書歐陽夏侯說，中國方五千里。古尚書說，五服面五千里，相距萬里。鄭君注云：堯之時，土廣五千里。禹弼成五服，土廣萬里。王肅難之云：禹之功在平治山川，不在拓境。廣土地之廣三倍於堯，而書傳無稱焉。則鄭玄創造，難可據信。漢之孝武疲弊四國，甘心三方。天下之人，至減太半，然後僅開緣邊之郡。而禹方憂洪水，三過其門不入，未暇以征伐為事。且其所以為服之名，輕重顛倒，遠近失所難以而通矣。先王規方千里以為甸服，其餘以均分公侯伯子男，使各有寧宇，而使甸服之外諸侯皆入禾稾，非其義也。司馬遷以為小數皆五百里甸服之別名，大界與堯不殊，得之矣。詩殷武孔疏辨王肅之非，鄭云：傳稱禹會諸侯于塗山，執玉帛者萬國。執玉帛者為中國耳，若要服之內，唯止四千里，以下計之，止容六千餘國。說諸侯之大地方百里，三分去土，纔容數千，安得有萬國之言乎？孫星衍亦云：案禹貢山川皆在漢時郡縣之內，漢地廣萬里，則知禹服亦然，不得但謂鄭說異於今文之說也。今按王肅說古文，禹地廣萬里，亦尚書古文家說，以與鄭立異，遂謂禹時封域止五千，而不知其戾于事實也。

三五

東漸于海。西被于流沙。朔南暨。聲教訖于四海。禹錫玄圭。告厥成功。

東漸于海者，跨海而有朝鮮半島也。西被于流沙者，自葱嶺以東流沙之地也。皆禹功德所覆也。朔，北方也。暨者，江聲云：日頻見也，言日所照臨之處，皆聲教之所及，於中庸言日月所照也。東西日所還繞，故以地言之。南北當兩極之下，日或不及，故以日見為言也。按此暨字用諸文本義。章太炎先生云：南北極半歲見日，半歲不見日，昔名之暨是也。禹錫玄圭者，史記易為于是帝錫禹玄圭，以告成功于天下。則此為割文義。帝錫禹者，言舜錫禹也。本篇首末兩節，並史官記事之文。

甘誓

啟與有扈戰于甘之野，作甘誓。

史記夏本紀云：有扈氏不服，啟伐之，大戰于甘，將戰，作甘誓。淮南齊俗訓云：昔有扈氏為義而亡。高注：有扈，夏啟之庶兄也，以堯舉賢，禹獨與子，故伐啟，啟亡之。扈，今陝西鄠縣。甘，馬云：有扈南郊地名。甘，又水名。按，此今合澇水與滌之間也。誓，約言也。周官士師以五戒先後刑罰，一曰誓，用之於軍旅；二曰誥，用之於會同。

大戰于甘，乃召六卿。

六卿者，鄭云：六軍之將。周禮六軍皆命卿，則三代同矣。

王曰：嗟！六事之人，予誓告汝。

鄭云：變六卿言六事者，言軍吏下至士卒也。

三六

有扈氏威侮五行，怠棄三正。天用勦絕其命。今予惟恭行天之罰。

有扈，鄭云：與夏同姓。按楚語觀射父云：堯有丹朱，舜有商均，夏有觀扈，周有管蔡。以扈與丹朱、商均、管蔡並舉，則有扈爲夏啓之庶兄，誠如淮南高注所云也。五行者，言以木金火水土配仁義禮智信，是五行即五常也。威侮者，暴逆之。三正，建子、建丑、建寅也。怠棄者，不奉正朔也。勦，說文作劋，絕也。云勦絕者，古人自有複語也。天絕其命，猶左傳言天奪其魄。恭行天罰者，本爲爭國託詞天討耳。

左不攻于左，汝不恭命。右不攻于右，汝不恭命。御非其馬之正，汝不恭命。

左，車左。右，車右。御，服馬者也。詩魯頌閟宮箋云：兵車之法，左人持弓，右人持矛，中人御也。疏云：若將之兵車，則御者在左，勇士在右，將居鼓下，在中央。主擊鼓。与眾人為節度。攻，治也。善也。恭命者，恭為共之借字。釋詁，共，具也。正，史記作政，事也。

用命，賞于祖。不用命，戮于社。予則孥戮汝。

晚出孔傳云，天子親征，必載遷廟之主行，有功則賞祖主前，不專。又載社主，謂之社事。（不用命者）奔北則戮之（於）社主前。孥，子也。非但止汝身，（社主陰，陰主殺，親祖嚴社之義。）辱及汝子。言恥累也。

五子之歌　古文逸　晚出古文有

太康失邦，昆弟五人須于洛汭，作五子之歌。

周書嘗麥解云，其在殷啟（當作之）五子，忘伯禹之命，假國無正，用胥興作亂，遂凶厥國。皇天哀禹，賜以彭壽，思正夏略。楚之離騷云，啟九

三七

辯與九歌兮。夏康娛以自縱，不顧難以圖後兮，五子用失乎家巷。

注言太康不遵禹啟之樂，更作淫聲，放情縱慾，以自娛樂，不顧患難，不謀後世，卒以失國。兄弟五人家居閭巷，失其尊位也。史記夏后帝啟崩，子帝太康立。帝太康失國，昆弟五人須于洛汭，作五子之歌。是其事也。須，止也。鄭云：遭亂于洛汭。五子之歌已逸。

胤征　古文逸　晚出古文有

羲和湎淫，廢時亂日，胤往征之，作胤征。

羲氏和氏，世掌天地四時之官。國語楚語云：堯育重黎之後，不忘舊者，使復典之，以至于夏商是也。夏本紀云：帝仲康時，羲和湎淫。

尚書正讀卷二終

晚出孔傳云：羲和承太康之後，沈湎于酒，過差非度，廢天命，亂甲乙。

胤國之君，受王命往征之。鄭云：胤征已逸。

商書

帝告　釐沃　亡

自契至于成湯八遷，湯始居亳，從先王居。作帝告、釐沃。

國語周語云：玄王勤商，十四世而興。八遷者，孔疏云：商頌云：帝立子生商。是契居商也。世本云：昭明居砥石。左傳稱相土居商丘。及今湯居亳。事見經傳者有此四遷，其餘四遷未詳聞也。鄭云：契本封商，國在太華之陽。皇甫謐云：今上洛商是也。案：九年左傳云：陶唐氏之火正閼伯居商丘，相土因之。杜預云：今梁國睢陽宋都是也。其砥石先儒無言，不知所在。湯始居亳，從先王居也。晚傳云：契

三八

父帝嚳都亳。史記正義引括地志云：亳邑故城在洛州偃師縣西
十四里，本帝嚳之墟，商湯之都也。盤庚亦徙都之。帝告者，疏云：不
知告誥，序言從先王居，或當告帝嚳也。釐沃者，傳云：居治沃
土也。鄭康成云：帝告、釐沃亡。

湯征亡

湯征諸侯，葛伯不祀，湯始征之，作湯征。
孟子：湯居亳，與葛為鄰，葛伯放而不祀。湯使人問之曰：何為不祀？曰：
無以供犧牲也。湯使遺之牛羊。葛伯食之，又不以祀。湯又使人問之曰：何
為不祀？曰：無以供粢盛也。湯使亳眾往為之耕，老弱饋食。葛伯率其
民，要其有酒食黍稻者奪之，不授者殺之。有童子以黍肉餉，殺而

奪之。書曰葛伯仇餉此之謂也。又云湯始征自葛始。十一征而無敵于天下。是説湯始征葛之事也。鄭云湯征亡。

汝鳩　汝方　亡

伊尹去亳適夏既醜有夏復歸于亳。入自北門乃遇汝鳩汝方。作汝鳩汝方。

伊尹適夏者趙岐孟子注云伊尹為湯見貢於桀不見用歸湯也。醜可惡也。新序刺奢篇伊尹告桀曰君王不聽臣之言亡無日矣。桀曰子何妖言。吾有天下如天之有日也。日有亡乎。日亡吾亦亡矣。於是接履而趨遂適湯。湯立為相。是醜夏歸亳之事也。鄭云汝鳩汝方亡。釋文云。帝告釐沃湯征汝鳩汝方此五篇亡舊解

是夏書。馬鄭之徒以為商書。書疏云。鄭序以為虞夏書二十篇

商書四十篇周書四十篇。帝告釐沃湯征汝鳩汝方於鄭玄為

商書。今按鄭序是也。

尚書正讀卷二終

尚書正讀 卷三 卷四

尚書正讀卷三　　益陽曾運乾

商書

湯誓

伊尹相湯伐桀，升自陑，遂與桀戰于鳴條之野，作湯誓。

湯居亳，今河南偃師縣。夏都安邑，今山西縣。陑，曉傳云在河曲之南，則今山西永濟縣地。以地勢測之，則湯伐桀自今風陵渡濟，升自陑者，自風陵登岸也。鳴條者，括地志以為安邑縣北三十里南坂口即古鳴條陌也。鳴條戰地在安邑西。

王曰：格爾眾庶，悉聽朕言。非台小子，敢行稱亂，有夏多罪，天命殛之。

格，來也。台，我也。稱，舉也。殛，誅也。此上先作謹詞擬婉約之詞。

尚書正讀　卷三

考史記穡事作眾庶來，予作嗇，嗇庶來以來訓於而附易其文，後人易嗇為穡，校者據尚書文增。

今爾有眾，汝曰：我后不恤我眾，舍我穡事而割正夏。予惟聞汝眾言，夏氏有罪，予畏上帝，不敢不正。

今爾有眾，亦若之也。汝曰者，言爾眾人意云然也。我后，代眾人指湯也。恤，憂也。穡，許傳云：斂之曰穡。割讀為曷。君奭云在昔上帝割申勸寧王之德，割亦讀為曷也。正，如周官大司馬以九伐之法正邦國之正。夏，夏字衍。史記引無夏字。言爾有眾之不肯用其言，曰：我后不恤我眾，舍我田功而割（曷）正乎？蓋言予雖聞汝眾言，於夏氏有罪，不敢不正也。以上就民意設為之辭，以見其勢不得已之故。（天命殛之，予畏上帝一義。）

今汝其曰：夏罪其如台？夏王率遏眾力，率割夏邑。有眾率怠弗協。（史記割作奪，因古而誤，蓋相奪失之也。）曰：時日曷喪？予及汝偕亡。夏德若茲，今朕必往。

如閤各白，意字皆借爲肆。肆，意也。文選江賦注引韓詩章句云：肆，中也。肆肆聲服傳字中

白虎通號篇：一人，王者自稱也。一人者謙也，欲言己材能當一人耳。

其曰其將日也。如台，奈何也。又設爲問辭曰：夏罪奈何乎。下文爲答辭。

遏，止也。割，剝也。協，和也。三率字皆語詞。言夏王率爲重役以窮民力，嚴刑以殘民生。民厭夏德，而皆怠於奉上，帶歸乎桀。詛之曰：

時日何時亡乎，予將及汝偕亡。言人民怨毒之深也。以上又設罪民問

夏罪若何，答言人民怨夏實深，故當弔民伐罪。

爾尚輔予一人，致天之罰。予其大賚汝。爾無不信，朕不食言。爾不從誓言，

予則孥戮汝，罔有攸赦。

賚，賜也。食，釋詁云：僞也。食言，僞言也。以上誓師正文。

夏社　疑至　臣扈　亡

湯既勝夏，欲遷其社，不可。作夏社、疑至、臣扈。

二

鄭云，湯遷亳而以周棄代之。欲遷句龍，以無可繼之者，于是故止。晚出孔傳云，湯承堯舜禪代之後，順天應人，逆取順守，而有慚德，故變命創制，改正易服，宜變社稷。而後世無及句龍者，故不可而止。疑至臣扈者，馬云，二臣名。聖人不可自專，復用二臣自明也。疏云，蓋亦言其不可遷之意也。鄭云，三篇亡。疏云，孔以湯誓在夏社前，於百篇為第二十六。鄭以為在臣扈後，第二十九。今從孔本。

典寶 逸 晚出傳云亡

夏師敗績，湯遂從之，遂伐三朡，俘厥寶玉。誼伯、仲伯作典寶。

傳云，三朡，國名。桀走保之，今定陶也。桀自安邑東入山，出太行，東南涉河，湯緩追之，不迫。遂奔南巢。俘，取也。二臣作典寶一篇。鄭云，典寶逸。

仲虺之誥　古文亡　晚出古文有

湯歸自夏，至于大坰，仲虺作誥。

左定元年傳云，薛云，皇祖居薛，以為夏車正。仲虺居薛，以為湯左相。鄭云仲虺之誥逸。

湯誥　古文逸　晚出古文有

湯既黜夏命，復歸于亳，作湯誥。

鄭云湯誥已逸。

明居　亡

咎單作明居。

三

馬云：咎單，湯司空也。王制云：司空執度度地，居民山川沮澤，時四時，量地遠近，興事任力。又云：凡居民，量地以制邑，度地以居民，地邑民居必參相得也。無曠土，無游民，食節事時，民咸安其居。是司空職居之法。

鄭云：咎單，臣也。

伊訓肆命徂后 古文伊訓、肆命逸，徂后亡。晚出古文伊訓者，其二篇亡。

成湯既沒，太甲元年，伊尹作伊訓、肆命、徂后。

史記殷本紀：湯崩，太子太丁未立而卒，於是乃立太丁之弟外丙，是爲帝外丙。帝外丙即位三年崩，立外丙之弟仲壬，是爲帝中壬。帝中壬即位四年崩，伊尹迺立太丁之子太甲。太甲，成湯適長孫也，是爲帝太甲。太甲元年，伊尹作伊訓，作肆命，作徂后。鄭云：肆命者，陳教政

所當爲也。祖后、言湯之法度也。伊訓肆命逸。祖后逸。晚傳云、伊訓作
訓以教道太甲也。

太甲三篇　古文亡　晚出古文有

太甲既立不明。伊尹放諸桐。三年、復歸于亳。思庸。伊尹作太甲三篇。

史殷本紀、太甲既立三年、不明暴虐、不遵湯法、亂德。於是伊尹放之
桐宮。三年、伊尹攝行政當國、以朝諸侯。帝太甲居桐宮三年、悔過
自責反善。於是伊尹迺迎帝太甲而授之政。帝太甲修德、諸侯咸
歸殷、百姓以寧。伊尹嘉之、乃作太甲訓三篇。桐宮者、史記正義引晉
太康地記云、尸鄉南有亳坂。東有城、太甲所放處也。按尸鄉在今河
南偃師縣西南五里也。鄭云、太甲三篇亡。

四

咸有一德 古文逸 晚出古文有

伊尹作咸有一德。

傳云：言君臣皆有純一之德，以戒太甲。疏云：太甲既歸于亳，伊尹致仕而退，恐太甲德不純一，故作此篇以戒之。鄭云：咸有一德已逸。

沃丁亡

沃丁既葬伊尹于亳，咎單遂訓伊尹事，作沃丁。

傳云：沃丁，太甲子。伊尹既致仕老終，以三公禮葬。咎單作此篇以戒沃丁。鄭云：沃丁亡。

咸乂四篇亡

伊陟相大戊，亳有祥桑穀共生于朝。伊陟贊于巫咸，作咸乂四篇。

史本紀：帝太戊贊伊陟于廟，言弗臣。伊陟讓，作原命。案：贊于廟者，君冊命其臣，必于廟中也。原，馬云：臣名也。命原以禹湯之道，我所修也。段玉裁云：史記伊陟讓作原命，脫作伊陟三字。鄭云：伊陟亾，原命已逸。

仲丁亾

仲丁遷于囂，作仲丁。

史、本紀：仲丁，太戊子。囂，史作隞。孫星衍云：詩車攻傳云：敖，地名。箋云：敖，鄭地。今近滎陽。水經濟水注云：濟水又東逕敖山北，詩所謂搏獸于敖者也。其山上有城，即殷帝仲丁之所遷也。孫云：此下三篇，皆是遷都之事。俱以君名篇，疑陳遷都之事，如盤庚之告民也。鄭云：仲[illegible]丁亾。

五

河亶甲亡

河亶甲居相，作河亶甲。

史殷帝仲丁崩，弟外壬立。外壬崩，弟河亶甲立。史正義引括地志云：故殷城在相州内黄縣東南十三里，即河亶甲所築都之所，名殷城也。鄭云：河亶甲亡。

祖乙亡

祖乙圮于耿，作祖乙。

史殷本紀，河亶甲崩，子帝祖乙立。殷復興，巫咸任職。馬云：圮，毀也。鄭云：祖乙又去相居耿，而國為水所毀，于是修德以禦之，不復徙也。錫此篇先王善其國圮毀，改政而不徙。據耿，史作邢，聲相近。段玉裁云說文邢鄭地有邢亭也。祖乙所遷當是此地。今案邢即春秋時之邢國、在河北邢臺縣。不在河南。鄭云祖乙圮。

盤庚三篇　今文古文皆有

盤庚五遷將治亳殷民咨胥怨作盤庚三篇。

史殷本紀云、帝盤庚之時殷已都河北。盤庚渡河南復居成湯之故居。迺五徙無定處。殷民咨胥相怨不欲徙。盤庚乃告諭諸侯大臣。乃遂涉河、南治亳殷行湯之政而後百姓由寧殷道復興諸侯來朝、以其遵成湯之德也。按五遷者、湯遷亳、仲丁遷囂、河亶甲遷相、祖乙遷邢、及盤庚遷殷也。鄭云、祖乙居耿、後奢侈踰禮土地迫近山川、嘗圮焉。至陽甲立、盤庚乃謀徙居湯舊都、治於亳之殷地、商

六

詩閟宮曰適[illegible]之三倉云
慄也。章太炎謂為事詞也。
慼，說文作慽。鄭注周
禮云：盤庚將遷于殷，
誥其世臣卿大夫，是知
眾慼為貴戚近臣也。

左傳十五年傳晉於是
作爰田。服注：爰，易
也。本文言宅，正易
宅也。取傳爰訓易，
于宅于茲文正成義。
台，何，予之音轉。尚書湯
誓：夏罪其如台。而何據
釋今王其如台。故史記皆
釋作奈何。奈何，今之
言[illegible]日，如何，[illegible]也。晚出

家自此徙而改號曰殷。咨，嗟也。胥，相也。民居耿久，奢淫成俗，故不樂徙也。古文三篇，今文合為一篇。

盤庚上 第一篇未遷時誥羣臣，本篇言眾，皆羣臣也。

盤庚遷于殷，民不適有居，率籲眾慼出矢言。

適，往也。率，民自相率也。籲，呼也。慼，出，慼慼憂而出。如孟子言舉疾首蹙頞而相告也。矢，陳也。馬讀序云：皋陶矢厥謨。

曰：我王來，既爰宅于茲，重我民，無盡劉。不能胥匡以生，卜稽曰其如台。

我王，指祖乙。爰，易也。爰宅，指祖乙自相遷耿言。劉，殺。無盡劉猶言毋盡殺也。胥，相也。匡，正也。卜稽，猶言考之於卜也。其如台者，猶言其如何也。令龜詞。

孔傳訓戾為我，殊牽率。
雖訓、然曰其定我一所行、
文不嫻矣。

先王有服，恪謹天命，茲猶不常寍。

卜繇也。答詞。尚書中問答辭多省曰字，如盤庚下爾謂朕曷震動萬

民以遷，肆上帝將復我高祖之德，亂越我家。擇材王其效邦君越御

事，厥命曷以。引養引恬，皆是服。舊多也。茲，指服言。寍，安也。卜辭

有韻。本文命寍通叶。易乾彖傳命與貞寍叶，可證。卜辭本為訣

辭。籲眾意為疑詞，故下文告諭有非敢違卜，用宏茲賁之語。

不常厥邑，于今五邦。今不承于古，罔知天之斷命，矧曰其克從先王之烈。

若顛木之有由蘖，天其永我命于茲新邑，紹復先王之大業，厎綏四方。

本篇文自來均以為盤
庚誥民之辭，如鄭康
成尚書注、孔安國尚
書傳、宋蔡沈集傳皆
是。然此不常厥邑于今
五邦，謂與盤庚之遷
都意全殊，與下文亦
不相合，當別為一篇。

馬云：五邦，商邱、亳、囂、相、耿也。由蘖，伐木之餘也。天之斷命承上恪謹天命

而言。克從先王之烈，承上先王有服言。言伐木新生，不可移植，但其生

七

若曰出史臣記言者，云王意云爾中出一義例

擾也。茲新邑謂殷也。底定也。綏安也。以上眾擾下亂驟遷都之議。

盤庚斅于民，由乃在位，以常舊服，正法度，曰：無或敢伏小人之攸箴。王命眾悉至于庭。

斅覺悟也。乃猶其也。周禮小宰各脩乃職，考乃法，待乃事，乃均訓其。曰、在位者之言也。伏匿絕也。攸所也。小人攸箴，即上文所陳也。時群臣皆依據舊事，正言法度，顧舉小民矣言以相挾制，即下文所斥今汝聒聒起信險膚也。盤庚曉小民不適有居，皆群臣爲動以浮言爲之樞，故大誥群臣。以上皆史臣紀事之辭。以下乃誥命正文。

王若曰：格汝眾，予告汝訓汝猷，黜乃心，無傲從康。

格來也。猷圖也。黜降。傲嫚。康安也。無傲從康者（指群臣言），言毋得傲上而懷安也。

古我先王，亦惟圖任舊人共政。王播告之修，不匿厥指。王用丕欽，罔有逸古者虞舜側微，堯聞之聰明，卽堯聞其聰明也。

言。民用丕變。

奈、奈上汝猷也。先王之圖今已從人。汝當降心相從可知也。播、敷之猶

其也。修、治也。匿、隱也。指、意指也。丕、斯也。逸言、過言也。變、化也。言王

布告其所修治、群臣亦各聞識、布公不相非議、故王欽其識、而民化其德也。

今汝聒聒、起信險膚。予弗知乃所訟。

聒、讙聒之貌。起、興也。險、邪。膚、淺也。乃、猶汝也。訟、爭辯也。起信險膚

所謂胥動以浮言也。

非予自荒茲德。惟汝含德、不惕予一人。

此予自荒茲德者、非予不告之修也。惟汝含德者、汝自匿厥指也。惕

讀爲易、施也。白虎通引作不施予一人。

八

說文：灼，炙也。商書曰：予亦灼謀，讀若巧拙之拙。此從文以讀若所改借也。段玉裁古文尚書撰異云：壁中古文假灼為拙，取其同音而會其字之本義也。孔安國以今文讀之，易為拙。

予若觀火。予亦拙謀，作乃逸。若網在綱，有條而不紊；若農服田力穡，乃亦有秋。

逸，過也。拙之明而不能自行，致成汝過也。主持者在君，上奉行者在群臣。若網之喻，申言無傲之戒；若農之喻，申言從康之戒。以上望群臣之降心相從，相助為理也。

汝克黜乃心，施實德于民，至于婚友，丕乃敢大言汝有積德。乃不畏戎毒于遠邇，惰農自安，不昏作勞，不服田畝，越其罔有黍稷。

黜，降也。實德者，不遷為順民之虛名，遷則為惠民之實德也。婚，婚姻；友，婚姻僚友也。丕，語上之詞。丕乃猶言斯乃。戎讀為壬，壬讀為荏。爾雅：戎菽謂之荏菽。是戎聲、壬聲通讀之理。戎毒，猶言蘊毒也。下文惟汝自生毒，正指極言

水經桓水注引鄭注和讀曰桓此和聲亘聲通讀之理

孔傳釋其發有逸口云、恐其發動有逸口之患增字改經

之昏鄭讀爲敯勉也厥事也言爾曹之不欲遷都者皆惰農自安不昏
作勞是我毒也亦說德也
汝不和吉言于百姓惟汝自生毒乃敗禍姦宄以自災于厥身乃既先惡
于民乃奉其恫汝悔身何及相時憸民猶胥顧于箴言其發有逸口
矧予制乃短長之命
和猶宣也聲之轉周禮正月之吉始和布治于邦國和布猶宣布也敗
禍姦宄謂災害也厥其也先惡先導之也聲讀如字猶言
導亂也奉承也恫痛也相視也時是也憸民小民也胥相也箴言箴諫之
言也逸口過言也矧況詞也女對語將言小民發有逸口猶胥顧于
箴言而不敢肆矧予制女短長之命而敢有逸口乎

九

逸，今文以聲類讀為肆。蔡邕楊公碑云皇

汝曷弗告朕，而胥動以浮言，恐沈于眾？若火之燎于原，不可嚮邇，其猶可撲滅？

恐，以威脅之也。沈，告言不正也。說文：抌，讀若告言不正曰抌。蓋古文省從也。惟君制命，汝不稟承，而相動以虛言，讒惑眾聽，若火之燎于原也。燎，放火也。本文若火之燎于原，左傳引有惡之易也四字，尚書中無用也為助詞者也，亦當讀為延也。言惡之易延，如火之燎原也。本文疑脫。

則惟汝眾自作弗靖，非予有咎。

靖，安也。以上言羣臣不能降以相從，反胥動以浮言，則禍敗將至。

遲任有言曰：人惟求舊；器非求舊，惟新。

鄭云：遲任，古之賢史。人惟求舊者，言任舊人；器惟求新者，器舊則敝也。

古我先王暨乃祖乃父胥及逸勤，予敢動用非罰？（左僖四年引作予不敢）世選爾勞，予不掩爾善。

祖考曰勞德胥及
肆勤林韵咨風色傳
肆無事也
古書語助有倒句例、
語急例。

茲予大享于先王、汝祖其從與享之。作福作災、予亦不敢動非德。

胥及逸勤、勞逸相及也。予敢者、不敢也。語急。予敢動用非罰德者、言不敢動用非罰加汝也。穡、嗇也。大享、烝嘗也。周官司勳曰、凡有功者、名書于王之大常、祭于大烝、司勳詔之。殷亦宜然。作福作災、猶洪範言惟辟作福、惟辟作威也。予亦不敢動用非德者、言亦不敢以非德福汝也。德與罰對。非罰非德、言非分所當得者。

予告汝于難、若射之有志。

告汝于難、告難于汝也。鄭儀禮既夕注云、志猶擬也。埶此言射者所儀也。詩賓之初筵發彼有的、傳的、質也。質、志聲相近。喻言汝為射者之的、或遷或否、功罪皆在汝等。莊子所謂遊于羿之彀中是也。

汝無侮老成人，無弱孤有幼。各長于厥居，勉出乃力，聽予一人之作猷。

侮老及弱孤，並輕忽之意。老侮，漢石經作翕侮，猶狎侮也。弱孤連詞。

左昭二十七年傳：專禍楚國，弱寡王室。弱寡猶弱孤，古孤寡聲同。

長，長年也。段云：猷，已也。作猷，裡或作或繇也。

無有遠邇，用罪伐厥死，用德彰厥善。邦之臧，惟汝衆；邦之不臧，惟予一人有佚罰。

無有遠邇，言遠近一體也。用罪伐厥死者，用死伐厥罪也。到語。臧，善也。

佚，失也。

凡爾衆，其惟致告：自今至于後日，各恭爾事，齊乃位，度乃口，罰及爾身，弗可悔。

致告者，致余之語，使咸知之也。言如下。恭，具也。齊，整也。度，讀為斁，塞也。

孔傳誕告用亶其有衆斷句又不成義

后讀爲右，說文右手也，以后爲右，又經爲後漢論語也。又漢書武帝紀注相佑字也。誤以右爲后，此右后通讀之證

四則爲相連傳講切

奉母雙聲

鮮訓斯，此訓鮮，蕃斯

度乃口，都戒勿浮言也。以上申明賞罰。

盤庚中　第二篇將遷時誥萬民

盤庚作，惟涉河以民遷。乃話民之弗率，誕告用亶其有衆。咸造，勿褻在王庭。盤庚乃登進厥民。

作，興也。惟，謀也。話，會也。誕，大。亶，誠。造，至也。褻，慢也。勿褻在王庭，語到，猶言在王庭勿褻也。以上史臣序事之詞。

曰：明聽朕言，無荒失朕命。嗚呼！古我前后，罔不惟民之承保，后胥感，鮮以不浮于天時。

明，勉。荒，廢。之，是。承，奉也，順也。惟民之承，惟民是順也。保后之后，讀爲右聲之轉也。詩保右命爾，書敷右四方，敷佑，即保佑也。胥，相。感，憂也。鮮讀爲斯。

免斯首鄭釁今語。語斯句之下作鮮，齊魯之間聲轉然。又說文雨部䨏讀若斯。是鮮斯通讀之理。詩蓼莪鮮民之生，即斯民之生矣。惠鮮鰥寡即惠斯鰥寡也。孤獨作亦以不行。爾時文而盛矣。

吁字罰其於漢流遷。捷當新也。

以，用也。浮，罰也。聲之轉。見禮記投壺鄭注。言前后順民保右，相憂，斷用不為天時所罰也。句例與晚出古文茲用不犯于有司、康王之誥信用昭明于天下同。

殷降大虐，先王不懷厥攸作，視民利用遷。汝曷不念我古后之聞。

鄭云：殷者，將遷于殷，先正其名號。大虐者，商代累世河患。懷，安也。厥，其。攸，所。作，為也。視，古示字，詳堯典解。古后之聞，所聞于古后者。

承汝俾汝，惟喜康共。非汝有咎比于罰。予若籲懷茲新邑，亦惟汝故，以丕從厥志。今予將試以汝遷，安定厥邦。

承，順。俾，從也。立政罔不率俾，即罔不率從也。康，安。共，同。咎，皋也。比，類也。若，乃也。周語引書"必有忍也，若能有濟"。晚出書若作乃。籲，呼也。茲新邑，指亳宅，言今順從汝意，汝所告以康安和親，此汝予罷也。予乃顧懷新邑，亦惟汝告康安故。因遷地以謀康樂和親也。丕從厥志，與上文惟民之承相應。以上言遷都是順從民意。

汝不憂朕心之攸困，乃咸大不宣乃心，欽念以忱動予一人。爾惟自鞠自苦，若乘舟，汝弗濟，臭厥載。爾忱不屬，惟胥以沈。不其或稽，自怒曷瘳。汝不謀長，以思乃災，汝誕勸憂。今其有今罔後，汝何生在上。

宣，顯白也。忱，誠也。鞠，窮也。濟，度。臭，朽也。凡今其臭朽，謂腐敗。屬，注也。胥，讀為湑，言淪胥也。沈，沒也。惟胥以沈，猶詩言淪胥以亡也。其，猶之也。稽，留止也。言爾誠不屬，爾惟淪胥以沒，莫肯留止。爾雖自怒，其有濟乎。瘳，愈也。謀長，猶言一勞永逸之計。災，水災也。誕，但也。勸憂，言職思其

胥為湑之省借。玉篇：湑，落也。小爾雅：溢，溺也。論胥，猶言湛溺。湛淪見馬瑞辰毛詩傳箋通釋。惟胥以沈，如彼泉流，無淪胥以敗。屬訓注，見鄭士昏禮注。

十二

憂也。有今罔後、言死亡無日。上、謂地上。
今予命汝一、毋起穢以自臭。恐人倚乃身、迂乃心。予迓續乃命于天、予豈
汝威。用奉畜爾眾。
一、壹。臭、讀為齅、以鼻就臭也。毋起穢以自臭、喻浮言不可聽也。倚
讀為掎、偏引也。迂、回也。言汝官吏心壹志無懷疑慮、否則乘間抵巇
者至矣。迓、迎也。續、繼也。予豈汝威、言非威脅汝。以上言人民安土重遷
不能慮遠、遷適自戚、甚至生穢。今遷就邑、乃為民造命也。
予念我先神后之勞爾先、予丕克羞爾、用懷爾然。
勞、勤也。丕、大也。羞、獻也、進也。羞爾、猶今言貢獻於汝也。下篇羞告
爾于朕志、可證。懷、念也。然、猶焉也。句末助詞。禮記祭義國人稱願然曰

孝哉有子如此。大戴記曾子大孝篇、然作焉。言子進告爾者、固念商

先德也。

吳子政、陳于茲、高后丕乃崇降罪疾、曰曷虐朕民。

陳久也。崇重也。充也。茲指河中。丕乃猶斯乃。

汝萬民乃不生生、暨予一人猷同心。先后丕降與汝罪疾、曰曷不暨朕

幼孫有比。故有爽德、自上其罰汝、汝罔能迪。

莊子釋文引崔云、自營其生為生生。猷謀也。幼孫、盤庚自謂。比、易

象傳云、下順從也。有比、言為比也。爽、差也、忒也。迪、逃也。聲相近。微子誥

王子出迪、即詔王子出逃也。酒誥文惟殷之迪諸臣惟工、即惟殷之迪逃諸

臣與工也。

史記律書申賊萬物、集解、徐廣曰、賊一作則。則、賊聲近易譌之證。

古我先后、既勞乃祖乃父、汝共作我畜民。汝有戕則在乃心、我先后綏乃祖乃父。乃祖乃父乃斷棄汝、不救乃死。

禮祭統云、順于道不逆于倫、是之謂畜。鄭注、畜謂順于德教。戕則當為戕賊、字之誤也。戕賊、賊害之名也。綏、安也。引申之、安人以言亦曰綏。下篇綏爰有衆、即告于有衆以誥。綏予曰、即告予曰也。本文綏乃祖乃父、即告乃祖乃父也。乃死、汝死也。

茲予有亂政同位、具乃貝玉。乃祖乃父丕乃告我高后曰、作丕刑于朕孫。迪高后、丕乃崇降弗祥。

具讀為暴、夠也。具乃之乃、猶其也。具乃貝玉、猶下篇言總于貨寶也。丕刑、大刑也。迪、導也。崇、重也。弗祥、禍殃也。迪高后者、言爾祖爾父以總會

乃有為讎構禍者士
我惟時其教告之至于
再至于三乃有不用我
降爾命我乃其罰殛
之均與上文為讎構

之謂迪高后，高后丕乃崇降弗祥也。丕乃崇降上應重高后之字，蒙
上文而言也。以上皆鬼神以警之。此節凡四言鬼神。一言高后降罰于民，
二言高后降罰于民。三言汝懷戕賊，汝祖父乃棄汝。四言汝懷貪冒，
汝祖父乃告我高后降大罰于汝，示不汝赦也。殷人信鬼，故言特詳。
嗚呼，今予告汝不易。永敬大恤，無胥絕遠。汝分猷念以相從，各設中于乃心。
易讀為傷，輕侮也。不易，不侮之道也。恤，相存問也。胥，相也。分讀若紛，經傳作比，
聲相近。猷讀為攸，所也。攸念，所視也。道中相從，互相教愛，無相絕遠。
又各以其所視而允不卑，設中于心，又誰敢侮傷之者。其福識多也。
乃有不吉不迪，顛越不恭，暫遇姦宄，我乃劓殄滅之，無遺育，無俾易
種于茲新邑。

十四

舜典敷教胄子說
文引作教育子

乃有：與上文為轉詞。吉，善。迪，道也。顛，狂。越，踰也。王引之曰：暫讀曰漸，漸詐也。荀子正論篇云：上幽險則下漸詐矣。遇讀曰偶。淮南原道訓云：偶差智故，曲巧偽詐。是以偶為姦詐之稱也。姦宄者，說文云：宄，姦也。外為姦，內為宄。劓，斷。殄，絕也。育讀為胄。易讀為施，施，延也。以上告以保中相保相恤之道。語及亂行越次，折暴禁悍之刑，其號令嚴明如此。

往哉生生，今予將試以汝遷，永建乃家。

乃家，汝家也。結與前應。

盤庚下　第三篇既遷時事誥羣臣及民

盤庚既遷，奠厥攸居，乃正厥位，綏爰有衆。

心腹賢腸

優賢揚

孔云：定其所居，正郊廟朝社之位。綏，安也。告也。爰，于也。以上史官序事之文。

曰：無戲怠，懋建大命。今予其敷心腹腎腸，歷告爾百姓于朕志。罔罪爾眾，爾無共怒，協比讒言予一人。

懋，勉也。建，立也。敷，布也。心腹腎腸，今文作優賢揚三字，歷字屬上為讀，非也。今予其敷，句不成義。今予其敷優賢揚歷，句亦不成義也。又優賢揚歷，與下文義無涉，知此古讀非是。考堯典正義云：鄭注尚書，篇與夏侯等同，而經字多異。夏侯等書心腹腎腸曰憂賢揚，是馬鄭據書古文本亦作心腹腎腸也。左宣十二年傳鄭伯曰：敢布腹心，用此經文也。心腹腎腸四字連用，如益稷臣作朕股肱耳目之比。歷，數也。披肝瀝膽，盡情相告，故曰歷告。此文語倒，猶云歷告朕志于爾百姓也。協，合也。詩正月：洽比其鄰。

廿五

傳、洽，合也。協比於洽比也。以上宣明己志。

古我先王，將多于前功，適于山，用降我凶德，嘉績于朕邦。今我民用蕩析離居，罔有定極。用降我凶德。

先王，指湯言。多讀為侈。將多于前功，猶言功將侈于前也。適于山者，湯自商邱遷于亳也。鄭立政注云：亳，東成皋，南轘轅，西降谷，是亳為山險也。「我凶德」三字，下文之錯簡。此處本作「用降嘉績于朕邦」。下文「罔有定極」下，有「用降我凶德」也。因「用降」字相涉，此處誤衍三字，下文湯誓「用降我凶德」也。劉向所謂脫簡二十二字者，殆亦二十二字也。史記引湯誓「予惟聞汝衆言，夏氏有罪，余畏上帝，不敢不正。今夏多罪」二十二字，在今本「有夏多罪」之下，「天命殛之」之上。亦涉「夏多罪」字而誤

移之義與徙之可互證。蕩，水所蕩滌也。析，分也。厥為所，此故言蕩析離居罔

有定極也。極，至也。先王居亳，而降我嘉績。今王居耿，而降我凶德。非趙者

遷亦不可奪去，用降我凶德也。則文不成義。吳子語錄遂謂盤庚篇不可曉

如予其說先王將多于前功，已嘉績于我邦，今無意義，不知盤庚遷都利

害，已盡於此數語也。

爾謂朕曷震動萬民以遷。肆上帝將復我高祖之德，亂越我家。朕及篤

敬，恭承民命，用永地于新邑。

肆，今也。亂，治。越，于也。爾謂曷問辭。肆上帝以答詞。復我高祖之德，即復

歸于亳也。言上帝者，本意迭罪議詞于上帝，下文弗靈，厥謀弔由靈各

即此意也。及，猶汲汲也。民命，帝命也。言民命即天聽，所自我民聽，明天明威

十六

自我民明威也。

肆予沖人非廢厥謀，弔由靈各，非敢違卜，用宏茲賁。

肆，故也。沖，幼也。非廢厥謀者，非廢羣臣安土重遷之謀也。弔，善也。猶法極知鬼事曰靈，好祭鬼神曰靈。各讀為格，古彝器銘王格字通作各。格者，格人，格知天命吉凶者。西伯戡黎云：格人元龜，罔敢知吉。召誥云：天迪格保，面稽天若。多士云：上帝引逸，有夏不適逸，則惟帝降格。呂刑云：乃命重黎絕地天通，罔有降格。皆即格人之稱。靈格，皆通知鬼神情狀天命廢興者。此言非廢厥謀，弔由靈各者，意謂予之遷殷非違衆議，其善實由帝命也。卜者，祖乙遷殷時之卜，見上篇首。賁，殷周間大寶龜名。大誥：敷賁，敷前人受命，茲不忘大功，予不敢閉于天降威，用文王遺我大寶龜

自來說者皆以弔
由靈絕句、各屬下讀、
孔傳云君臣用謀不
敢違卜、蔡傳云各衆
之所敢固違教卜、江
聲集注音疏、孫星
衍尚書今古文注疏
均以蔡說、又爲補屬
均失經意、
賁訓寶均訓大訓美義
詞意重複

紹天明所稱敷賁即陳龜也下文即命曰則命龜之詞也爾雅釋魚龜三
足賁此蓋賁本為寶龜也以其三足龜也本文于篇首羣臣據卜繇以
駁遷都之議實則卜繇茲猶不常寧語意言遷地乃為良耶故盤庚
云非敢違卜用宏茲賁宏大也言正以彰寶龜之靈也以上言遷都
出于帝命善由格人非敢復違卜也

嗚呼邦伯師長百執事之人尚皆隱哉予其懋簡相爾念敬我衆
邦伯州伯也師長公卿也百執事之人即治事者也隱之度也懋勉也簡相
閱視也呼長官與各官各自審之度我其勉閱視汝等能念敬我民與
否也

朕不肩好貨敢恭生生鞠人謀人之保居敘欽

十七

肩，任也。恭，奉，用也。鞠，養也。鄭云：言所謀養人安其居者，我則次敘而敬之。按：周官云以敘正其位。

今我既羞告爾于朕志若否，罔有弗欽。無總于貨寶，生生自庸。式敷民德，永肩一心。

羞，進也。若，順也。朕志若否，予奪之志。所若者，即敢恭生生也；所否者，即朕不肩好貨也。罔有弗欽者，敬之也。總，聚束也。庸，民功也。無總于貨寶，戒其所不當為也。生生自庸，勉其所當為也。敷，施也。肩，任也。以上戒群臣勿貪貨賄，念敬民生力，矯舊時奢淫之習也。

說命三篇　古文亡。　晚出古文有。

高宗夢得傅說，使百工營求諸野，得諸傅巖，作說命三篇。

墨子尚賢下篇云、昔者傅説居北海之州、圜土之上、衣褐帶索、庸築於傅巖之地、武丁得而舉之、立爲三公。晚出孔傳云、説命、始求得而命之也。

高宗肜日　高宗之訓　高宗之訓亡。

高宗祭成湯、有飛雉升鼎耳而雊。祖己訓諸王、作高宗肜日、高宗之訓。

高宗、武丁。小乙之子、陽甲之弟子。祭之明日又祭曰肜。雊、雄雉鳴也。者不宜也。按史殷本紀、帝祖丁崩、立弟沃甲之子南庚。南庚崩、立祖丁之子陽甲。陽甲崩、弟盤庚立。崩、弟小辛立。崩、弟小乙立。崩、子武丁立。是武丁爲小乙之子、陽甲之弟子。通典賀循議曰、殷之盤庚不序陽甲之廟、而上繼先君、以弟不繼兄故也。此蓋古文書説。時武丁祀祖、蓋亦特第不繼兄之議。不序陽甲、盤庚、小辛之廟、特豐其禰祀、而上繼祖丁。適有雉雊之異、祖己遂以

十八

惟先格王、振正厥事，從字義上文之意而看也。

典祀無豐于昵，訓之文。漢書五行志引劉歆以為羽蟲之孽。易有鼎卦。鼎，宗廟之器。主器奉宗廟者長子也。野鳥自外來入為宗廟器主，是長子說祀之徵。亦為支入繼大統之象。故祖己有降年永保之訓。既高宗修德，主器者仍為長子。故孔子以為德之有報之疾也。語見大傳。

鄭云：高宗之訓也。

高宗肜日，越有雊雉。祖己曰：惟先格王，正厥事。乃訓于王。

越，于也。爰也。祖己詔丁賢臣，曰謂甚同。格，正也。讀如孟子格君心之非之格。事，謂如左傳國之大事在祀與戎之事。意言禍變之來由于王心不正，故祀典有豐。欲弭其變，惟當先正王心，次正祀典。故即以此二者設訓于王也。以上史官序事之詞。

曰惟天監下民典厥義降年有永有不永非天夭民民中絶命
監監視也典主也義循理而行宜也少壯而死曰夭時祀丁祀事特豐
昵廟叠有祈福請命之心雖雉升鼎又有火器易之之義祖己因事
啟迪以享年修短一主厥誼其享祚短促者民自中絶其命非天夭
折斯民也祈天永命惟當正誼以承天
民有不若德不聽罪天既孚命正厥德乃曰其如台
若順聽服也孚讀為罰罰聲相近禮投壺毋憮毋傲若是者浮注浮罰
也是孚罰聲近義通之證正如周禮以正邦國之正如台奈何也言民有
不順德服罪者天既降罰以正厥德矣乃曰其奈何不已晚乎言不可不
修德以自求多福也以上祖己格王之言

十九

昵，尼質切，日母。禰，奴礼切，泥母。

嗚呼！王司敬民，罔非天胤，典祀無豐于昵。

司讀為嗣。史記正作嗣。胤，繼也。典，常也。昵讀為禰。馬融曰：昵，考也。謂禰廟也。王肅曰：高宗豐于禰，故有雊雉升遠祖成湯廟鼎之異。穀梁文二年傳何氏注：高宗，殷之賢主，猶祭豐于禰，以致雊雉之變。謂昵為禰也。蓋言王嗣敬民，無非皆天之胤胄，禰廟固當致豐，而世父廟祀亦不宜獨缺。以上祖己正事之言。孫星衍云：通典引賀循議，以盤庚不序陽甲之廟，是陽甲無廟祀。詩殷武箋云：高宗之前王有廢政教不修寢廟者，高宗復成湯之道，故新路寢焉。疏云：其不修者，蓋小辛、小乙耳。案史記殷本紀，祖丁子陽甲，陽甲弟盤庚，盤庚弟小辛，小辛弟小乙，小乙子武丁。又云：帝小辛立，殷復衰。是殷自祖丁之後，陽甲、小乙皆兄弟相及。盤庚既不爲陽甲立廟，小辛繼世，又值殷衰，未能修復廟祀。高宗繼父小乙，居喪盡礼，其父廟祀而豐于世父之廟，不序，猶似盤庚之失。故于祭成湯之明日，有雊雉之祥，既感祖己之言，乃修建寢廟。喪服四制云：禮廢而復起。尚書大傳云：武丁思先王之政，繼絕世。是殷時已高宗始有興廢之事，如殷武詩所謂寢成孔安者也。今案此說，推當時情事甚合。

西伯戡黎

殷始咎周，周人乘黎，祖伊恐，奔告于受，作西伯戡黎。

咎者，惡也。乘者，勝也。韓非子難二云：昔者文王侵孟、克莒、舉酆，三事而紂惡之。即此咎周之事也。祖伊，紂之賢臣。受，既傳云：紂也，音相亂

二〇

疏引鄭玄云帝乙崩子辛立號曰受德時人聲紂作紂也史掌書知其本故曰受西伯文王也黎紂畿內之國漢地理志上黨郡壺關注應劭曰黎侯國也按今山西長治縣西南距紂都朝歌在千里之內

西伯既戡黎祖伊恐奔告于王

奔告也走告其不俟駕也以上史臣序事之詞

曰天子天既訖我殷命格人元龜罔敢知吉

訖止也格人能知天地吉凶者詳見盤庚篇元龜大龜也此格人與元龜對盤庚靈各与責對格人元龜潛夫論　篇引作假爾元龜格作假者聲之借也人作命者字之誤也論衡卜筮篇云紂至惡之君也當時災異繁多七十卜而皆凶故格人元龜罔敢知吉賢者不舉大龜不兆彼言賢

晚出孔傳云責大命宜王者何以不至於經爲增字也。

者即格人也。

非先王不相我後人惟王淫戲用自絶故天棄我不有康食不虞天性不迪率典。

相助也淫游也戲謔戲也康安也虞度也迪由率法典常也本文復副猶言不虞天性不迪率典故天棄我不有康食也。

今我民罔不欲喪曰天曷不降威大命不摯今王其如台。

天曷不降威者意猶湯誓言時日曷喪予及汝偕亡也上文言天棄殷此言民棄殷也釋詁摯臻也釋言摯至也摯摯同聲古摯訓臻又訓至亦可訓臻亦可訓至也大命不摯猶言天命不常也如台本案何也以上祖伊告王之語

二

命由屬上，古書疑義舉例有字因兩句相連而誤脫例。微子作

王曰：嗚呼！我生不有命在天。

史記引天下有乎字。以上王答祖伊語。

祖伊反曰：嗚呼！乃罪多參在上，乃能責命于天。殷之即喪，指乃功，不無戮于爾邦。

反，還也。乃罪之乃，猶汝也。參，森也，列也。即，就也。喪，亡也。指，示也。示與視通。功，事也。言殷之即於喪亡，視汝事可知矣。不無（為）戮於汝邦乎？無，疑問詞語。禮士喪禮筮宅，辭曰：無有後艱。下葬日，辭曰：無有近悔。例之，即有後艱無，有近悔無。本文例之，即不戮於爾邦無。古音無讀如毛。

微子

殷既錯天命，微子作誥父師、少師。

謂父師少師父義
未足本卿謂父師
少師兩謂字相連
誤脫其一而義莫可
通矣
按古書重文多
作字旁加二點
易誤脫

錯 廢也。微國名，子爵，內宋地之畿。微子名啟，紂之庶兄。呂氏春秋仲冬紀當務篇云：紂之同母弟三人，其長曰微子啟，其次曰仲衍，其次曰受德。受德乃紂也，甚少矣。紂母之生微子啟與仲衍也，尚爲妾，已而爲妻而生紂是也。皇侃論語疏引鄭康成云：父師者，三公也，時箕子爲之；少師者，太師之佐，孤卿也，時比干爲之。按史記宋世家：箕子者，紂親戚也。索隱云：馬融、王肅以箕子爲紂之諸父也。史又云：王子比干者，亦紂之親戚也。孟子以紂爲兄之子，且以爲君，而有微子啟、王子比干。顧炎武日知錄云：以紂爲弟，且以爲君，而有微子啟；以紂爲兄之子，且以爲君，而有王子比干。（註言之紂於文有之所不服故筆此以識彼）按此則王子比干亦紂之諸父行，故茲在公孤之位而爲父師少師也。惟刻本父紬繹時比干實爲父師，箕子實爲少師。漢書五行志謂箕子在父師位

二二

乃比干既死以後事也。本文父師所謂，皆比干語。所云剆子，即箕子。詳下
文。今俞曲園揄義舉例，字因兩由相連而誤脫云：微子作誥父師少師。文義未
足，本作微子作誥誥父師少師。兩誥字誤脫其一，而義不可通也矣。今案
俞説是也。古書重文多於字旁注二畫，故易脫誤。
微子若曰：父師、少師。殷其弗或亂正四方。我祖底遂陳于上，我用沈酗于
酒，用亂敗厥德于下。
若曰，猶云微子意云爾也。無義例。父師，比干；少師，箕子。皆微子之諸父
也。微子痛殷之將亡，就比干、箕子商出處，故呼而問之也。或，有也。聲相
近。史宋世家或作有。亂，治也。其虛擬之詞，猶云殷其弗有亂正四
方者乎。下文曆舉我紂卿士由民，皆實證此語也。我祖，成湯也。底，致；遂，

成也。陳，列也。我我紂也，不斥言紂者，善則稱君，過則歸己也。酗，說文作䣱，

醉醟也。亂，淫亂也。史宋世家易作紂沈湎於酒，婦人是用，敗湯德於下。

殷罔不小大好草竊姦宄，卿士師師非度。凡有辠辜，乃罔恆獲，小民方興，

相為敵讎。

殷罔不小大，猶言小大罔不也，到語。小大，卿士以下及小民也。廣雅釋詁云：

竊，鈔也。草鈔聲相近。竊，盜也。自內為姦，自外為宄。師師，眾長也。

度，法也。恆，常。獲，得也。凡有罪辜，乃罔恆獲者，猶言譬如云此宜有

罪，汝反收之；彼宜有罪，汝反復視之也。方興，並興也。強凌弱，眾暴寡，

眾人不得，則民將並起為讎怨，相攻奪矣。

今殷其淪喪，若涉大水，其無津涯。殷遂喪，越至于今。

二三

我其發出往吾家孔傳作我其發出狂，內絕云我念殷亡發疾生狂，是發狂屬微子說，耄屬洪集傳云言紂發出顛狂，是發狂文屬紂說，詞意均隱。露史記宋世家狂旁多往，但作我其發出往，內絕之子詞

淪，史記宋世家作典，語意不倫，形之誤也。淪，淪胥也。津，濟渡處。涯，水際也。遂，就也。殷遂喪，越至于今，語氣輕，猶云越至于今殷遂喪也。涉水無津，喻治國無人也。國無人，亡可立待。

曰：父師、少師，我其發出狂，吾家耄遜于荒。

曰，重呼比干箕子告之也。發，行也。狂，史記易作往，古同聲字。狂當讀為往。卿大夫曰家。吾家，微子自言其國也。我其發出往，吾家內絕，言我當出亡國、冀宋社雖亡，宗祀可保。史遷作我其發出往，吾家保于喪。保于喪三字正釋往家之意。箕子當合篇云微子不與于紂之難，而封于宋，以為殷主，先祖不滅，後世不絕，故曰大賢之德長云。此意也。耄，昏亂也。遜，遁也。荒，荒野也。云發出往，吾家復云耄遜于

荒者時未奉詔就國而私出則竄爲夫老陽狂而遁者

今爾無指告予顛隮若之何其

指出處之意也隮猶墜也史記宋世家云微子欲死之及去未能自決乃問

於太師少師欲去太師以己意告之也鄭康成曰其語助也齊魯之間聲如

姬記曰何居按其言音如姬以上微子兩呼父師少師前言國無人則宗國

必亡後言己就國庶宗祀可保也以上兩呼比干箕子

父師若曰王子天毒降災荒殷邦方興沈酗于酒乃罔畏畏咈其耇

長舊有位人

父師比干也鄭康成曰少師不答志在必死也父師比干志在必死下

文商其淪喪我罔爲臣僕正顯言其志也少師箕子不答之由比干語

中說如下文詔王子出迪，我舊云刻子是也。微子勤之人，商榷出處，焉有
少師不答之理。誤由鄭君謂父師為箕子，故云少師不答，而杜預乃不知
本文正此中語也。微子，帝乙之子，故云王子。毒，厚。荒，亡也。畏畏，下畏字當讀
為威。罔畏畏，罔畏天威也。咈，違也。耇，老也。此答微子沈酗于酒之言。
今殷民乃攘竊神祇之犧牷牲，用以容，將食無災。
因來而取曰攘，往盜曰竊。天曰神，地曰祇。犧，純毛。牷，牲體完具。用如皋
謨五刑五用之用，猶論也。用以容，語例猶云以容論。文例與後世以某
律論、擬材合由以容由、亦謂可令以赦論也。將，楚茨「或肆或將」箋：
將，奉持而進之也。將食連用成語，孟子「匍匐往將食之」，與此義同。
此答罔恆獲之言。

降監殷民用乂讎斂召敵讎不怠罪合于一多瘠罔詔

監視也乂殺也讎馬融本作稠云數也斂賦斂也用乂讎斂者用刑以虐斂也怠懈也緩也召敵讎不怠者言以此召國人讎敵之終不弛緩詩大雅蕩云斂怨以爲德正謂此也罪合于一者上下同惡也多瘠罔詔疏之瘠者無所告訴也此咎小民方興相爲敵讎語

商今其有災我興受其敗商其淪喪我罔爲臣僕

我父師比干自我也受字無義疑當爲吏之誤周禮巾車歲時吏續注故書吏續爲受續儀禮燕禮注古文吏爲受左昭元九年傳以吏政章之後史夏本紀作受政章之後均吏受形近易譌之證言商今其殘有災吏邦我當起而吏其禍商其終于淪喪邪我無臣僕異國之理

二五

我舊云刻子，刻子語王子出迪，刻子嘗豪上文而省，似為左傳受曰年於楚之蒍吳人也之奔食而繼之此父奔楚入吳也。食而殺之於吳人也。迪訓與盤庚此同終迪即上同於此也。孔傳云王子出合于道，子經傳增文。孔傳解我舊云刻子云：刻之語中我久知子賢，言于帝乙欲立子，帝乙不肯，語王不得立，增文更多於文所歸稍矣。

興更其敗，欲撥亂而反正也。不但儽異國欲殺身以徼名也。父師比干之所以自處者如此。論語比干諫而死，可謂不食其言矣。

詔王子出迪，我舊云刻子，王子弗出，我乃顛隮。

詔，告也。迪，道也。遜也。我舊云我父師比干自我也，云言也。刻子，箕子也。焦循尚書補疏云：刻子即箕子。易箕子之明夷，劉向荀爽讀箕為荄。淮南子時則訓爨萁燧火，高誘注云：萁讀荄備之荄。孫詒讓尚書駢枝云：刻子，焦循說讀為箕子，據漢書儒林傳易箕子之明夷，趙賓讀為荄茲，證此刻子當壞。今案：亥刻同聲，荄萁同音，焦孫說是也。詔王子出迪，我舊云刻子，刻猶云我舊云刻子，刻子詔王子出迪也。下語不言刻子者，蒙上文而省，如盤庚中篇迪高后丕乃崇降弗祥，下詔亦有高后字，蒙上文而省也。云比干自云，詔箕子所詔，比干所述也。意言王子去處之義，我舊曾言于箕子，箕子之語王子出亡遯禍也。王子弗出，我乃顛隮，此亦箕子所語，比干所述也。我乃之我，我殷邦也。言王子弗去，我殷邦乃顛隮矣。蓋元子在外，宗社雖亡，宗祀尚可保。史宋世家說云：今誠以治國，國治身死不恨；為死終不得治，不如去。正釋此文。比干（少師）言箕子為王子代謀（箕子）如此。

自靖，人自獻于先王，我不顧行遯」

此仍為比干述箕子之語。靖，謀也。我，箕子自我也。顧，念也。又言人自謀獻身于先王之道，不必強同。若我則無復可去之義，故亦我不顧行遯也。比干言箕子所以自謀者如此。易傳云：內難而能正其志。

二六

箕子以之。論語微子去之，箕子為之奴，比干諫而死。孔子曰：殷有三仁焉。正為讀此篇而發。蔡沈集傳乃謂微子謀於箕子、比干，箕子答如上文，而比干獨無所言，得非比干安於義之當死，而無復言歟？不然，本文答語全出比干耶？即箕子語之由，比干述古當有殺身成仁之人，當出就危疑之際，而噤不作聲者。以此決本文父師為比干，少師為箕子也。三仁出處大義已全具此篇中，不善讀者固未由會悟也。

周書

泰誓上中下三篇 亡 晚出古文有

惟十有一年，武王伐殷。一月戊午，師渡孟津，作泰誓三篇。

據是所云，漢書律歷志云：書序曰：惟十有一年，武王伐紂，大誓八百諸

孫星衍補泰誓文

惟九年四月太子發上祭于畢下至于孟津之上乃告司馬司空司徒諸節齊栗允哉予無知以先祖先父之有德之臣左右小子予受先公必力賞罰以定厥功明于先祖之遺遂興師師尚父左杖黃鉞右把白旄以誓號曰蒼兕蒼兕總爾眾庶與爾舟楫後至者斬太子發升于舟中流白魚入于舟中王跪取出涘以燎羣公咸曰休哉周公曰雖休勿休既渡至

矣會。還歸二年乃遂伐紂克殷以箕子歸。十三年也。志又曰一月戊午師渡孟津。按以伐殷觀兵為十一年事。一月戊午師渡孟津為十三年事。似書序一月上當有十三年三字也。今按伏生今文二十八篇本無泰誓。武帝時得之以合于伏生所傳則為二十九篇。或又析之則為三十一篇。書有泰誓疏云尚書遭秦而亡漢初不知篇數武帝時有太常蓼侯孔臧者安國之從兄也。與安國書云時人惟聞尚書二十八篇取象二十八宿謂為信然。不知其有百篇也。然則漢初惟有二十八篇無泰誓矣。後得偽泰誓三篇諸儒多疑之。馬融書序云泰誓後得案其文似若淺露。又云八百諸侯不召自來不期同時不謀同辭及火復于上至于王屋流為鵰。五至以穀俱來。舉火神怪得無在子所不語中。又春

二七

于五日，首火自上復于下，至于王屋，流為烏。

按國語、孟子、荀卿、禮記引泰誓，今文泰誓皆無此語。吾見書傳多矣，所引泰誓而不在泰誓者甚多。弗復悉記，略舉五事以明之，亦可知矣。王肅亦云泰誓近得，非其本經。此今文家所傳之僞泰誓，馬融、鄭雖知其淺露，而亦為之作注。此又至晚出古文始盡摭經傳所引之泰誓為三篇，故梅頤上之，孔穎達疏之。此晚出古文所傳之僞泰誓，皆非孔壁真本，亦與馬鄭泰書古文本殊。若與馬鄭本同者，不得以淺露同之也。

牧誓

武王戎車三百兩，虎賁三百人，與紂戰于牧野，作牧誓。

戎車，兵車。車一乘稱兩者，車有兩輪也。虎賁者，猛怒如虎之奔趨也。三百人皆為三千人。孟子曰、武王之伐殷也、革車三百乘、虎賁三千人。虎賁、士也。

司馬法、革車一乘、士十人。牧野、紂地。

時甲子昧爽、王朝至于商郊牧野、乃誓。王左杖黃鉞、右秉白旄以麾。

時文王受命之十三年、武王即位四年、二月庚申朔、甲子、二月五日。史周本紀云、二月甲子昧爽、武王朝至于商郊牧野、乃誓。注、徐廣曰、殷之正月、周之二月也。昧爽、旦明也。王、武王也。朝至者、詩大明云、肆伐大商、會朝清明。郊、距王城五十里為近郊、百里為遠郊。牧野、在紂都朝歌南七十里。誓、告也。杖、持也。鉞、大斧也。秉、執也。旄、旄牛尾也。說文作氂。氂氂麾、旌旗所以指麾也。以上史臣敘事之文。

曰、逖矣西土之人。王曰、嗟我友邦冢君、御事司徒司馬司空、亞旅師氏、千

二八

夫長、百夫長、及庸、蜀、羌、髳、微、盧、彭、濮人。

逖，遠也。逖矣西土之人，勞其師也。友邦者，天子首友諸侯之義也。冢，大也。
御事，治事之臣也。總目三公。周初官職未定，行三公制。白虎通引別名
記曰：司徒典民，司空主地，司馬順天。亞旅，上大夫也。師氏，中大夫。周官地官
師氏，中大夫一人。凡軍旅，王舉則從。又夏官序官云：二千有五百人為師，師
帥皆中大夫。五百人為旅，旅帥皆下大夫。及，說文作眔。眔，與詞也。庸、蜀以
下八國名，均當時西南夷也。誠王所率將來伐紂者，本呼其酋長而稱人
者，夷狄以號舉，君臣同辭。

稱爾戈，比爾干，立爾矛，予其誓。

稱，舉也。比，相次比也。戈，擊兵也。干，盾也。矛，刺兵也。以上為誓。

晨，將旦雞鳴也。猶稱語曰晨，啟門之家耕為旦晨門也。牝雞無晨，猶言無晨鳴也。

王曰：古人有言曰：牝雞無晨。牝雞之晨，惟家之索。

雞，知時畜也。當晨而鳴。牝雞則否。喻婦人無男事也。之，猶其也。虛擬之詞。下之字訓其，決定之詞。索，盡也。此語蓋女無易為男無時之格言。

今商王受惟婦言是用，昏棄厥肆祀弗答，昏棄厥遺王父母弟不迪，乃惟四方之多罪逋逃，是崇是長，是信是使，是以為大夫卿士，俾暴虐于百姓，以姦宄于商邑。

史記殷本紀：紂嬖于婦人，愛妲己，妲己之言是從。列女傳曰：紂好酒淫樂，不離妲己。妲己所譽者貴之，所憎者誅之。百姓怨望，諸侯有叛者。妲己曰：罰輕誅薄，威不立耳。乃重刑辟，為炮烙之刑。妲己乃笑。是惟婦言是用之證。王引之曰：昏讀若泯，蔑也。春秋左氏傳云：若泯棄之。泯棄

猶蔑棄也。周語、不共神祇、蔑棄五則。泯、蔑、聲之轉。肆、祭名。祀先祖
也。周禮典瑞、以肆祼享先王。注、肆、解牲體以祭、因以為名。遺、遺棄、
古語遺壽耇之遺。爾雅、父之考為王父。王父母弟、即從父昆弟也。
蓋指比干箕子等賢臣言。迪、用也。逋、亡也。左氏昭七年傳云、紂為天
下逋逃主。崇、尊也。俾、使也。在內為姦、在外為宄。以上數紂之罪。
今予發、惟恭行天之罰。今日之事、不愆于六步七步、乃止齊焉。夫子勖哉。
發、武王名。恭、敬也。事、軍旅之事也。愆、過也。兩足相承為步。止齊者、鄭云、
好整好暇、用兵之術。又司馬法云、軍以舒為主、雖交兵致刃、徒不趨、
車不馳、不踰列。是以不亂、是其義也。勖、勉也。
不愆于四伐五伐六伐七伐、乃止齊焉。勖哉夫子。

伐謂擊刺也。一擊一刺曰伐。始誘前敵六步七步、當止齊正行列。及兵相

接、少者四伐、多者七伐、又當止齊正行列也。

尚桓桓如虎如貔、如熊如羆、于商郊。

桓桓威也。貔、執夷、虎屬也。此文語總、猶言于商郊尚桓桓如虎如

貔、如熊如羆也。

弗迓克奔、以役西土。勗哉夫子。爾所弗勗、其于爾躬有戮。

迓迎敵也。克能也。奔來奔也。役助也。周語以役上命、意同。西土言周。以

上誓師正文。三言勗哉夫子、一戒其輕進、一戒其貪殺、一戒其殺降者、

又反言以警之也。

武成　逸。建武之際亡。晚出古文有。

三〇

武王伐殷往伐歸獸識其政事作武成
晚得之往誅紂克定偃武修文歸馬牛於華山桃林之牧地記識
殷家政教善事以為法武功成文事修今案漢書律曆志引武
成篇曰惟一月壬辰旁死霸若翌日癸巳武王迺朝步自周于征
伐紂粵若來三月既死霸粵五日甲子咸劉商王受惟四月既旁生
霸粵六日庚戌武王燎于周廟翌日辛亥祀于天位粵五日乙卯
乃以庶國祀馘于周廟是記往誅紂克定之事禮樂記云濟河而
西馬散之華山之陽而弗復乘牛散之桃林之野而弗復服車甲衅而藏
之府庫而弗復用倒載干戈包之以虎皮將帥之士使為諸侯名
之曰建櫜是蓋武成篇之逸文也鄭君云武成逸書建武之際

此。孫星衍云孔壁所得古文本有武成以其不列學官藏在秘府故謂之逸書。至光武建武之際文亡。其殘文僅存八十二字。見漢書律曆志。

洪範

武王勝殷殺紂立武庚以箕子歸。作洪範。

洪大也。範法也。史記宋世家云箕子者紂親戚也。紂為淫泆箕子諫不聽乃被髮佯狂為奴。武王既克殷訪問箕子。殷本紀云箕子佯狂為奴。紂又囚之。周武王伐紂釋箕子之囚。是其事也。左傳說文引此經皆云商書。經文亦稱年為祀。或武王命箕子陳言而不臣之義。或箕子自為而不忘本之意。則不可知矣。

惟十有三祀王訪于箕子
文王受命之十有三祀武王卽位之四年也訪問也箕國名子爵鄭云
微子箕子實是畿內采地之爵非畿外治民之君故云子也史記索
隱引馬融以箕子爲紂之諸父服虔杜預以爲紂之庶兄也
王乃言曰嗚呼箕子惟天陰騭下民相協厥居我不知其彝倫攸敘
乃難詞也武王勝殷殺紂而訪道于箕子故重難其詞也下文箕子
乃言義同陰騭古成語呂氏春秋君守篇云洪範曰惟天陰騭下
民陰之者所以發之也高誘注陰騭升騭也按釋名云陰蔭也說
文云騭牡馬也陰騭卽陰陽乘匹之義應劭注漢書五行志亦云
陰覆也騭升也覆升亦乘匹之象故呂釋云陰之者所以發之也

言天陰騭下民也。相助也。協和也。居讀如設居方之居。彝常也。倫理也。攸所也。敘順也。言惟天生民無主乃亂。强陵弱衆暴寡民饑困而亂日殷。欲助天和協斯民使各得安其所居。意者帝王必有常理大法以次敘斯民者。問君道也。

箕子乃言曰：我聞在昔鯀陻洪水。汨陳其五行。帝乃震怒、不畀洪範九疇、彝倫攸斁。

鯀禹父。陻塞。洪大。汨亂。陳列。帝上帝也。畀予也。疇類也。斁讀爲殬敗也。言昔鯀治洪水不務疏導而務障塞失水之性以至亂列五行。帝大怒不予大法九疇、彝倫所由敗也。

鯀則殛死、禹乃嗣興。天乃錫禹洪範九疇、彝倫攸敘。

三二

殛猶放也。殛死，先殛而後死也。鄭云：鯀非誅死，鯀放東裔，至死不得反於朝。嗣，繼。興，起也。錫，讀爲賜。天乃錫禹洪範九疇者，漢書五行志云：劉歆以爲禹治洪水，賜洛書，法而陳之，洪範是也。聖人行其道而寶其真。降及於殷，箕子在父師位而典之。周既克殷，以箕子歸，武王親虛己而問焉。即其事也。歆知禹治洪水賜洛書，於易曰：河出圖，洛出書，聖人則之也。章太炎說河圖洛書云：重耳乞于五鹿而得塊，以爲天賜，其實野人也。庖犧之王，不知其所自始，其先處或有能攫畫采飾者矣。根縣之未孔，九有之表，列雖趣中夏，無以知中夏之形也。河圖者，地宜也。獲于行迷而見其有行列，成文章，雖腐木則珍之。吾安知夫瞿叟駭河圖以爲天賜者，非重耳而得魄以為天賜，其實野人也。庖犧之王，不知其所自始，其先處或有結纆畫采飾者矣。根棘之未伐，九有之未列，雖鼓中夏，亦以知中夏之形也。河圖出於地，實也。獲乎行迹而見其有行列，成文章，雖腐木則珍之。吾安知夫瞽聽河圖以為天賜者，非重耳之魄耶？蟛蜞化而為蝮，蝮復化而為蟬，物之更迭出也。惟人亦然。昔者美洲有黃人焉，明中葉而亂，以其所得蜂蠣紫貝之族也。然而今之窮地於美洲者，以華夏為。吾安知夫前乎庖犧者，不有聖哲之士所被其儀其地之象而論乎河。庖犧得之而以為陳寶。斯時也，當何之得秦圖籍，以知地形阨塞也。夫何傀儡矣哉。禹之洛書，其猶是乎圖矣。雲鳥遇少皞之窮，雲其書以為天賜，識與偽亦且有矣。按

三五

章氏此論甚通。

初一曰五行。次二曰敬用五事。次三曰農用八政。次四曰協用五紀。次五曰建用皇極。次六曰文用三德。次七曰明用稽疑。次八曰驗用庶徵。次九曰嚮用五福。威用六極。

漢書五行志云：凡此六十五字，皆雒書本文，所謂天乃錫禹大法九章常事所次者也。馬融亦云：繼五行以下至六極，緯書文也。按史文或訓於龜板，今書中惟乃神龜負書，中皆有赤文朱字。鄭注尚書大傳，乃云禹治水，得神龜負文於洛，以畫乃天人陰陽之理，其失則誣矣。行，用也。五行，金木水火土，爲人所用之。農，鄭云讀爲醲。廣雅云：醲，厚也。協，合也。皇，君；極，中也。文，治也。稽，讀爲卟，以問疑也。徵，驗也。

禍罰行得失之驗。嚮讀為饗，勸饗也。威，四刑罰也。此皆本九之疇為言

帝王君人之大法也。以上並上言洪範九疇之所由來。禹受洪範要

下乃分釋。

一五行。一曰水，二曰火，三曰木，四曰金，五曰土。水曰潤下，火曰炎上，木曰曲直，

金曰從革，土爰稼穡。潤下作鹹，炎上作苦，曲直作酸，從革作辛，稼穡

作甘。

水火金木土，言其序也。潤下炎上，言其性也。作鹹作苦，言其用也。曲直

者，言木可揉曲，亦可從繩也。從革者，言金可從順，亦可改革也。

爰，史記作曰。爰亦曰也，聲相近而借也。種之曰稼，斂之曰穡。作為

也。水火金木土各配鹹苦酸辛甘，其義未明。

三四

二五事：一曰貌，二曰言，三曰視，四曰聽，五曰思。貌曰恭，言曰從，視曰明，聽曰聰，思曰睿。恭作肅，從作乂，明作哲，聰作謀，睿作聖。

貌言視聽思者，鄭云：此數本諸陰陽昭明人相見之次也。恭從明聰睿者，五事之德也。肅乂哲謀聖者，五德之用也。恭，敬也。從，順也。順於理也。睿，今文作容，寬也。言人身惟思無所不容，故思之德爲容也。肅，心敬也。乂，治也。哲，知也。謀讀爲敏，見禮中庸鄭注。聖，於事無不通也。

三八政：一曰食，二曰貨，三曰祀，四曰司空，五曰司徒，六曰司寇，七曰賓，八曰師。

政，正也。政者所以正人也。鄭康成云：此數本諸其職先後之宜也。食，謂掌民食之官，若后稷者也。貨，掌金帛之官，若周禮司貨賄者也。祀，掌祭祀之官，若宗伯者也。司空，掌居民之官。司徒，掌教民之官。司寇，掌詰盜賊之官。賓，掌諸侯朝覲之官，周禮大行人是也。師，掌軍旅之官，若司馬也。

四五紀：一曰歲，二曰月，三曰日，四曰星辰，五曰曆數。

紀，識也。歲，自今年冬至至明年冬至為一歲。堯典朞三百有六旬有六日，以閏月定四時成歲也。月，自朔至晦，大月三十日，小月二十九日是也。日者，大傳云：夏以十三月為正，以平旦為朔；殷以十二月為正，以雞鳴為朔；周以十一月為正，以夜半為朔。三代各有程，各從其正。星辰者，星謂二十八宿，辰讀為辰會。說文：日月合宿為辰會。曆數，王者紀曆日月所由之道。曆數，推步之也。戴東原云：分至啟閉以紀歲，朔望朓朒以紀月，永短昏明以紀日，列星見伏昏旦

三

躔謂行歷其次，逡謂行之而差也。

中。日月躔逡以紀星辰，言嬴縮經緯終始相差以紀曆數是也。

五、皇極：皇建其有極，斂時五福，用敷錫厥庶民。惟時厥庶民于汝極，錫汝保極。

皇，君也。建，立也。漢書五行志傳曰：皇之不極，是謂不建。人君貌言視聽思心五事皆失，不得其中，則不能立萬事。言王建其有極，為人君之當先以身作則也。斂，聚。時，是。五福即第九疇壽富等也。敷，布也。錫，予也。錫福於民也。如周官太宰以八柄詔王馭羣臣：爵以馭其貴，祿以馭其富，予以馭其幸，生以馭其福，置以馭其行也。時厥庶民之時，猶承也。楚策：仰承甘露而飲之。新序雜事篇承作時。儀禮特牲饋食禮詩懷之注：詩，承也。內則詩負之注：詩之言承。詩、時、承，疊韻一聲之轉。

晚按：孔傳訓時為取，言取民於庶取中，文義亦合。

惟时厥庶民于汝極語詞所之惟厥庶民亦于汝極上所之惟
厥庶民亦取極于汝也保安也錫汝保極其服從教化無敢壞法
亂紀也言為君者率身作則建立大中之道又以五福錫
其庶民庶民無順其行安於教化上言君錫民下言民錫
君君民相與之際猶發歎也
凡厥庶民無有淫朋人無有比德惟皇作極
淫朋邪黨也阿黨為比此言臣民無有阿黨為惡者惟君為之極
耳由言皇不可不建極也
凡厥庶民有猷有為有守汝則念之不協于極不罹于咎皇則受之
而康而色曰予攸好德汝則錫之福時人斯其惟皇之極

晚出孔傳作「人曰予攸好德」，增字解經，彌縫矯揉處。

猷，謀也。守，有操守也。念之者，念其行道所趨舍也。協，合也。離，麗也。咎，罪也。受，讀如孟子「歸斯受之」之受。皇，君也。而，汝也。康而色，猶云安汝止也。言庶民有此三者之人，前者當識錄之，後者中等上，當容受誘掖之，使協于中。汝則錫以富貴之爵祿，是人斯其惟皇是極矣。本文字為韻語。守、咎、受叶。色、德、福、極、協，惟念字不入韻。

無虐煢獨而畏高明。人之有能有為，使羞其行，而邦其昌。

上言錫福于庶民，此言錫福于群臣。人，在位之人也。無虐，不虐也。禮月令孟秋行春令，則五穀無實。呂氏春秋孟秋紀作「不實」，可證。煢讀為惸，孤也。高明，顯寵者。羞，進也。此言臣有不侮鰥寡、不畏彊禦，及有能有為者，皆當寵進之，以顯其行。本文昌、明、行叶。

正人爲長之人，傳釋爲正直之人，非也。

凡厥正人，既富方穀。汝弗能使有好于而家，時人斯其辜。于其無好德，汝雖錫之福，其作汝用咎。中本句下宜接作福作威一節

爾雅釋言：正，長也。正人，爲長之人也。方，語也。微子：小民方興，相爲敵讎。史記宋世家：方作語，可證。富，讀爲福，備也。穀，祿也。既富方穀者，猶言既富且貴也。好，猶善也。好于爾家，善于汝家國也。辜，罪也。德字衍文，史記宋世家無德字。無好，即上文弗能有好于而家也。好字讀爲惠。唐誠云：無好于汝家之人，雖錫之以爵祿，其動作爲汝用惡。禮爲天子諸侯怨于民也。是鳥鄭本亦無德字。此言羣臣之長無功于國家者，當奪去之，免其爲汝斂怨也。周官太宰八柄：詔王奪以馭其貧，廢以馭其罪，誅以馭其過。本文穀字古音讀穀，音旁部

三

韻。好、路二韻。

無偏無頗，遵王之義。無有作好，遵王之道。無有作惡，遵王之路。無偏無黨，王道蕩蕩。無黨無偏，王道平平。無反無側，王道正直。會其有極，歸其有極。

本文下宜接王省惟歲節

義，法也。好，私好也。路，當為平于曲惠也。惡，擅作威。黨，朋黨。蕩蕩，平易也。平平，當為采，字之誤也。采采，辨治也。史記張釋之馮唐傳贊引作便便。段借字也。反，反道也。側，傾側也。鄭云：會其有極，謂君也。當會聚有中之人以為臣也。歸其有極，謂臣也。當就有中之君而事之。按：本文皇極之正經也。頗、義韻。好、道韻。惡、路韻。黨、蕩韻。偏、平韻。側、直、極、極韻。

曰：皇極之敷言，是彝是訓，于帝其訓。凡厥庶民，極之敷言，是訓是行，以近天子之光。曰：天子作民父母，以為天下王。

曰更暘風。叡陰也。陰言猶賜，賜者之勸曰（亮理也，理其意微也）彝常也。訓教也。之帝天也。其訓

之訓讀為順。言天子上同行天也。凡厥庶民極之敷言，是訓之訓亦當

讀為順。是訓是行，以近天子之光言庶民上同於天子也。為未出作

曰毋能生之，能食之，能教之，能誨之。聖人由備之，是父也。能生之能

食之能教之能誨之也。故曰作民父母以為天王。本文訓訓顛，行於王顛

實言陽韻。

六三德：一曰正直，二曰剛克，三曰柔克。平康正直，彊弗友剛克，燮友柔

克。沈潛剛克，高明柔克。

德者內得於己外得於人之謂。三德者人之氣稟，各有是三者也。正直

者，中平之人克勝也。剛克者勝於剛也。柔克者偏乎柔也。平康，彊弗

上四克字作剛柔圖
下兩克字作勇柔圖
知其下文三德僃言
二德也
其克上乃上下文同字
而異義，記者應作棱
安豐縣有敎於鄉
有豐義工有字乃有
之字有下有字乃文字
其論語字讀有閒者

三九

之錯行，唯是有闕，上有字亡，有無多，有下有字亡，有脫字也。言有闕而未行，惟是爲闕矣。

六、燮友三德，言性行也。沈潛剛克，高明柔克，所以裁制天下之人使無過不及之差也。平康者，中正和平，不剛不柔也。友，親也。彊弗友，彊毅弗可親，剛克之人有是性。燮，和也。和而可親，柔克之人有是性也。下言裁抑之法，正直者剛柔得中，無事矯揉，故正直之。如沈潛者柔克之徵，宜以剛治之。高明者剛克之徵，宜以柔治之。

惟辟作福，惟辟作威，惟辟玉食。臣無有作福作威玉食。臣之有作福玉食，其害于而家，凶于而國。人用側頗僻，民用僭忒。

作福，專慶賞也。作威，專刑罰也。玉食，備珍美也。側，傾側也。頗僻，不正也。僭，差也。忒，疑也。人、民對舉，人謂百官，民謂庶民。本文福、食、國、忒韻。語意尊君卑臣，與三德殊不類，疑本皇極敷言文。

七、稽疑。擇建立卜筮人。乃命卜筮。

稽，說文作𠧩，卜問也。卜以龜，筮以蓍。擇建立卜筮人，晚出孔傳訓選擇知卜筮人而建立之。此建立訓立，古金建立連言者。鄭注乃言選擇可立者，立為卜人筮人。增文釋經文病誤。屋建當為覡之古同音假借字。古文筮字从竹从巫。離騷云：巫咸將夕降兮，懷椒糈而要之。然則巫蓋兼通卜筮者也。國語楚語云：古者民之精爽不攜貳者，神明降之，在男曰覡，在女曰巫。殷時巫風盛行，卜筮尤禳。故立卜筮人必擇於覡中之賢者而立之。覡字从巫見聲。本應讀如建。秦時語言變，以韻入聲讀為擊，許君遂以从巫从見說之，昧其實也。多士云：惟天丕建，保乂有殷。核以上文惟帝降格，嚮于時夏。又核以君奭天壽平

三九

荀子王制篇傴巫跛擊之擊為覡之借字

格保乂有殷。格為格人，通知吉凶情狀，則建之。此覡之借字。所謂神明降之，在男曰覡，是使制神之處位次主者也。

曰雨、曰霽、曰蒙、曰驛、曰克、曰貞、曰悔，凡七。卜五，占用二，衍忒。立時人作卜筮，三人占，則從二人之言。

雨、霽、蒙、驛、克，龜兆之形。鄭康成云：雨者，兆之體氣如雨然也；霽者，如雨止之雲氣在上者也；圛者，色澤而光明也；蒙者，氣不釋，鬱冥冥也；克者，如祲氣之色相犯也。內卦曰貞，貞，正也；外卦曰悔，悔之言晦，晦猶終也。按：卜筮之名凡七，卜用五，而占用二。占，筮也。衍忒，衍，推演也；忒，差也。兆卦多差，故云衍忒。卜筮之用數不同，其衍忒則一也。立時人作卜筮者，鄭云：是方術者，使作卜筮也。三人占者，鄭康成云：卜筮各三

人。太卜掌三兆三易。從其多者。蓍龜之道幽微難明。慎之深也。此言

卜筮法也。

汝則有大疑。謀及乃心。謀及卿士。謀及庶人。謀及卜筮。汝則從。龜從。筮

從。卿士從。庶民從。是之謂大同。身其康彊。子孫其逢吉。

逢。大也。本文從同逢韻。

汝則從。龜從。筮從。卿士逆。庶民逆。吉。卿士從。龜從。筮從。汝則逆。庶民

逆。吉。庶民從。龜從。筮從。汝則逆。卿士逆。吉。汝則從。龜從。筮逆。卿士逆。

庶民逆。作內吉。作外凶。

可以祭祀冠昏。不可以出師征伐。

龜筮共違于人。用靜吉。用作凶。

孔傳云：「安以守常則吉，動則凶。」按：龜筮共從者吉，筮從龜逆者次，龜為重也。龜從筮逆，或龜筮共違于人，則吉凶參半。古人重卜筮如此，言決疑也。

八庶徵：曰雨，曰暘，曰燠，曰寒，曰風，曰時。五者來備，各以其敘，庶草蕃廡。

暘，日出也。燠，熱在中也。雨與暘對，燠與寒對，明白易曉。先儒（鄭康成）或以雨暘燠寒風分配木金水火土，或（宋蔡傳）又分配水火木金土，說無一定，均不可信。時，是也。時五是（衍）來備，漢書李尋傳作五者來備，荀爽傳作五韙咸備，各以其敘，均本經之異文也。時屬下為讀。若曰時則絕，則曰時即是各以其敘矣。下文經文言各以其敘，草蕃滋也；廡，豐也。

一極備，凶；一極無，凶。

按備作下文所謂恆一者極備或一者極無皆凶

曰休徵曰肅時雨若曰乂時暘若曰哲時燠若曰謀時寒若曰聖時風若

曰咎徵曰狂恆雨若曰僭恆暘若曰豫恆燠若曰急恆寒若曰蒙恆風若

休徵言善行之徵咎徵惡行之徵時以時至也恆謂陽伏陰不能調劑也若

驗也徵之祖在行而求如易繫辭出乎邇見乎遠若言出乎邇見乎

知於說桑之未落其葉沃若言其葉若沃也本文曰肅時雨若猶孟子

言時雨降也下同義自肅時徑而講釋者為順之君行敬則時雨順之

君行政治則時暘順之一若天人相感不差毫分要者王制所云僭常

暘若狂常雨若人君行於天則順之以狂僭狂且僭則天如何其順之

可謂一語破的矣本文休徵言善行如五氣之時咎徵言惡行如五氣

四二

之不時也。

曰：王省惟歲，卿士惟月，師尹惟日。歲月日時無易，百穀用成，乂用明，俊民用章，家用平康。日月歲時既易，百穀用不成，乂用昏不明，俊民用微，家用不寧。庶民惟星，星有好風，星有好雨。日月之行，則[illegible]有冬有夏。月之從星，則以風雨。

[illegible]

王省惟歲者，馬融云：言王者所總職，如歲兼四時也。卿士惟月者，言卿士統于王，如月統于歲也。師尹惟日者，言師尹統于卿士，如日統于月也。鄭康成云：大陳君臣之象，成皇極之事，其道得則其美應如彼，其道失則敗德如彼。蓋易其常也。微，隱也。庶民惟星以下，言庶民所好無常，卿士師尹所行各異，違民固不當行，徇民亦或以爲過，王者當示之以大中容白之道也。星有好風，星有好雨也。馬云箕星好風，畢星好雨。
也。日月之行，則有冬有夏者，日有中道，月有九行。中道者，黃道也。九行
者，黑道二，出黃道北；朱道二，出黃道南；白道二，出黃道西；青道二，
出黃道東。并黃道為九行也。日極南至于牽牛，則為冬至；極北至
于東井，則為夏至；南北中，東至角，西至婁，則為春秋分。月立春春
分從青道，立秋秋分從白道，立冬冬至從黑道，立夏夏至從赤道。
所謂日月之行，則有冬有夏也。月行東北入于箕，則多風；月行西南
入于畢，則多雨。所謂月之從星，則以風雨也。星有好風，星有好雨，喻庶
民好。喻而各異。日月之行，有冬有夏，喻羣臣職守有常。月之從星，
則以風雨，喻皇之不極，政教失中，雖從民欲，不能無亂。本文意而未安。

四四

嘗是皇極傳文，在會其有極、歸其有極之下，下接皇之極之敷言曰是彝是訓，于帝其訓。本文王省惟歲，卿士惟月，師尹惟日，皆是彝是訓，于帝其訓也。又皇極之疇皆韻語。本文歲月日韻，成明章康韻。成、章、寧韻。成明寧韻，明、旁、彰韻，雨、夏、雨韻。此本文當為皇極傳文之證。

九五福：一曰壽，二曰富，三曰康寧，四曰攸好德，五曰考終命。六極：一曰凶短折，二曰疾，三曰憂，四曰貧，五曰惡，六曰弱。

五福、六極，天之所以命人，人君則之以為賞罰者也。故曰嚮用五福，威用六極。鄭云：此數本於其身者，緣人意輕重以為次耳。康寧，人平安也。攸，所也。好德，所好者德也。考終命者，鄭云：考，成也。終性命，謂皆生佼好以至老也。凶短折者，鄭曰：未齔曰凶，未冠曰短，未昏曰折。愚按壯穀曰：[illegible]按凶短折与壽對。疾與康寧對。貧與富對。惡與攸好德對。奠弱與考終命對。

分器亡

武王既勝殷，邦諸侯，班宗彝，作分器。

史周本紀：封諸侯，班賜宗彝，作分殷之器物。鄭云：宗彝，宗廟器也。

作分器，著王之命及所受物。分器亡。

旅獒　逸　晚出古文尚書

西旅獻獒，太保作旅獒。

馬融作豪，云：酋豪也。鄭云：獒讀若豪。西戎無君，名強大有政者為酋豪。國人遣其酋豪來獻，見于周。旅獒逸。案旅，客也。太保，召

四三

公也。

旅巢命亡

巢伯來朝，芮伯作旅巢命。

鄭云：巢伯，殷之諸侯，伯爵也。南方之國，周武王克商，慕義而來朝，旅巢命亡。

金縢

武王有疾，周公作金縢。

駿案：孔傳云：爲請命之書，藏之於匱，緘之以金，遂以所藏爲篇名。正義云：武王有疾，周公作策書告神，請代武王死，乃緘策書於金縢之匱，遂作金縢。凡序言作者，謂作此篇也。案經周公策命之書自緘金縢之匱，及為流言所謗，成王啓而閱之，史序其事，乃作此篇，非周公作也。序以經具，故略言之。今篇上一段稍見其概。尚書有典謨訓誥誓命之文，皆紀言也，惟金縢及顧命則為記事。顧命記一時之事，金縢所紀經歷多年。弟子記之成金縢，此篇其所記載或經數月或歷數年，是則金縢本史官記事之文，意在發明周公之忠，蓋特借金縢一事以顯之，與他書專紀事本末體略相當。

既克商二年，王有疾弗豫。

武王即位之六年也。豫，說文作悆，喜也。

二公曰：我其為王穆卜。周公曰：未可以戚我先王。

二公，太公、召公也。穆，敬也。戚，近也。讀若禮喪服傳戚君位之戚，言親附也。

四四

公乃自以爲功，爲三壇同墠，爲壇於南方北面，周公立焉，植璧秉珪，乃告太王、王季、文王。

功，史記易爲質。自以爲質者，以身爲質也。封土曰壇，除地曰墠。三壇同墠，爲太王、王季、文王位。璧，蓋告神時薦於神坐。植，猶置也。秉，執也。珪，蓋桓圭、信圭之等。南方北面，君臣之位。秉珪，亦朝見之儀也。告三王者，以戚之也。

史乃冊祝曰：惟爾元孫某，遘厲虐疾。若爾三王是有丕子之責于天，以旦代某之身。予仁若考，能多材多藝，能事鬼神。乃元孫不若旦多材多藝，不能事鬼神。乃命于帝庭，敷佑四方，用能定爾子孫於下地，四方之民罔不祗畏。嗚呼！無墜天之降寶命，我先王亦永有

依旅歸。今我即命于元龜。爾之許我，我其以璧與珪，歸俟爾命。爾不
許我，我乃屏璧與珪。
史，番史，逸也。冊，祝簡書也。祝，讚詞也。元，長也。禮，父前子名，君前臣名。予
稱元孫某，於鄭君云：諱之者，由成王讀之也。遘，遇也。厲，惡也。丕子，史公
讀為負子，言武王見責於天而有疾，如鄭君語為不慈。言元孫遇
疾者，以不敢是將有不愛子之過為天所責也。今案，丕子當讀為
布茲，布與丕，子與茲，聲之轉。史周本紀：武王立于社南，毛叔奉明
水，衛康叔封布茲，召公奭贊采，師尚父牽牲。集解云：茲，藉席之名。
據此，則布茲為弟子助祭以事鬼神者。言一段本文意言三王在帝左
右，如需執賤役，奉事鬼神，旦亦能舉其職，故請以旦代某之身也。仁

晚出孔傳云：太子之
責于天，不可救也。
其正義云：責，謂負
人物也。言負天一太
子，謂疾不可救，不救
而須死也。文不成
義。
史、魯世家作是有
負子之責于天，史記
疏引白虎通曰：諸侯
疾曰負子，公羊桓十
六年何注：天子有疾
稱不豫，諸侯稱負茲。
是史公讀丕子為負
茲也。孔廣森曰：言
武王見責於天，當有
疾也。

四五

若，善順也。考，古文巧字作丂。史記魯世家讀為巧，與孔傳讀為考，今依史記讀為巧。能，下云多材多藝，即巧能也。巧能故可以任事鬼神之責而事鬼神也。乃元孫，乃，爾汝也。汝元孫不能事鬼神，故受命于帝庭，敷佑四方，實定子孫也。祗，敬也。即命于元龜，就受之三王之命于元龜也。本經言命于者，皆為受命，如乃命于帝庭，即武王受命于帝庭也。即命于元龜，即就受命于元龜也。小子新命于三王，即視受命于三王也。或謂即命為命龜，誤。其之爾，爾三王也。許我者，許以身代某也。屏，藏也。此一百五十八字，皆祝詞。鄭志：弟子趙商問曰：若武王未終，疾固當瘳，信命之終，雖請不得。自古以來，何患不為？鄭答曰：君子之疾病，方困，忠臣孝子，不忍默視其歔欷，歸其命於天，中心惻然，欲為之請命。周公達於此禮，著

在帝所。若爾三王之臧，不爲許命，豈忠孝之志也。按此答深邃孔之意，本文作

視乃皆用韻。天身神神韻。地畏歸韻。地旁鴨珪珪韻。

乃卜三龜，一習吉。啓籥見書，乃并是吉。

三龜者，各就三王而卜之。一習吉，一皆重吉也。籥，藏卜兆書者。啓，開也。

書，占書也。許，論衡卜筮篇作逢，聲相近也。乃并是吉，乃逢是吉也。

公曰：體，王其罔害。予小子新命于三王，惟永終是圖。茲攸俟，能念予一人。

曰體者，兆也。體，兆象也。罔，無。害者言視兆象之端者無害也。新命，定視

作新受命。惟永終是圖者，言不墜天之降寶命也。攸，所也。俟，待也。念，

敘錄也。穢，吳汝則念之。念，意言我新受命于三王，三王惟國家

久安之道。王能無害。今茲所俟者，惟三王能敘錄予之人與王乎一人。錄

四六

王翼日乃瘳，寫神靈其之之生5後世弄之言相勝皆無其義，然其以彰周公之忠盡不知其有其乃抑或適當其事也

公自禱。

公歸，乃納冊于金縢之匱中。王翼日乃瘳。

匱，匣也。翼，明日也。瘳，愈也。周禮占人：凡卜筮既事，則繫幣以比其命。歲終則計其占之中否。此亦記周公為王請命之事。

武王既喪，管叔及其群弟乃流言於國曰：公將不利於孺子。

武王崩年，即位後之十一年也。逸周書作雒解：武王克殷既歸，乃歲十二月崩于鎬。乃，當作也，字之誤也。管子七臣七主篇云：武王伐殷克之，七年而崩。世經：武王克殷後七歲而崩。皆其證也。喪，亡也。管叔，周公兄，武王弟，封於管。群弟，蔡叔、霍叔。史記魯世家云：武王既崩，成王少，周公恐天下聞武王崩而畔，周公乃踐阼代成王攝行政

辟當依說文作㢸，㢸云治也，方與下文罪人相得語相接。

當國。管叔及其羣弟流言于國曰。周公將不利於成王。

周公乃告二公曰。我之弗辟，我無以告我先王。周公居東二年，則罪人斯得。

辟，法也。史記魯世家，周公乃告太公望、召公奭曰，我之所以弗辟而攝行政者，恐天下畔周，無以告我先王。按史公釋文，亦當釋意，則是辟即攝政也。語詳朕復子明辟。辟即還政成王也。管叔言周公攝政將不利於孺子。周公言我不攝政，恐無以告我先王也。居東二年，罪人斯得也，史魯世家云，周公卒相成王，管蔡武庚等果率淮夷而反。周公乃奉成王命，興師東伐。遂誅管叔，殺武庚，放蔡叔。世家又云，寧淮夷東土，二年而畢定。尚傳云，一年救亂，二年克殷，三年踐奄也。

于後，公乃為詩以貽王，名之曰鴟鴞。王亦未敢誚公。

于後，謂管蔡既誅以後也。詩序云：鴟鴞，周公救亂也。成王未知周公之志，公乃為詩以貽王，名之曰鴟鴞焉。案詩云：既取我子，無毀我室。傳曰：寧亡二子，不可以毀我周室。詩譜疏云：二子謂管蔡。又云：毛以罪人斯得為得管蔡。周公居東，為東征也。誚，讓也。鄭云：成王非周公意未解，欲讓之，推其恩親，故未敢。案：誚，史記作訓，言順也，亦通。以上記成王疑貳周公之事。

秋，大熟，未穫。天大雷電以風，禾盡偃，大木斯拔，邦人大恐。

秋，鄭康成云：謂周公出二年之後明年秋也。今案：即周公居東二年，罪人斯得以後之秋。東山詩所謂自我不見，于今三年時也。

穫以穀也。偃，仆也。斯，盡也。論衡感類篇云：古文家以武王崩，周

公居攝，管蔡流言，王意狐疑周公，周公奔楚，故天雷雨以悟

成王。案此說于情事甚合，惟奔楚之則無其證也。

王與大夫盡弁，以啓金縢之書，乃得周公所自以為功代武王之說。

鄭玄云：弁，爵弁。天子諸侯十二而冠，成王此時年十五，于禮已冠，而爵

弁者，承天變，降服也；為國家長遠慮。開金縢之書者，察天異所

由故事也。案此書乃周公所藏諸命冊書及命龜書。

二公及王乃問諸史與百執事，對曰：信。噫，公命我勿敢言。

二公，太公、召公也。問乎，問之審于民。噫，語餘聲也。魯世家言周公藏其冊

于匱中，誡守者勿敢言。

四八

王執書以泣，曰：「其勿穆卜。昔公勤勞王家，惟予沖人弗及知。今天動威以彰周公之德，惟朕小子其新逆，我國家禮亦宜之。」

泣者，成王悔悟也。其勿穆卜者，先發金縢，欲取寶龜以穆天者，今乃既大白，故云其勿穆卜也。新當為親，釋文引馬本正作親。親逆者，鄭箋詩東山序云：成王既得金縢之書，親迎周公也。我國家禮亦宜之者，褒德報功，尊之親之，禮所宜也。

王出郊，天乃雨，反風，禾則盡起。二公命邦人凡大木所偃，盡起而築之，歲則大熟。

王出郊者，親迎周公也。天乃雨者，前天動威，惟雷電以風也。毛詩東山序云：東山，周公東征也。周公東征，三年不歸。詩云：我徂東山，慆慆不歸。我來自東零雨其濛。正此時也。反風，還反也。築，拾也。禾為大木所偃者，起其本，拾其下禾，無所亡失。以上記成王得金縢書悔悟迎公之事。吕按論曰：此周史故為奇詭，以發揮周公之忠盡，所謂精感天地，以寄意於不知之慨，不必真以天變為周公而見也。按此論甚通。

尚書正讀卷三終

右定申年答蔡督
商嘉問周公

尚書正讀卷四

益陽曾運乾述

大誥

武王崩，三監及淮夷畔，周公相成王，將黜殷，作大誥。

三監者，管叔、蔡叔、霍叔也。逸周書作雒解云：武王克殷，乃立王子祿父，俾守商祀，建管叔于東，建蔡叔、霍叔于殷，俾監殷臣。是也。三監及淮夷畔者，史記周本紀云：武王崩，太子誦代立，是爲成王。成王少，周初定天下，周公恐諸侯畔，周公乃攝行政當國。管叔、蔡叔羣弟疑周公，與武庚作亂，畔周。周公奉成王命，伐誅武庚、管叔，放蔡叔。又云：初，管、蔡畔周，周公討之，三年而畢定，故初作大誥。據此則周公奉命東征之初即作大誥，故云將黜殷作大誥。時周公處危

孔傳釋王若曰猷大誥爾多邦云周公稱成王命順大道以誥天下眾國以順訓若以道釋猷詞氣乖矣

疑之地。始議東征，邦君御事均持兩端，故周公大誥道之。

王若曰。猷。大誥爾多邦。越爾御事。

鄭康成曰：王，周公也。周公居攝，命大事則權稱王也。據禮明堂位云：昔周公朝諸侯于明堂之位，天子負斧依南鄉而立。又云周公踐天子之位以治天下。是周公攝政稱王也。云王若曰者，攝王意之辭也。亦以義例。猷，圖也。誥命發端語辭。多士、多方皆稱王若曰猷，是也。越，于也，及也。御，治也。御事，若府史胥徒之屬。

弗弔天，降割于我家，不少延。洪惟我幼沖人，嗣無疆大歷服。弗造哲，迪民康，矧曰其有能格知天命。

弔，猶善也。詩「昊天不弔」。割，害。延，易也，弛也。爾雅：弛，易也。注：相

孫傳釋神而爲周
道而己其訓亦
見於是但稱周道
而已則傳亦違經
矣

釋文馬讀不少延
爲句，亦義難通
皆以延字屬下
爲句，孔傳以延屬洪
爲讀，而此實延大
惟思殺勞之意人
畢字讀出
據方今本以洪惟作
代惟，舒于盤庚篇
非本周書之文亦獨
夫安洪惟作成意
訓爲誠，亦惟作誠
也，據此則洪

延易○詩旱麓施于條枚，呂覽知分、韓詩外傳並作延于條枚○是

延訓通假之證●不少延者、猶言不少緩也●此謂王既喪管叔

及其羣弟乃流言于國，與武庚作亂●故云天降割于我家不少延

也○洪、代也○見爾雅釋詁○洪惟卽代惟○周公攝政誥命發端常語○

多方云洪惟圖天之命●洪惟之代惟也○幼沖人目成王言也○嗣繼

也。疆、竟也○歷、歷數也○論語堯曰咨爾舜，天之歷數在爾躬○服

比服也○周禮辨九服之邦國○造、造之言遭也○呂刑兩造具備，史記造

作遭○哲、智也○迪、導也○康、安也○格、通詞○格、知也○格知天命，卽西伯戡

黎所謂格人也○言民時尚無安民之哲○詞曰其有能格知天命者

乎○此爲一篇伏脈語○此時事未大定，故全篇專以吉卜爲言，將言

二

維我幼沖人，即大誥我幼沖人也

孔傳釋賁龜為布析大道，賁為大義，然何由知為大道乎？增字解經

言卜。先言寧知天命，以起下文涉疑於龜也。

已！予惟小子，若涉淵水，予惟往求朕攸濟。

已，歎辭，若史記范增言「唉」。唉、已古同聲。予惟小子，稱王自稱也。若涉淵水，喻危疑也。時既無能格知天命，故當別求有靈者而謀之。洪範：汝若有大疑，謀及卜筮。

敷賁。

敷，陳也。賁，殷周間大寶龜名。盤庚「非敢違卜，用宏茲賁」。賁者龜，爾雅龜三足賁。蓋本為大寶龜名，遂以名三足龜也。古靈龜皆有名。爾雅祇神、靈、攝、寶、文、筮、山、澤、水、火十名。周官龜人辨五龜之屬，與其名物，皆是也。書卜法，陳龜。節。周禮大卜凡旅，陳龜。

投數字當斷句，為數下之詞，又廣雅敘訓通於云漢晉而長安宮闕內衆犀陳於十月儀先平明，謁者治禮引以次入殿門，諸師古注漢書注云欲序其次，傳陳先言其傳為次也，本文數上凡字例，又繼字篇論事子通語之上由絕為敘下之詞，皆謂語云移之字上周次例按貞龜龜卜也曲禮正義引鄭注此龜蓋故稱為泰龜泰龜也注謂為命龜

注「陟龜于艱處」。

數「前人受命茲不忘大功。予不敢閉于天降威，用寧王遺我大寶龜，紹天明」。

數，陳詞也。皋陶謨「數奏以言」，洪範「皇極之數言」，皆陳詞也。此言卜。

注貞龜節，謂女貞卜問也。大卜「凡國大貞」，司農注「貞，問也」。天府「以貞來歲之美惡」，注「問事之正曰貞」。是則貞龜宜當詞。鄭太卜注云「貞龜於卜位」，不言貞龜宜詞，明此也。前人受命以下，謂貞龜之詞，若曲禮云「假爾泰龜有常」也。「前人受命」者，言文武受命于龜。下文「天休于寧王，興我小邦周，寧王惟卜用，克綏受茲命」。詩「考卜維王，宅是鎬京，維龜正之」。周語引泰誓故曰「朕夢協

三

言實異之

不行天降威用四
字連讀，王荊公
讀予敢閉于天降
威。按下文亦言天
降威，當於「敢閉
字」下讀。
孔傳和引書最難
寍王之稱，正引文王
之稱，知文字是。

朕卜，謂繼予休祥我商安克。並前人受命于龜之證，大功、龜所告
猷也。閉，難也。言今日天降威，予不敢閉于上帝命也。用猶假。文寍王文
王也。寍當作文，字之誤也。證詳拙著尚書駢枝。古鐘鼎款識
文皆作𡩡，與寍絕相似，故此經文王、文訓皆作寍。後文寍考、
寍人亦謂文考、文人之誤。吳大澂字說之一云：寍王當為文王之誤。
其說是也。用寍王遺我大寶龜者，史記龜策傳云：殷欲卜者，
乃取蓍龜，已則棄去之。周室之卜官，常寶藏蓍龜也。紹讀
為卲。說文：卲，卜問也。天明，其上天明命也。
即命曰：「有大艱于西土，西土人亦不靜，越茲蠢。殷小腆，誕敢紀其敘。
天降威，知我國有疵，民不康，曰：『予復』，反鄙我周邦。今蠢，今翼日，

周禮鄭注典讀為殄，是無子人今本通緣之例

民獻有十夫予翼以于敉寧武圖功我有大事休。巳

即龜也。中命、龜所貞龜而命之也。此當卜。先命。龜。節。凡卜。先。陳。龜

次貞龜。次命龜。周禮大卜、國大遷大師、則貞龜。凡旅陳龜。凡喪事命

龜。注、凡大事大卜陳龜貞龜命龜。此不言大卜者略之也。命龜宜

有文雅之辭。毛詩定之方中傳、說建邦能命龜、為君子九能德音之一

左文十八年傳惠伯令龜。杜注云以卜事告龜。本文即命之以卜事告

龜也。有大艱于西土。疏云言作亂杜東與京師為難也。西土西周也。西土人

亦不靖者、言周民亦不定。謀以兵應管蔡也。越茲蠢者于日蠢

蠢動也。腆讀為殄、盡也。小腆、言殷孽也。指武庚言。誕大也。紀理

敘讀為緒、統也。紀其敘、理其墜、盡之緒也。疵病也。知我國有

四

釋文馬云𤺌瘕也正義云鄭王皆云知我國有𤺌病瘕

詩迨其今兮毛傳今急詞獻為賢之雙聲假借字

孔傳休連下朕卜并吉為釋云人謀既從卜又并吉所以為休此則有來訓者也何得倒文為釋

𤺌者、尚書大傳記鄭君蒲姑謂禄父曰。武王既死、成王幼、周公見疑。
此百世之時也。請舉事。然後禄父及三監畔也。曰予復反殷之腆。
昌言復國也。鄙侮傷也。周目殷為小腆、殷目周為鄙野也。今蠢禄
父畔。工蠢三監畔也。今翼日之今、讀為及。聲同義近。詩摽有梅迨
其今兮。今亦及也。及、急辭。形似之也。翼日、蠢動之明日也。獻賢
也。予翼、倒文。翼、輔也。皋陶謨予欲左右有民汝翼、與此意義
正同。民獻十夫者、晚出孔傳云四國賢者有十夫來佐我周、理或
然也。予、語也。敉、撫也。寧、安也。寧武當作文武。敉寧武圖功、竟文王
武王所圖之功也。大事、戎事也。左傳國之大事在祀與戎。休一字句絕。猶
言。休。美。閩斷也。洛誥、伻來來視予卜、休。休亦一字句絕。閩其卜兆。

尔雅釋詁肆故今也

周官太卜掌三兆之法一曰玉兆二曰瓦兆三曰原兆

妹。与昧音也。

朕卜并吉。肆予告我友邦君、越尹氏庶士御事曰：予得吉卜。予惟以爾庶邦于伐殷逋播臣。

卜并吉，視卜兆、啟占書，三兆所占皆吉也。肆，故也。惟，謀也。于，往也。逋，亡。播，散也。逋播臣，指祿父。言予得吉卜，故謀以爾庶邦往伐殷逋播臣也。鄭康成云：昧，既卜乃後謀，故先云然。

予小子三字周書易播臣
其謂諸言惟命曰汝
受命寫聯乃汝其番
自殺亡業而識之与
周公言無害安之周
公述之言如是故
此也

爾庶邦君越庶士御事罔不反曰：艱大，民不靜，亦惟在王宮邦君室，越

（亦言艱難西土蠢動，越王宮邦君室欲叛之志）

予小子考翼，不可征。王曷不違卜。（楊箴王）

反，反己意也。鄭云：汝國君及下群臣不與我同志者，無不反我之意也。

艱大，言禍難既大。民不靜，亦言西土蠢動也。越，及也。予小子，周公自謂。

五

考翼不可征釋見下敘
或周公返奉作釋為
父老敬事者江聲尚書
集注音疏釋為父
行所事敬禮師保術
尚書今古文注疏釋為
父行事教揚墳之
解經文亦通然
不信釋王害不違卜
為王害曷宜宜
以下增字从今文本
文語意正反

乃汝也

也。考翼猶言考慎也。詩、秉心宣猷。考慎其相。翼當讀爲敕。説文、敕、誡也。廣

雅、慎、敕也。考翼、考慎義同。謚法、大慮行節曰考。思慮深遠曰翼。

考翼者聯詞。實讀爲曷。廣雅、曷、何也。公所書下、告庶邦、庶邦勸

王害違卜。此大誥之所以作也。以上叙述本事顛末。

肆予沖人永思艱。曰、嗚呼、允蠢鰥寡、哀哉。予造天役、遺大投艱于朕

身、越予沖人、不卬自恤。義爾邦君、越爾多士、尹氏、御事、綏予曰、無毖

于恤、不可不成乃寧考圖功。

肆、故也。永思艱者、考翼也。允、誠。蠢、動也。言今起師旅、擾動鰥寡

實可哀哉。以今邦君民不靜之言也。造、遭。役、使也。朕身、周公自謂

也。卬、我。恤、憂。言予遭國家大役、以重大之艱難之任、遺投于我身

詩釋文義爲犧義
增字解經

古文唯與雖通用

及我沖人，帷憂不克任，不身自夏憂恤也。義讀爲儀，度也。綏，安也。昔
也。然，勞也。寧考當爲文考，言文王也。圖，謀也。言度爾邦君當
安我曰：無勞于憂，不可不勤力以成汝文考所圖之功也。此代邦君說
辭，以深責其不然也。
已。予惟小子不敢替上帝命。天休于寧王，興我小邦周，寧王惟卜用，克
綏受茲命。今天其相民，矧亦惟卜用。嗚呼！天明畏，弼我丕丕基。（畏古通用，我其當威天明命之丕丕基也）
已。敷賾贊，發也。言邦君勸予省遺卜，是欲予之發舉天命也。予雖小子（上文言卜用，猶天所寄遺卜之所爲上帝命也）
實有所不敢休，嘉也。寧王當作文王。小邦周，謂文王以百里王也。綏安
也。寧王惟卜用者，如文王將獵得非虎非熊之卜，而太公起於渭
濱。造周之謀，自此而成，其一也。相，助也。天其相民，若晚傳云民獻

六

疏下下文之惟十人迪知上帝教命格以民獻十夫為天助民也

十夫是天助民也。畏讀為威，丕大也。以上言畏天明威，不敢不順天

以勤民。

王曰：爾惟舊人，爾丕克遠省，爾知寧王若勤哉。

舊人，遠事先王及見先王行事者。丕克，大克也。省，念也。寧王

當作文王。若，如何也。左傳：棄甲則那。那訓奈何，與此同意。勤

勞也。若勤，言如何勤勞也。

天閟毖我成功所，予不敢不極卒寧王圖事。肆予大化誘我友邦君。（別本作雜與勤之上）

閟讀為毖，神也。毖，敕也。見廣雅。所，所在也。極讀為亟，卒，終也。寧王

當作文王。肆，故也。誘，導也。大化誘，大誥導也。上言天毖敕我于成功

所在，予不敢不亟卒文王所圖之事，故大誥爾。

予曷其不于前寧人圖功攸終猶言予曷其不終我前文人所圖之功乎

猶言予曷敢不畢受所休于前文人乎

天棐諶辭其考我民予曷其不于前寧人圖功攸終

棐輔諶誠也諶辭即上文匪諶之辭也考成也前寧人當作前文人攸所也圖功攸終語倒猶云終所圖功也

天亦惟用勤毖我民若有疾予曷敢不于前寧人攸受休畢

亦亦上天考我民也比毖敕也畢猶終也攸受休畢語倒猶云畢受所休也疏云二者文辭既同義不甚異文意惟言當終文王之業須征逆亂之賊周公重兵慎戰丁寧以勸民耳按以上言天意歷試諸艱不敢不與起圖功

王曰若昔朕其逝朕言艱日思

若讀爲曩若昔猶言曩昔也聲之轉逝往也若昔朕其逝

呂刑云若古有訓晚出周官云若昔大猷皆言曩昔也孔釋若昔爲訓古道非是

七

略意說傳於前文考翼則言勞盛周道於此則文考翼則言其父勞乃創業子不能繼盛其功增字深經文義不貫

者言武庚所擾之輯殷，朕往日曾試王寧行也。史記魯世家武王九年東伐至盟津，周公輔行；十一年伐紂至牧野，周公佐武王破殷，其證也。爾雅釋詁：言，問也。蓋謂言之問也。言猷日思語爾邦云，言日思其語也。此正破庶邦艱大之語。時庶邦不欲東征者皆云三監與武庚合聲勢，況又地形險阻，東征難操勝算，惟在公自考翼盛印行還政，遣使言和，庶卹三監罷兵也。公言殷對之地，鄉從大軍東征，是所親歷，所云艱大，籌之熟矣。

若考作室，既底法，厥子乃弗肯堂，矧肯構。厥父菑，厥子乃弗肯播，矧肯穫。厥考翼其肯曰：予有後弗棄基。肆予曷敢不越卬敉寧王大命。

此正破庶邦考翼之語。底，定也。室基，構蓋也。菑，才耕田也。播，布種古書疑義舉例云，古書有十字誤為二字者，詩記欲為蕭兄慨以作氣，鄭注云，見尚書為瀫，史記蔡澤傳吾持梁刺齒肥，索隱云，刺齒肥當為鑿肥，本文有友亦一字誤為二字例也，孔釋友為朋友，文不成義，養，剝長兒，夏小正養長韓嗣四

也穫，收禾也。基，始也。謀也。意言東征識艱矣，然子孫不終祖父之業，往言考翼，彼考翼之餘，其肯曰予有後，弗棄基乎言。不啟然則雖敉如猶當勇往，前進也。肆，故也。越，于也。及也。卬，我也。身也。敉寧王大命，竟文王大命也。

若兄考乃有友伐厥子民，養其養食，弗救。諸語有朋自遠方來，釋文引本作友，鄭注同門曰朋，同志曰友，是有友通用之證

兄考，猶言父兄也。友，義讀文，古文有舊作支，讀者誤為重文，作乃有友。文不成義，蓋擬大誥作，乃有效湯武，伐厥子，亦無友字。效湯武，釋伐字也。盛，理字文友作支者，爾是。養，長也。言若兄考有伐其子弟者，長民者為民父母，不能往救，已為溺職，乃勸其兄考弗救乎。前己之於成王，猶父兄之於子弟也。民養，以前歷邦君民

八

鑒毋古鑒屬字母，讀曰字母也。

經傳釋詞：惟猶爲也。人
多陶謨，若邦讀政
如惟其徒即其爲
之事何也。
章太炎正爲雜說
云：爽鄭王氏以
爲語詞雅說

養勸，先考，勿救其不弟，猶庶邦君，勸己勿救，戒王也。以上戒庶邦君。

鄰，大不可紹之說。

王曰：嗚呼肆哉，爾庶邦君越爾御事。

肆，漢書翟義傳顏注陳也。按勸今陳力也。上明邦君御事當相救助，敬此肆哉勉之。

爽邦由哲，亦惟十人迪知上帝命，越天棐忱，爾時罔敢易法，矧今天降戾于周邦。

爽，猶尚也。爽，文鞮。此校詞，用於句首，與矧對。因此康誥「爽惟民迪吉康」，我時其惟殷先哲王德，用康乂民作求，矧今民罔迪不適，不迪，則罔政在厥邦。又云：爽惟天其罰殛我，我其不怨，惟厥罪無在大

有青、洮、郜、壇分去所
娶儀、信武十五年
率有大人也，所有來
寰於此二日，倒植二日
閒語，倒植也，亦書無
魯言，祇於待見鄭注
其敬，故天子之孩，既久
即先祝，其後也，亦惑
太王季克自抑畏
文王卑服，即康功田功
引傳文王就服康功
田功也，卑服，則引武
觀田，昭乃堂朱鷹敬
黔於飲食，於野也，能
命蒲引伸越之語曰帝
式之惡，周爽厥師，即帝
戒慝之也，於日月逝不
亦處則遊爲遠，即不遠
亦處也，公羊襄二十七年
睨彼蜚，即視彼睨雉
也，其敬則亦可盡否
婪處，即帝章民所毋

亦無在多。故曰其尚顯聞于天。皆是。哲，智也。十人者，論語武王曰予有
亂臣十人。書疏引鄭玄等皆以十人爲文母、周公、太公、召公、畢公、榮
公、太顛、閎夭、散宜生、南宮括也。蔡傳云先儒皆以十人爲大夫，然
非亂臣所謂王所受天命者不足以當之。是也。亦者，亡上文民
獻有十夫也。迪，導也。越，于也。棐，輔。諶，誠也。易，侮。偒也。法，九伐之
法也。戾，禍也。本文得意，故引輔之。越天棐諶，惟十人迪知上帝
命，都由哲。爾時罔敢易法，猶今天降戾于周邦。意言周家閑
國于天輔誠之時，惟亂臣迪知上帝命，都由哲人佐王。爾時
無敢易慢九伐之法者，八百諸侯不召自來，不期同時，不謀同辭，此
其是也。猶今天降戾于周邦，前者既喪三監，淮夷離畔，王命前民

九

皆倒文也。而亦當倒也。猶言于善疑焉等倒文。孔穎達云：蕃，滋也；衍，聊是語之轉，常言蕃衍。聊是語之辭，毋寧蕃滋也，故作倒句以酌曲折耳。又楊氏疑爲節倒，俾補之。左閔元年傳士蔿曰：「太子不得立矣，分之都城而位以卿，先爲之極，又焉得立？不如逃之，無使罪至。爲吳太伯，不亦可乎？猶有令名，與其及也。」此文順言之，即與其及罪中一也，尚私不如逃之以上（接猶有令名之）當在不亦可乎之上，是也。尚書倒文倒語甚多，皆當對勘，今文後人用也。如上文朕言艱日思，晦言之則爲朕日思艱也，下文弗敢不從，言弗敢從也。此例又先言之也。文王戀宜因以庶邦作正之體也。

獻十夫予翼。而可不由哲而敢易其法乎。

惟大艱人誕鄰胥伐于厥室。爾亦不知天命不易。

大艱人謂三監也。鄰，近。胥，相也。伐於厥室，同室操戈也。易，改易也。

言三監讒覦相伐自毀其室，不知天命不易，誠不足責。若爾庶邦君亦不知天命不易而遲疑觀望乎。上文君不知天命不易語下文。而字足以明之。

予永念曰：天惟喪殷，若穡夫，予曷敢不終朕畝。

言天之喪殷，如農夫之務去草焉，芟夷蕴崇之，絶其本根，勿使能殖。我曷敢不順天意以終竟我田畝之事乎。言將黜殷也。

天亦惟休于前寧人，予曷其極卜，敢弗于從率寧人有指疆土。

文王不敢以庶邦惟正之供盤于游田也又云罔至以其母非望乎觀乎田逸乎游乎田以萬民惟正之供即罔至其母以萬民惟正之供淫于觀于佚于游于田也此倒句也奇文倒植句字之最險者乎

古文有者句倒

古人文中常有省疊句法甚希以省略之故由於說其語意不盡言也於禮記檀弓子夏喪其子而喪其明曾子弔之子夏曰天乎予之無罪也曾子怒曰商女何無罪也、、、女何無罪也、、、無罪二也、、、無罪三也而曰女何無罪與而曰下句省女無罪一句女何無罪與皆曾子詰責之詞乃曾子以盛

今卜并吉。

寍人均當為文人。敢弗于從、于字當為卜字之譌也。恭懋惟由作易敢不卜從、可證極究也。敢弗卜從、倒語、猶言敢弗從卜也。弗不之深也。寧猶也、指之也。有指疆土、猶言海外有截也。敢弗卜從二語倒句、猶言寧文人有指疆土、敢弗卜從也。文意言繼承天休、易庸考卜、寧循先人業。卜雖不吉、而敢違卜。矧今卜既不又三龜並吉乎。

肆朕誕以爾東征。天命不僭、卜陳惟若茲。

肆、故也。誕、大也。僭、差也。卜陳、傳云卜兆陳列也。以上決言天命有歸、卜不可違、以破居邦王害不違卜之說。

微子之命　晚出古文有

十

無逸篇道不及書言也。今文從鄭説，我于厥後下當有不知天命語，據下文而省也，亦有据下文而省者。如詩七月在野，八月在宇，九月在戶，十月蟋蟀入我牀下，上文不言七月蟋蟀在野，皆據下文而省也。本文省不知天命不易，而據下文而省例。

敢弗卜從，率寧人有指疆土，蓋倒文倒句之例。敢弗卜從，順言當作敢弗從卜，此倒文也。敢弗卜從，率寧人有指疆土，順言敢當云率寧人有指疆土，敢弗卜從也，此倒句也。句中有寧卜，雖不害句，揆下文矧今卜并吉而補也。詳言之，當云率寧人有指疆土，卜雖不吉，敢弗從卜也。

成王既黜殷命，殺武庚，命微子啟代殷後，作微子之命。

周本紀云：初，管叔羣周，周公討之，三年而畢定，故初作大誥，次作微子之命，次歸禾，次嘉禾，次康誥、酒誥、梓材。宋微子世家云：周公既承成王命，誅武庚，殺管叔，放蔡叔，乃命微子開代殷後，奉其先祀，作微子之命以申之，國于宋。鄭云：微，采地名。微子啟，紂同母庶兄。武王投之於宋，因命之封為宋公，代殷後，承湯祀。

歸禾亡

唐叔得禾，異畝同穎，獻諸天子。王命唐叔歸周公于東，作歸禾。

穎，禾穗也。東，周公東征所也。史記周本紀云：晉唐叔得嘉穀，獻之成王。成王以歸周公于兵所。是其事也。

嘉禾亡

周公既得命禾，旅天子之命。作嘉禾。

既得命禾於鄭云，受王歸己禾之命，與其禾也。旅釋詁云陳也。史記周本紀旅作魯。周聲字

康誥 酒誥 梓材

成王既伐管叔蔡叔，以殷餘民封康叔，作康誥、酒誥、梓材。

成王既伐之，周公奉成王命伐之，以殷民封康叔者，在定四年傳曰：昔武王克商，成王定之，選建明德，以藩屏周，分康叔以殷民七族，命以康誥，而封於殷虛。史記衛世家云：衛康叔名封，周武王同母少弟也。周公旦以成王命興師伐殷，殺武庚祿父，以武庚殷

十一

餘民封康叔為衛君居河淇閒故商墟周公旦懼康叔齒少
乃申告康叔漢書地理志云河內本殷之舊都周既滅殷分其
畿內為三國詩風邶鄘衛國是也邶以封紂子武庚鄘管叔尹
之衛蔡叔尹之以監殷民故書序曰武王崩三監畔周公誅之
盡以其地封康叔遷邶鄘之民於洛邑是也康圻內國名漢書地
理志潁川郡有周承休侯國元始二年更名邟即康也三篇同
序皆告康叔康誥告以明德慎罰也酒誥因康叔國於殷墟殷
民化紂俗沈湎於酒誥以剛制於酒也梓材因康叔往殷令其宣布德
意裕致庶殷共營東周也
惟三月哉生魄周公初基作新大邑于東國洛四方民大和會侯甸男

邦采衛百工播民和見士于周。周公咸勤，乃洪大誥治。
三月、周公攝政四年之三月也。書大傳云：四年建侯衛，而封康叔。其證
也。哉，始也。三統歷云：生魄，望也。三月哉生魄，春分之十五日也。其
謀也。大傳云：周公營洛以觀天下之心。於是四方之民率其群黨，各
攻位於其庭。周公曰：示之以力役，且猶至，況導之以禮樂乎。然後
敢作禮樂。鄭云：岐鎬之域，處五嶽之外。周公為其政不均，故東
行于洛邑，合諸侯謀作天子之居。四方民聞之，同心來會，樂即功作，
効其力焉。是攝政四年初謀營洛，諸侯和會之事也。侯甸男采衛
九服之五也。以外則為蠻夷鎮藩四服。侯甸男三服，去王畿二千里內
之地。采衛，去王畿三千里之地。播即藩。國一所裡蠻夷鎮藩四服，去

十二

孔傳言五服之百工，不釋邦采衛，采衛義說非是。

王畿五千里內之地也。播，即為藩也。播、藩聲同。洪範五行傳「播國率

相祈祀播國」，即藩國也。侯甸男邦，即侯甸男服之邦。邦君臨云言邦見甚

國是也。采衛百工，即采衛之百官也。播民，即藩國之人也。我猷以證

舉其侯甸男，對下百工而言。不離其為邦伯之百工也。和，咸也，同也。和見者，咸見於公

也。士，言四方民大和會，下分舉各服之君民足之，而意亦複詞也。士，事

也。咸，皆也。勤，勞來之也。洪，代也。洪大誥說，鄭君以為周公代成王誥

也。本文本梓材篇，與序事之詞，以康誥、酒誥、梓材同序，皆周公誥康叔

文，故先記於此。

王若曰：孟侯，朕其弟，小子封。

王若曰者，攝王代誥，猶言王意云然也。其義例。孟侯者，漢書地理志

古書多言其丕關王引之經傳釋詞曰民書新方之篇注云之其也詩旄邱旄邱之葛兮何誕之節兮下之字皆其字讀此丕之作其字解也賈子大政篇故勸以刑罰慈民饕其欺以聽抑猶也此其作之用其也本文之丕作之用之例

云周公封弟康叔號曰孟侯以夾輔周室師古曰孟長也言爲諸侯之長也按管蔡既誅康叔先封爲州牧故稱孟侯其猶之也史記管蔡世家武王同母弟兄大周公旦居四康叔封居九故曰朕其弟小子封也

蔡叔之所揆慎刑一篇之綱領

惟乃丕顯考文王克明德慎罰不敢侮鰥寡庸庸祗祗威威顯民用肇造我區夏越我一二邦以修我西土惟是怙冒聞于上帝帝休天乃大命文王

乃汝也丕大顯明也克能也明德慎罰而德緩刑也庸用祗敬威畏庸可庸敬可敬威可威以示於民也肇始也區區域也夏中國也越及也修治也西土言岐鎬言文王始造區夏漸及一二邦以至三分天下有其二修和我西土也怙讀爲顧冒讀爲勗勉也君顧乃惟文王迪

見冒、馬本冒作勖。彼云、乃惟文王迪見冒聞于上帝。此云、惟是怙冒聞于上帝、一也。休、美也。大命文王者、大傳云、天之命文王、非諄諄然有聲音也。文王在位而天下大服、施政而物皆聽、命則行、禁則止、動搖而不逆天之道、故曰天乃大命文王。又云、文王受命一年、斷虞芮之訟。史記詩人道西伯蓋受命之年稱王而斷虞芮之訟。

此所承上王引之云大戴禮○時天之氣用地之以神而天之元也。而時一卒之館禁寒仰而暑露而於之新序雜事篇而循此是時與而周戴越厥邦之而其福其國其民莫不而順也。說文、寡、少也、从宀从頒。頒、大首也、从宀从頒。首始有大義、稱曰寡。自稱曰寡人、坊記自稱

殪戎殷、誕受厥命、越厥邦厥民、惟時敘、乃寡兄勖。

殪、殄也。戎、大也。誕、以大也。越、于也、及也。時、是也。敘、順也。寡兄、大兄也。伯邑考卒、武王為大兄。大兄稱寡兄者、猶詩思齊適妻稱寡妻、顧命大命稱寡命也。勖、勉也。本文語倒、乃寡兄勖、當在句首。禮中庸云、武王纘太王王季文王之緒、壹戎衣而有天下、謂此也。壹戎衣、古字即此殪戎殷三字、乃異文。

昔人釋書者不知此文為倒句、以殪戎殷誕受厥命為文王事、越厥邦厥民惟時敘、乃屬文王事、越厥邦厥民惟時敘上屬、而下屬

某氏曰寡兄居陽家以為謂武王則寡人寡君云者是異行言者出處家之人也

文王言之大誤也文王何言有寡哉亦可見天下之事于是乃寡兄勗四字亦非文義可知也

肆汝小子封在茲東土。

肆，故。今也。以上言康叔所以得封東土之由。（以上八字疑文衍從下體刪）

王曰：嗚呼！封，汝念哉。今民將在祗遹乃文考，紹聞衣德言。往敷求于殷先哲王，用保乂民。汝丕遠惟商耇成人，宅心知訓。別求聞由古先哲王，用康保民。弘于天，若德裕乃身，不廢在王命。

在，察也。祗，敬。遹，述也。衣，當為殷。中庸壹戎衣注，衣讀為殷，聲之誤也。齊人言殷聲如衣。言今民將察汝之敬述乃文考，紹文考所聞殷之德言，敷求也。逸周書世俘解云古朕聞文考修商人典，是文考嘗聞商先人之德言而奉行之者。故當首念之也。敷，徧也。文，治也。丕，大惟，思也。耇，老也。宅，度也。訓讀為順。民俗所宜也。周禮誦訓以知地

十四

修訓宏，非。天若能爲大于天，爲順德，亦詞又不辭。釋乃身均說是。

荀子富國篇引康誥云：宏覆乎天，若德裕乃身。言保乂民當如天之覆幬也。

詩思齊：神罔時怨，神罔時恫。此蓋經言百姓怨恫。

修，長也。史記衛世家云：必求殷之賢人君子長者，問其先殷所以興所以亡，而務愛民。正釋此義。古先哲王，即謂虞夏也。康，安也。若，如也。宏于天若德，裕乃身，語倒，猶云德裕乃身，若宏于天也。言汝紹文考所聞殷德言，敬遵循之，遍求殷先哲王之道，以治殷民。更遠思殷獻民之志，度其心而知其所順。又別求虞夏之大法，以安殷民。然後德裕汝身，若天之宏大，無所不覆，乃可以不廢王命也。不廢在王命，語倒，猶云在王命不廢也。此諸以順殷舊政，保乂殷民也。

王曰：嗚呼！小子封，恫瘝乃身，敬哉！天畏棐忱，民情大可見，小人難保，往盡乃心，無康好逸豫，乃其乂民。我聞曰：怨不在大，亦不在小，惠不惠，懋不懋。

恫，痛也。瘝，病也。言怨毒在人實甚，汝其敬之。畏讀爲威。棐，輔也。忱，信

乃汝也，其之也

也。言天威輔忱，即民情可見。皋陶謨，天聰明自我民聰明，天明威自我民明威也。小民難保者，洪範云，庶民惟星，星有好風，星有好雨也。康，安也。乂，治也。本文語倒，猶云乃其乂民毋康好逸豫也。我聞曰，其古諺語也。小學爲韻。怨不在大，亦不在小，其或大而不以爲怨，禍難或起於小怨也。惠，愛也。懋，勉也。言當惠其所不惠，勉其所不勉。其惠鮮鰥寡，是惠不惠也。克勤小物，是懋不懋也。引之者，證小民之難保、治民之不可逸豫也。王鳴盛曰，時殷亂方定，而多反側，故戒以民怨無恆，宜服以寬也。

已汝惟小子，乃服惟宏。王應保殷民，亦惟助王宅天命，作新民。

汝惟之惟，讀爲雖。服，事也。宏，寬也。左昭八年傳，周書曰，惠不惠，懋

十五

不懋。康叔所以服，宏大也。正釋乃服惟宏王。應，受也。應保，猶受保也。亦，亦王也。宅，度也。作，鼓舞之也。言王方受保殷民，亦惟助王圖度大命，與民更始也。時衛被紂化日久，故戒以作新之。以上釋經義，故以往也。

以上言明德。明德者，尚德也。

王曰：嗚呼！封，敬明乃罰。人有小罪，非眚，乃惟終，自作不典；式爾，有厥罪小，乃不可不殺。乃有大罪，非終，乃惟眚災，適爾，既道極厥辜，時乃不可殺。

疏云：以上既言明德之理，故此又言慎罰之義也。故所乃罰者以慎刑也。左定四年傳：武王之母弟八人，周公為太宰，康叔為司寇，聃季為司空。史記衛世家云：成王長，用事，舉康叔為周司寇。此告以司寇之事，取於封之初，其蓋周公知康叔於厚，可為司寇，故先教以慎刑也。眚，過；終，終身行之也；典，法也；式，用也。見釋言。式爾朱子云、此但言非汝封刑人殺人、則無或敢有刑人殺人者、蓋言用刑之權止在於康叔、不可不謹之意耳。

言殺罔如法也。有之厥罪小、語倒猶云有厥小罪也。無下乃有大罪對
文。適爾、言適於如法。眚災無上不典對文。既道極厥辜時乃不可殺
者、謂之當盡斷獄之道、以窮極其罪。是人所犯乃不可殺、以誤故也。
原心定罪、斷獄之本。蓋堯典之怙終賊刑、眚災肆赦。
王曰、嗚呼、封。有敘時、乃大明服、惟民其勑懋和。若有疾、惟民其畢棄
咎。若保赤子、惟民其康乂。非汝封刑人殺人、毋或刑人殺人。非汝封又
曰、劓刵人、毋或劓刵人。
敘、順也。時、是也。當上文言當順是刑殺之理而用刑如。時字屬上讀。
乃大明服、民服于心而誠服也。大畏民志、民其自相勑正、而爲懋和也。
視民有罪、若己有疾、如得其情、哀矜勿喜、民其畢棄咎惡也。視

十六

石鼓文君子員〻邋〻〻員斿，當讀為君子員邋員斿。古書疑義舉例重文作二畫而誤讀例，如詩碩鼠逝將去女，適彼樂土〻〻〻〻，若以我所轉詩為例，則作適彼樂土樂

保其民，若保赤子。雖然，而中其欲，制其度以防其姦，則民其康乂。自無犯法者矣。知此者刑措之道也。孟子引此文說之云：赤子匍匐將入井，非赤子之罪也。故為民上者，不陷於罪，況民赤者自離於罪哉。民離於罪，皆父母縱其赤子匍匐入井也。故曰非汝封刑人殺人，毋或刑人殺人，非汝封劓刑人，毋或劓刑人也。或之言有也。劓，截鼻；刵，截耳。湯曰：萬方有罪，罪在朕躬。孔子曰：苟子之不欲，雖賞之不竊。其理明白如此。注家多云刑殺皆由天討，非汝封所得專，毋或擅刑殺人。抑何其遠於事情而謬於文理也。又自古簡之記識，本作非非汝汝封封，如石鼓文君子員員邋邋員斿之比。史臣讀之，作非汝封，又曰寅當兩讀非汝封。因周公誥康叔時，重言非汝封三字以提警之。鄭重之意。

彼家上爻日我所當以
韓詩外之以兩義
傳疑而證於傳之九
前者傳之後者要所附
之簡策於篇之後二篇
之曰大匡篇之或曰諸
為後之學者傳聞不
同而誤記之也韓非子
書不此者尤多高書
每有又曰之文是證
則看以是解之康誥
非汝封又曰劓刵人亦
或劓刵人蓋興無所
記異詞故兩載之無詞
周制天子五門最南曰
皋門次曰庫門次曰
雉門次曰應門最內曰
日路門天子有三朝
雉門外曰外朝應門
內曰治朝亦曰內朝
路門內曰路朝亦曰
燕朝亦曰內朝

形、諸言、表。又周公各誥多重言。如洛誥孺子其朋孺子其朋、毋逸生
則逸、生則逸、皆一語已足、必重言之、鄭重之意也。本文非汝封刑
人殺人、毋或刑人殺人、亦一語已足、毋重言非汝封劓刵人、毋或劓刵
人者。文勢文情、亦兼著焉。
王曰、外事、汝陳時臬司師。茲殷罰有倫。又曰、要囚。服念五六日至于旬
時、丕蔽要囚。
外事、江聲云、聽獄之事也。聽獄在外朝、故曰外事。周禮朝士掌建邦
外朝之法。鄭地官叙人注云、外朝司寇斷獄蔽訟之朝也。陳、列也。時
是臬、射準的也。是臬指上文非汝封刑人殺人兩語言之、一切司師要
囚事、罰之事。汝當樹此的于心目中也。司、治。師、衆也。衛居殷墟、周

十七

承殷後時未制禮故治衆用殷罰。倫理也。殷法有倫也荀子正名篇
云刑名從商。楊注殷刑允當。又曰者孫引顧氏云重言之也。按重
言者如重言要囚以下文也。重言汝陳時臬也。蓋上文汝陳時
臬字爲各臣之字史官讀之記文曰於要囚之上文乃成理。周公
三重是言者兩和反復鄭重之意也。然知又曰爲重言汝陳時
臬以重言殷罰有倫者下文事罰亦先舉此語也。君子之於書也
逆其志以通其讀非苟焉已。又周公告誥敬曰皆重言隨文解
釋義不枚舉。要者要辭。周禮鄉士云思其死刑之罪而要之。注要之
爲其罪刑之要辭。服伏。念思也。由十日。時一時三月也。蔽斷也。服
念五六日至於旬時周禮小司寇云以五刑聽萬民之獄訟附于刑

用情訊之，至于旬乃蔽之。鄉士云：辨其獄訟，異其死刑之罪而要之，
旬而職聽於朝。遂士之二旬而職聽於朝。縣士三旬而職聽於朝。皆司寇
聽之。方士三月而上獄訟於國。司寇聽其成于朝。是言也：死者不可復生，
刑者不可復續。故一成而不可變，故君子盡心焉。

王曰：汝陳時臬事，罰蔽殷彝，用其義刑義殺，勿庸以次汝封。乃汝盡遜
曰時敘，惟曰未有遜事。

三言汝陳時臬，不書又曰者，古文三重無記識法，故質書也。外事三
一言汝陳時臬司師也。再言汝陳時臬要囚也。三言汝陳時臬事罰
也。言三者均當。樹非汝封刑人殺人，毋或刑人殺人之臬，以為勸也。疏云：
疏云：汝陳時臬上標，有初思念得失，此標題時行事也。事罰訓用刑

十八

次汝毋即於毋

無乃毋情辯毋庸

之之若錄

也。王制云王三宥然後制刑。制刑則此事罰也。蔽殷彝者以殷常法當罪也。義宜也。刑罪相報謂之義。刑以義殺。次荀子引作即聲之轉。即就也。勿庸以次汝封者言刑殺必以義爲準。汝心之得意爲難重。疏云用心不如依法是也。遜讀爲慎。亦聲之轉。說苑指武誅篇引遜事作慎事。与經意合。言殺乃皆陳時臬。是乃汝盡慎之道。可謂時叙。時叙者順乎刑殺宥過之理也。乃汝之一惟曰未有遜事。和何者非汝封刑人殺人。毋或刑人殺人也。荀子致仕宥坐兩篇並引此經。說之云言先教也。楊倞注云當先教後刑。躬自厚而薄責於人也。孫星衍云下卑違罪。得情勿責於人。責躬不以罪當其罰而惡於民也。均深得此經之意。

已。汝惟小子。未其有若汝封之心。朕心朕德惟汝知。

言汝雖小子，未有如汝心之仁厚者。考定六年傳太姒之子惟周公康叔為相睦。時公誅管叔蔡叔而封康叔，人倫之際多隱痛焉。故論至先教及刑之際，其言款曲乃爾。以上言用刑之心當厚于自責而薄於責人。

凡民自得罪。寇攘姦宄。殺越人于貨。暋不畏死。罔弗憝。

寇賊。攘奪。姦于內。宄于外。越顛越也。于猶取也。于貨猶云往取其貨也。暋冒也。憝怨也。罔弗憝者國人皆曰可殺也。孟子引此書說之云是不待教而誅者也。故曰凡民自得罪。得罪猶服罪輸情也。荀子君子篇云刑罰綦省而威行如流世曉然皆知

十九

與刑作也。墨子尚賢篇：堯得舜舉以為天子，與接天下之政。尚賢篇下：與作健治。荀子非論訓制法之民，和而與遠舉拘禮之俗，不可作為友。

夫為姦則雖隱遁逃亡之由，方足以免也。故莫不服罪而禍害

曰凡人自得罪，此之謂也。按此文引起下文。

王曰：封。元惡大憝，矧惟不孝不友。子弗祗服厥父事，大傷厥考心；于父不能字厥子，乃疾厥子；于弟弗念天顯，乃弗克恭厥兄；兄亦不念鞠子哀，大不友于弟。惟弔茲，不于我政人得罪，天惟與我民彝大泯亂。曰乃其速由文王作罰，刑茲無赦。

矧，況也。善事父母為孝，善事兄弟為友。祗，敬也。于父之子，猶與也，聲之轉。字，撫字也。天顯，天明也。左傳為父子兄弟婚媾以象天明。鞠，稚也。弔，至也。茲，蓋上不祗不字不恭不友也。政人，為政之人也。得罪，服罪也。彝，常也。泯，滅也。曰，語之也。承上文言元惡猶為人大憝，況於不

亡義之賊殺他人罰而刑骨肉相乘理

善父母不友兄弟者乎言人之罪惡莫大于不孝不友也民而至茲不祇不字不恭不友不于我執政之人既罪則天理民彝滅亂矣故命以速用文王所作之罰加刑于此無赦蓋言今商王受惟婦言是用昏棄厥遺王父母弟不迪古文泰誓亦云今殷王受乃用其婦人之言自絕于天毀壞其三正離逷其王父母蓋紂俗奢淫當時必有父子不相保兄弟不相顧者故文王嚴不祇不字不恭不友之刑也左傳引康誥隱括斯辭云父不慈子不孝兄不友弟不恭不相及也不相及者不以父子兄弟之故而罪相連及亦不以父子兄弟之故而情有偏私一例以報視之也

不率大戛矧惟外庶子訓人惟厥正人越小臣諸節乃別播敷造民

二十

大誥弗念弗庸，瘝厥君，時乃引惡惟朕憝。已，汝乃其速由茲義率殺。

率，循。戛，常也，法也。庶子者，疏義云：古者周天子之官有庶子官。鄭注周禮序官云：諸子，掌公卿大夫之子者，或曰庶子是也。訓人，若天官太宰：師以賢得民，儒以道得民。注：師，諸侯師氏；儒，諸侯保氏是也。天子諸侯皆有庶子訓人。此指侯國言，故稱外。惟厥之惟，猶與也。正，長也。正人即爲政之人，若侯國之卿、大夫及士也。越，及也。小臣諸節，謂內官之受符節者。播，布。敷，施也。別播敷，此別有宣布敷施也。造，爲也，詐也。周禮大司徒以鄉八刑糾萬民，七曰造言之刑。注：訛言惑衆。此言造民大譽，詐言干譽也。弗念弗庸，皆指大戛言。詩不愆不忘，率由舊章。弗念，忘舊也。弗庸，徵舊也。瘝，病也。瘝厥

德即前文所謂慎德之德

君猶，與上文德乃身句例同，引短也。惟朕憝者，言凡為朕所憝惡也。已，歎詞。茲義率殺，茲即上文所謂茲殷罰有倫也。文意言不循大法，雖在凡民所刑之無赦，況乎在外掌國子之臣當師保之任，與夫治事之正長及受節之小臣，而可親犯乎。而乃別布教條，敷從政治，誘民干譽，弗由舊章，以病其君。是乃長惡朕尤怨惡，汝其速用有倫之殷法刑茲無赦乎。

亦惟君惟長，不能厥家人，越厥小臣外正，惟威惟虐，大放王命，乃非德用乂。汝亦罔不克敬典。

亦亦上句惟也。上言侯國之臣，此言侯國之君也。不能，不相能也。春秋傳曰，閼伯實沈不相能也，日尋干戈，以相征討。不能厥家人者，猶云語言誕。鄭晉戍於廢宮也。越，于也，及也。外正，言外官之長。言與其臣及外官之長皆不相能也。若傳宋昭公自不能其大夫，至于君祖母以及國人，與此文語意相似。惟威惟虐，言擅作威福，恣行暴虐也。放，棄也。大放王命，言放棄王命，即為畔逆也。乂，治也。乃非德用乂，言當征討之。典，六典也。周官太宰之職，四曰政典，以平邦國，以正百官；五曰刑典，以詰邦國，以刑百官。又大司馬以九伐之法正邦國。馮弱犯寡則眚之，暴內陵外則壇之，犯令陵政則杜之，負固不服則侵之，則此所云惟威惟虐大放王命乃非德用乂也。此蓋隱指管蔡也。言汝亦罔不克敬典，言汝亦能敬守常典，不附和畔臣也。亦者，亦上由文王作罰，刑茲無赦，由茲義率殺也。史記三王世家云康叔

後村孫氏之說。後漢書蘇竟曉劉龔書云周公之善康叔以
不從管蔡之亂也。證此文敬典之證。此上言用罰之宜嚴於尊
長、優於凡民。凡有四節、先言凡民、由外及内、由民及官、由卑及尊、
言先敎也。

乃由裕民。惟文王之敬忌、乃裕民。曰我惟有及、則予一人以懌。
乃安也。由讀爲猷、圖也。裕者、方言云、裕猷、道也。東齊曰裕、或曰
猷。皆謂道謀導之意。敬忌祇祇威威也。敬者明德、務崇之之謂
也。忌者慎罰、務去之之謂也。敬忌裕民者、說苑君道篇孔子曰大
哉文王之道、敬慎恭己而虞芮自平。故書曰文王之敬忌、此之謂也。
是言文王德化之敎、及於後之也。懌悅也。承上文言秉刑執四罰、各當

惟訓為上聲之發語

其罔女優為之。然厥民亦惡，崇善女其圖誘導斯民乎。稱民有

（一法）道罰文王之實，善罰惡，即是以納斯民於軌物。女惟曰我惟有及

於文王之敬忌，則余一人女嘉也。此節承上文以起下。前女已女惟小

（以下叙康叔擇罰）子未其有若女封之心，下節上承起下之文。

王曰：嗚呼！爽惟民迪吉康，我時其惟殷先哲王德，用康乂民作求。矧今

民罔迪不適，不迪則罔政在厥邦。

爽猶而也，聲之轉。與劉封同位於句首。爽惟之惟，為也。迪，道也。吉

善。康，安也。其惟之惟，思也。求讀為逑，世德作求之求，匹也。適，適于

善也。政，如洪範八政，一曰食，二曰貨也。書大傳云：武王伐紂，紂死，武

（皇皇）王若天下之未定，周公曰：各安其宅，各田其田，毋故毋私，惟仁之親。

此德字前文明德慎罰之德

迪吉之道。罔迪則不適于善也。尔安其宅，尔田其田，迪康之道不迪
則罔政在厥邦矣。此言殷以發民，舉殷先王之為證。上兩語倒文，言我時
思念殷先王之德，用康民治之民為之逑匹，尚為民立德，以迪吉利
用厚生以迪康。矧今汝所治之民化紂俗久，亦不知以迪之，并罔迪則
民無與進於善，不迪則無以厚其生也。
王曰：封，予惟不可不監，告汝德之說于罰之行。今惟民不靜，未戾厥心，
迪屢未同，爽惟天其罰殛我，我其不怨。惟厥罪無在大，亦無在多，矧曰
其尚顯聞于天。
監，戒也。告汝德之說于罰之行，言明德即在慎罰中也。靜，安也。戾，定也。
屢，亟也。數也。同，和同也。爽，猶尚也。無矧，猶況。其尚之尚，上通。此言忌

二三

蔡傳曰敎惟民以下
欲其以德行罰也

以愼罰。舉己之往事爲證。言吾不可不監己之往事。昔也以寡德乎
罰之道。今民何未定屢迪未同。此皆吾之不德所致。予罪雖小惟
天尚其罰殛我而有流言之疑。三監之叛。我忍受之而無可怨
謝曰其罪更大。上之通於天而天不罰殛我乎。而我可致怨于天乎哉
則迪屢未同。亦惟勤修己德而已。
王曰。嗚呼封。敬哉。毋作怨。無用非謀非彝。蔽時忱。丕則敏德用康乃
心。顧乃德遠乃猷裕。乃以民寧不汝瑕殄。
無作怨者無自結怨于民也。蔽塞也。忱誠也。丕語詞也。敏德者周官
師氏以三德教國子二曰敏德以爲行本。但敏德亦順時者也。康安也。
顧念也。猷謀也。裕道也。德化也。以猶與也。乃以民寧民乃與安也。瑕疵

也。殄絶也。言汝封殷墟于民心未殄，當思所以化導之，不無召怨
于民。不無用德謀惡計塞汝之識。乃則敏德因時制宜以為行用。
是安汝心，省汝德，布汝教化，乃能與民相安，不汝瑕殄也。以上言敕
忌以迪民。急于敕義，緩于刑罰。明德在慎罰中也。
王曰：嗚呼。肆汝小子封。惟命不于常。汝念哉。無我殄享。明乃服命，
高乃聽，用康乂民。
肆，今也。大學引康誥惟命不于常，釋之云道善則得之，不善則失
之矣。殄絶也。享，祭祀也。江聲曰：凡封諸侯，必命之祭其封內之山川
社稷。所謂命祀。國亡則絶。故言汝其念天命之無常，毋殄絶我
之命祀。左僖三十一年傳云：不可以間成王周公之命祀。是其義也。

二四

蔡傳云、以上歎其不用罰而用德也

正義此為下之目

服命者、周官典命云、侯伯七命、其國家宮室車旗衣服禮儀皆以七為節。明、章也。高乃聽、無偏聽也。康、安也。文誥也。

王若曰、往哉封。勿替敬典聽朕告。汝乃以殷民世享。

或稱王曰、或稱王若曰、無義例。往往哉、往就國也。替、廢也。典、常也。屬下為句。酒誥其汝典聽朕教。又云汝典聽朕毖。句例相同。以殷民世享者、康叔封於殷墟、故以殷民為言也。以上蓋終鄭重丁寧之意。

酒誥

王若曰、明大命于妹邦。

史衞世家云、周公旦懼康叔齒少、告以紂之所以亡者、以淫于酒、酒之失、婦人是用、故紂之亂自此始。故謂之酒誥以命之。王若曰者、稱

本本有西相續之書圖
本之作者之高文字之
有西周之字出於白居
謹之行有九種之書文
人有總樓之秦禮使
人南字子重耳之表
之不可為也時之本可告也
及本文楷圓西之字

后稷　不窋　鞠陶　公劉　慶節　皇僕　差弗　毀隃　公非　高圉　亞圉　諸盭　太王　王季　文王

王意云然也。三家及馬鄭王本王上並有成字。馬融以為後錄書
者加之，是也。顧命王崩，馬鄭本王上亦有成字，疑後錄書者加之
也。妹邦者，鄭云紂之都所處也。于詩國屬鄘。其民尤化紂嗜酒。大命
妹土，嗣爾股肱，以下至允不為在乎家邑。
乃穆考文王肇國在西土。厥誥毖庶邦庶士越少正御事，朝夕曰：祀茲
酒。惟天降命，肇我民，惟元祀。天降威，我民用大亂喪德，亦罔非酒惟
行；越小大邦用喪，亦罔非酒惟辜。
穆考者，鄭云：自始祖之後，父昭子穆。案周自后稷始，暨王季十五世而至文
王，第次當穆，故稱穆考。杜預見宗時昭考，傳云昭考，謂考也。文王
為穆考，故武王為昭考。洛誥考朕昭子刑，昭子，周公自稱。文王為穆

二五

考，故周公為昭子也。左僖五年傳云：泰伯、虞仲，太王之昭也；虢仲、虢叔，王季之穆也。虢仲、虢叔王季之穆，則文王亦王季之穆也。又富辰云：管蔡以下十六國，文之昭也，則周公亦文之昭也。肇，始也。西土，謂豐邑。詩文王有聲云：作邑于豐。文王烝哉是也。毖讀與必同。廣雅：必，敕也。此云誥毖，猶誥敕也。下文典聽朕毖，猶典聽朕教。毖亦教也。庶邦，邦君也。士，卿士也。正，長也。少正，蓋小宰之於大宰也。御事，治事之臣也。厥誥毖庶邦庶士越少正御事朝夕，文倒，猶言厥朝夕誥毖也。文意與左僖二十三年傳自古以來，其君無日不討國人而申儆之也，句例與敘德先風。茲，則也，聲之轉。祀茲酒，猶言祀則酒，即下文誥教小子飲惟祀也。惟天降命，猶康誥言天乃大命文王

宜義云上言民用大亂
指其身之罪此言邦用
喪言其邦國喪亡先惟
行用在惟辜者以罪
亦至初通也
取材釋小子為民之子
孫此下文與有正有事
同舉正為長之屬
為從事之臣則亦以指民
之子孫同姓宗青小
子下士言猶記之亦其上
之文未合為來之倍說
毕文為宗室以祭祀之亂

也肇我民者猶康誥言用肇造我區夏也元祀者史記言諸人道
西伯蓋受命之年稱王也俞曲園云肇我民惟元祀言與民更
始在此元祀元祀者文王之元年蓋文王初受命即有止酒之誥
啟云然則此文語之一例猶云惟天降命肇我民惟元祀厥朝夕
誥毖庶邦庶士云云也威罰也行用也越于也及也辜罪也言
天降威喪其身與亡其國莫非酒階之厲也此文王誥毖庶邦之詞
文王誥教小子有正有事無彝酒越庶國飲惟祀德將無醉惟曰我民迪
小子惟土物愛厥心臧聰聽祖考之遺訓越小大德小子惟一
誥教猶誥毖也小子蓋同姓也宗也有正有事謂供職於王朝者下
云越庶國飲食系於都家或供職於他國者也正為之長事為之服彝

二六

以此小子當對大宗
為言，故云同姓小宗
也。又此文小子與邦君
御事連舉，亦不得泛
指民之子訓

常也。韓非子引此文說之云：彝酒，常酒也。常酒者，天子失天下，匹夫失
其身。誥教小子有正有事：無彝酒。誥教庶國飲，惟祀者，互文也。將，扶
也。祀雖飲酒，亦不及亂。大傳云：天子有事，諸侯皆侍。尊卑之義，宗室
有事，族人皆侍終日。大宗已侍於賓奠，然後燕私。燕私者何也？已而
與族人飲也。文云飲而醉者，宗室之意也。德將無醉，於族人之志也。是
故祀禮有讓，德辭有復，義之至也。是說此經義也。惟曰者，令公家子語
教小民也。迪，道也。如下文又惟殷之迪諸臣惟工之迪。惟土物愛者，稼
是務云酒以糜穀，常愛惜也。臧，善也。不忘者其心善。越，于也，及也。
小大德同宗中之老成人也。云小大德者，造就有淺深也。責當聽
祖考及同宗大小德之遺訓也。小子惟一者，言小子亦當一於戒酒也。

此文王誥戒殷民之辭，文王酒戒如此。

妹土嗣爾股肱，純其藝黍稷，奔走事厥考厥長。肇牽車牛，遠服賈用，孝養厥父母，厥父母慶，自洗腆，致用酒。

妹土民化紂嗜酒，後宜更化，故據地而告其民也。嗣，繼，自今也。爾，爾妹邦之民也。股肱，股肱之力也。言恃股肱之力以爲家也。純，專也。肇，敏也。服，事也。賈用連文，俗白虎通義，白虎通商賈篇引書云：肇牽車牛遠服賈用。賈用，賈固有其用物，以待民來以求其利也。按詩谷風賈用不售，是賈用連文之證。慶，賀也。洗，潔也。腆，設膳腆腆多也。父母慶，自潔膳，致用酒，可也。此言庶民得飲酒之時也。

庶士有正越庶伯君子，其爾典聽朕教。爾大克羞耉惟君，爾乃飲食

二七

醉飽。丕惟曰爾克永觀省。

正伯皆長也。君子亦士也。典，常也。大克，對庶民不克言。羞，獻也。耇，老也。惟，與也。君貴明之，惟來即明之。無，不也。梓材"達王惟邦君"，即達王與邦君也。此亦以羞耇惟君，即以羞耇與君也。周官酒正：凡饗耆老，共其酒，無酌數。注云：耆老、孤子，所養皆有以養老之禮。羞耇亦與乎養老獻酬之列也。以羞君亦儀禮燕禮，君燕其臣，凡以羞於君者皆士也。言爾有位之人，大克與乎饗燕之禮，而以羞耇與君，乃旅酬無算爵，時以醉爲度。爾適可飲食醉飽矣。然不惟曰爾克長觀省與禮乎。內則云：凡以養老，五帝憲，三王有乞言。注：憲，法也。養之爲法其德行。

中讀爲仲切

作稽中德。爾尚克羞（羞獻也）饋祀。爾乃自介用逸。茲乃允惟王正事之臣。

作猶爲也。讀爲毋逸卽其卯位之作。稽考也。周官鄉大夫攷其德行

道藝而興賢者能者。鄉老及鄉大夫羣吏獻賢能之書于王。退而

以鄉射之禮詢衆庶。此禮使民興賢出使長之。使民興能入使治

之。此周以射觀德之禮。言中德者。射義云。射者進退周還必中禮

內志正。外體直。然後可以言中。此可以觀德行矣。是中德之義也。稽

中德之擇士就祭之禮。射義又云。古者天子之制。諸侯歲獻貢士于

天子。天子試之於射宮。其容體比於禮。其節比於樂。而中多者得（其容體不比於禮。其節不比於樂。而中少者不得與於祭。）

與於祭。助其爲也。饋食自薦孰始。周官太宗伯以饋食享先王。是

（祭祀禮盛其先薦　體禮簡數其自饋　食始）

也。鄭君書注云。饋食助祭於君。今觀下文茲乃允惟王正事之臣則

二八

凡主人進賓之酒謂之獻，凡賓報主人之酒謂之酢，凡主人先飲以勸賓之酒謂之酬。凌廷堪禮經釋例云：凡正獻既畢之酒謂之旅酬，旅，衆也，衆至相酬也。凡旅酬既畢之酒謂之無算爵。鄉飲酒禮鄭注云：無算爵，賓主燕飲，爵行無數，醉而止也。

此言善饋祀，當為助祭於王也。尚克與上文君克對，故言譬宜選士爾尚得參與助祭之列。其於章句亦如此。介，特也。逸讀為秩。詩賓之初筵是曰既醉不知其秩，傳：秩，常也。正為長之臣事服事之臣。言爾庶士當諸侯貢士以射觀德之時，尚克與于貢士之列，助祭于王。至旅酬無算爵時，爾乃介於自好，獻酬交錯，不越其秩，茲乃允惟王家正事之臣也。惟周制諸侯助祭于王，諸侯之大夫士未有助祭于王者。此言貢士助祭，容禮未定，仍殷制也。射義稱古制。

茲亦惟天若元德，永不忘在王家。

亦，亦上惟王正事之臣也。若，順也。元，善也。忘讀為亡，失也。承上文言不僅一時為王家正事之臣，天順元德，當保其祿位，永在王家矣。此

自妹土至此明大命于妹邦

孔傳義訓棐為輔訓徂為往与上文邦君御事小子連讀均文不成義

言聖人得飲酒之時也。江聲云誠慎酒而不以飲酒之耽則人易縱而不至於酗酒矣。以上明大命於妹邦。

王曰：封，我西土棐徂邦君御事小子，尚克用文王教，不腆于酒，故我至于今克受殷之命。

西土棐徂。棐讀為匪。徂讀為岨，險僻也。詩天作：彼徂矣岐，有夷之行，子孫保之。韓詩薛君傳云：岐道險阻。後漢書西南夷傳朱輔疏曰：臣聞詩云：彼徂者岐，有夷之行。傳曰：岐道雖僻，而人不遠。是韓詩釋徂為險僻也。公言我西土徂岐，蒼昔附殷民以岐道險遠，僻在西垂，故得乘商之衰，肇領之勢而克殷。公曰：在德不在險。我西土既絶遠，固邦君宗室不厚于酒，故受殷命。詩言岐道雖僻而行不僻，故得受命。

二九

孔讀釋成為皆，又不成義。成為聲同部字。說文鹵部从鹵鹹省聲。多反釋衰，聲延也。孔傳相連畏讀，云畏敬輔相之臣。方氏云：畏相也。

猶視而因用意則合。此言周以止酒而受天命也。

我聞惟曰：在昔殷先哲王迪畏天顯小民，經德秉哲。自成湯咸至于帝乙，成王畏相，惟御事厥棐有恭，不敢自暇自逸，矧曰其敢崇飲？

迪，道也。屬上讀。句例與「我時其惟殷先哲王德，用畏天顯于天命」迪語也。畏小民者，小民難保也。經德，即孟子「經德不回」，經，行也。秉，執；哲，智也。成讀為聲，古同聲字。聲，延也。帝乙，紂父。成王畏，畏即上畏天顯小民之畏，猶言敬忌也。相屬下讀，云畏相，文不成義也。周語「成王不敢康，敬百姓也」，韋注訓修己自勤，以成其王功。此之成王畏，義亦同。相猶尚也，聲之轉。易繫「君子以勞民勸相」，或本作勸尚，是相尚通語之證。相字與翊對用，信行也。首與爽字同。御，治也。事，官名。棐，輔也。恭，敬厥職也。

以上文例之，百僚庶尹亦有内外，惟亞惟服亦有内外。

崇，充也。此文稍紛，猶言殷先哲王其輔弼者，克共厥職，殷王御事，

尚不敢自暇自逸，矧曰其敢崇飲乎。此言殷先哲王以戒酒而終，

長，享國祚也。

越在外服，侯甸男衛邦伯，越在内服，百僚庶尹惟亞惟服宗工，越百

外之侯甸男衛邦之伯蓋爵之第字

姓里居，罔敢湎于酒。不惟不敢，亦不暇，惟助成王德顯，越尹人祗辟。

服，事也。外服，諸侯也。内服，百官宗室也。伯，長也。僚，官也。尹，正也。惟亞

惟服之惟，猶與也。亞，次也，次於正者。服，謂任事者。宗工，宗人也。百姓

里居，謂百官致仕家居者。湎，沈於酒也。助，佐也。越，與也。尹也。祗，敬也。辟，

法也。成王德顯，猶上畏天顯。尹人祗辟，猶上畏小民。此言殷先哲王，

時不惟王戒於酒，羣臣亦然也。

我聞亦惟曰、在今後嗣王酣身、厥命罔顯于民、祗保越怨不易。誕惟厥縱淫泆于非彝、用燕喪威儀、民罔不衋傷心。惟荒腆于酒、不惟自息乃逸。厥心疾很、不克畏死。辜在商邑、越殷國滅無罹。弗惟德馨香祀登聞于天。誕惟民怨、庶群自酒、謂群自湎也腥聞在上。故天降喪于殷、罔愛于殷、惟逸。天非虐、惟民自速辜。

亦、亦上聞殷先哲王迪也。後嗣王謂紂。酣、酒樂也。祗、語詞。保、安也。厥命罔顯、不能顯德也。祗保越怨不能、君人祗辟也。不易、不悛也。縱淫泆於非彝、史殷本紀云紂大最樂戲于沙丘、以酒為池、懸肉為林、使男女倮相逐其間、為長夜之飲、是其事。燕、安也。詩曰、既醉而止、喪威儀也。衋、傷之痛也。腆、厚也。息、止也。乃、猶其也。逸、過也。疾、害。很、

戾也。不克畏死者，紂曰我生不有命在天。惟有天命，故不克畏死。辜，
罪也。越，于也。在，也。罹，讀為離，附也。言罹於言商紂罪報，視離近于
滅國，言附麗之者。德馨香祀者，左傳，黍稷非馨，明德惟馨也。
登，升也。國語言國之將興，其德足以昭其馨香。國之將亡，其政腥
臊，馨香不登。聲，徑。腥臊，惡臭也。惟逸，言惟逸故也。逸，失也。言天
非虐，民自召辜也。此言商紂酗於酒，以致亡國。以上言殷之亡由于酒。
王曰：封，予不惟若茲多誥。古人有言曰，人無于水監，當于民監。今惟
殷厥墜命，我其可不監撫于時。
予不惟若茲多誥，言予不惟誥汝，亦欲汝能敕殷獻及商臣寮也。
蓋茲水監民監之喻也。監，戒也。史載湯稱曰，人視水見形，視民知治否。

三一

集釋毖為慎，又不成文義。

戴記盛德篇內史為史，左文訛也。盧注太史為左史，內史為右史。（王制疏引鄭云：太史內史掌記言記行，案玉藻動則左史書之，言則右

梧，猶擾也。時，是也。指殷墜命之故也。言殷服以酒之甚，國政擾於是，

其可不以為大監乎。語倒。

予惟曰，汝劼毖殷獻臣，侯甸男衛。劼太史友、內史友，越獻臣百宗工。劼

惟爾事服休服采。劼惟若疇，圻父薄違，農父若保，宏父定辟。劼汝剛制

于酒。

予惟曰者，承上言不惟誥安，兼欲安徧告群臣，屬行酒禁也。劼，固；毖，

教也。獻臣，賢臣。侯甸男衛者，指殷都國之獻臣也。下獻臣百宗工，

指殷國內之獻臣也。太史友、內史友，乃友友當作左右，古文作ナ又，形

易混，故誤讀為友。太史記事常在君左，內史記言常在君右。言左

右者，舉其職也。如下文圻父薄違之類。但古文參錯，言事左右未

史書之班志則稱右史記言左史記事正相反

疇

某子傳詩云入役荊宮
寶疇與是疇爾之直
還代矧惟若疇此字當
臣從此字絕句荊從是
違從絕句兔出於錯
字上

定辟矧。今亦無所別之。矧，況也。言外都侯國尚須戒酒，則親近大臣亦當嚴戒可知矣。下三矧字同意。大抵由外及內，由小及大，由卑及尊，言之序也。自近始也。爾事，爾所事之官也。服休服采，鄭云服休燕息之近臣，服采朝祭之近臣。今按：休，息也；采，事也。鄭說近是。若疇者，汝之三卿司馬司徒司空也。疇讀如壽。詩閟宮三壽作朋，箋云壽之卿也。矧惟若疇，與上矧惟爾事對文。鄭君若疇連圻父讀，云順壽萬民之圻父，非其義也。圻父，鄭云謂司馬，主封畿之事。詩毛傳亦云：圻父，司馬也。薄，迫也。違，邪也。周官大司馬掌建邦之九法以佐王平邦國，以九伐之法正邦國。故云圻父迫違邪也。農父，鄭云孔傳云司徒也。按孔傳是也。大司徒辨十有二壤之物而知其種，以教稼穡樹藝。故稱農父。若，順也。大司徒以保息六養萬民，以本俗六安萬民，故云農父。

若保也。宏父，職當司空也。按周禮量地以制邑，度地以居民，

故稱宏父。衛侯國司空兼司寇。司寇主刑，明辟以聽獄訟，故云宏父

定辟也。剛，強也。制，斷也。剛制于酒，蓋為屬禁也。周公誥康叔，言汝

其嚴敕殷獻臣，諸及爾事爾疇，兼自嚴敕。剛制于酒，即劼毖之

令文也。傳言劼汝，言自貴者始。

厥或誥曰，群飲，汝勿佚，盡執拘以歸于周，予其殺。

或之言有也。周初嚴群飲之禁。周禮秋官萍氏掌幾酒。夏官司暴

掌憲市之禁令，禁其屬游飲食于市者。若不可禁，則搏而戮之

是也。佚，失也，縱也。拘當為柯。說文：柯，檮也。到周去，盡執柯，當從之

予其殺嚴罰之也。

又惟殷之迪諸臣惟工，乃湎于酒。勿庸殺之，姑惟教之。

迪，蹈也。惟殷之迪，猶言蹈殷家惡俗也。惟工之惟，猶與也。工，官也。湎，沈于酒也。言又有殷之諸臣與工，為紂所化而嗜酒者，姑惟教之，與之更始。

有斯明享，乃不用我教辭，惟我一人弗恤，弗蠲乃事，時同于殺。

教諸臣與工之辭也。務諄讓而告。駢枝之言，當讀為響。響享聲近，時字通。凡此經之響字，皆當讀勸之意。洪範之響用五福，威用六極。孔傳釋響為勸響。蓋響為嘉惠賞勸，威為懲罰畏懲，二義正相對。威福若何，則曰明響何威。皋陶謨天明威，自我民明威，與此明享文正相對。多士則惟帝降格，響于時夏，謂嘉勸于是夏國也。

三三

此言無彼獨義，與同。此蒙上殷諸臣惟工湎于酒者勿殺而姑惟教之，類之上罰群飲之不赦，而殷之獨為寬恕。故云有斯明享，明此乃姑勸勉之，不欲遽加以罪。言有此明顯德惠，乃猶有不用我教辭者，則惟有同于殺矣。恤，憂也。蠲，潔也。言之棄我教令，予無所恤而攻治弗蠲，遺害于民俗也，實大時同于殺，仍嚴敕之。

王曰：封，汝典聽朕毖，勿辯乃司民湎于酒。

毖，敕也，誥也。辯，俾也。王念孫曰：辯之言俾也。書序「王俾榮伯作賄肅慎之命」，馬融本俾作辯。辯、俾聲近而義通。俾，使也。司，治也。以上告以禁酒之道及其法。

按之義亦文為毛，辯與平[illegible]，平秩東作，平亦作辯，平、俾、辯一聲之轉，皆訓使。

梓材

按梓材者子道也見尚書大傳
按此周公代成王攝政後公復營洛邑於邦王之意

惟三月哉生魄周公初基作新大邑于東國洛四方民大和會侯甸男邦
采衛百工播民和見士于周周公咸勤乃洪大誥治
此文梓材篇首與康誥事之始以康誥酒誥梓材三篇同康皆周公
誥康叔文故置于三篇首實此是康誥爲周公初攝營洛宮布德意
諭告諸侯之事無梓材文亦相當故復置于此以使讀者史記衛世
家云周公旦以成王命封康叔爲衛君懼康叔齒少乃申告康叔
爲梓材示君子可法則故謂之梓材以命之按梓材者子道也繼志述
事子道也之文完中部除本部王之意戒成王誠之故史臣取篇中梓
材字名篇
王曰封以厥庶民暨厥臣達大家以厥臣達王惟邦君汝若恒

王曰，周公代大誥詞也。封，呼康叔名，使布施大誥也。以，由也。暨，與也。達，通也。惟，亦與也。禹貢羽毛惟木，酒誥善義惟君惟均訓與。本文達王惟邦君，鄭君亦訓達王與邦君。與惟一聲之轉，義得相通。江聲云：惟當爲暨，非也。大家，卿大夫有采地者之家也。本文語倒，謂亦由王與邦君達厥臣，由大家達厥庶民暨厥臣。上臣，卿家之臣，下臣，邦國之臣也。此如漢詔布告天下，使明知朕意。御史大夫下相國，相國下諸侯王，御史中執法下郡守之比。列言之者，見和詞氣不與後同。布告類甚多，不憭其詞氣，則見爲諸侯也。鄭誤王爲二三之分，詞意紛歧，不可從。恒，常也。汝若恒，言如故事。

越曰：我有師師，司徒、司馬、司空、尹、旅，曰予罔厲殺人。亦厥君先敬勞。

由以詩箋注治民篇也
卿為之或萬職于王
制隨猶重恩之司
徒萬乘之之司
馬萬乘何之之司空
萬乘寇之之

越，于也，及也。曰讀為欥，詮詞也。與猶今言述。越曰者，猶言語述也。下曰王命也。師師，眾長也。微子云卿士師師，與此同。尹，正也。旅，大夫。旅，眾也。謂如上越曰我有師師司徒司馬司空尹旅者，猶漢詔稱制詔丞相太尉御史大夫云云也。論語殺戮無辜曰厲。意言予將敬勞人民，論以予無濫殺無辜之意。含邦君長亦先戒而敬勞之。上文猶予將敬勞而。下文亦字、先字，是以關之，擇下文而省也。此由王達於邦君，以達厥臣也。

肆徂厥敬勞。肆往姦宄殺人歷人宥。肆亦見厥君事戕敗人宥。

肆徂，遂往也。言敬書不可遲也。厥敬勞，其敬勞之謂。敬書即傳文也。此三字為聯下之詞。此例如漢書陳湯傳云，昔齊桓公前有尊周之功，後

三五

有識項之竄，君子以功覆過，而爲之諱。行事，貳師將軍李廣利捐五萬之師，靡億萬之費，孝武以爲萬里征伐，不錄其過，王命稱之。行事二字，乃總目下文之詞。行者，往也。往乃即下文所稱之乃。案此文歷數故勞，亦總目下文也。肆往之肆，亦遂也。往者，往事也。論語：成事不說，遂事不諫，既往不咎。此云肆往，則遂事、往事也。與肆徂連文，字義相近，而文意迥別。姦宄，於内爲姦，於外爲宄。歷人，洪頤煊云：爾雅釋言：曆，歷也。大戴禮子張問入官篇：歷者，獄之所由也。歷人，亦謂犯法之人是也。肆亦之肆，猶言既往也。亦兼上文姦宄殺人歷人也。見讀爲俔。爾雅釋言：間，俔也。郭注云：左傳謂之諜。說文：俔，一曰間見。見厥君事，蓋伺探軍情也。郭景純謂今之細作是也。戕，殘也。殘壞人至死者，不當坐

太宰之職、典于邦國、立其監臣

彊服聲之誤

以殺人之罪。此由邦君以違厥臣、違厥民也。意言汝其慎在教者。其詞之遞、事既往、曾爲姦宄殺人犯罪者宥之。或既往曾窺伺國事、壞人肢體者、誣在教者之科。以示咸與維新之意。

王啟監厥亂爲民。曰、無胥戕、無胥虐。至于敬寡、至于屬婦、合由以容。

啟、開也。監、謂公侯伯子男各監一國也。周官冢宰乃施典于邦國、而建其牧、立其監。亂、今文讀爲率、聲之誤也。言建國置侯大率爲民也。又此文今文讀法大異。王充論衡效力篇引梓材多彊人有王開賢、厥率化民。說之云、此言賢人亦壯彊于禮義、故能開賢其率化民。今本彊爲服、聲之誤。有爲宥、聲之誤。開爲避、漢景帝諱也。實爲監、形之誤。亂爲率、聲之誤。化爲爲、聲之誤。王充稱梓文爲彝

三六

鄭注云：「胥戕」云相殘賊，云「胥虐」云相暴虐。

詰屈聱牙，不詞甚矣。今所不取。曰，啟監之命也。胥，相也。戕，賊也。虐，暴也。敬，讀為矜；寡，當為鰥。呂刑「哀敬折獄」，書傳作哀矜，漢書于定國傳作哀鰥。敬、矜、鰥聲誼相近。屬，說文作孎，婦人妊身也。合，同也。由，用也。皋陶謨「五刑五用」，用猶論也。容，寬也。言窮民之無告者皆寬之。無恒獲，合由以容，與微子用以容語意同。

王其效邦君越御事，厥命曷以引養引恬。自古王若茲監，罔攸辟。

效當為教，形之譌也。教、敎古今字。敎，教令也。王其效邦君越御事，與洪範臣之有作福作威玉食句例同。其，猶之也。曷以，何以也。引，長也。恬，安也。引養引恬，倒句。言王之教詔命其意云何，曰長養民、長安民而已。若，猶如也。茲，茲上文引養引恬也。監，公侯伯子男之彼。

計也，計度其田而規
畫之也

斯也。辟讀爲儷。賈子道術篇：靡常緣道謂之道，反道爲辟。言亦帝
王皆承斯引道，詳和與民更始。各邦郡伯其無反斯道哉。以上皆周
公克殷還洛道，王德意本序所謂周公咸勤者也。
惟曰若稽田，既勤敷菑，惟其陳修爲厥疆畎；若作室家，既勤垣墉，
惟其塗墍茨；若作梓材，既勤樸斲，惟其塗丹雘。
惟曰更端之詞，亦與上文爲轉語也。言赦過宥罪，作新斯民，如上所
誥，而繼志述事，文致太平，尤貴進於前者。三喻皆其事也。稽，計也。敷，布，
播，種也。菑，發土也。陳，治也。疆，界。畎，水小流也。言爲國如計田，既勤力以
布種發土，當思修治其疆界畎澮。喻當建侯衛以資屏藩也。卑曰
垣，高曰墉。墍，白塗也。茨，以茅葦蓋屋也。言爲國如作室，既高其垣墉

二七

說文：樸，木素也。謂本質素，保存素樸也。

以防大寇，亦當塞向墐戶，以防宵小。喻當遷殷頑於洛邑，以便控制也。梓材，木材之美者。樸，未成器也。斲，其所也。雘，善丹也。言治梓材以爲器，既斲治其素質，復當加以采色。喻國既治理，更須修明典章制度，使煥然可觀也。梓材全文分兩節，惟曰若稽田以上，誥與民吏；始以下，謀宅中作洛。以經營洛邑之事誥康叔，誼使能告諸侯以成王本有營洛之志也。篇中三喻，皆言國家去亂致平，規模草創，將更宅中國，大制禮作樂，以致隆平。文宅洛之議，定於武王，史記所謂成王使召公復營洛邑，如武王之意是也。繼志述事，此其大者。故伏生書傳有喬爲父道、梓爲子道之推，則太史公所謂君子可法則，說梓材也。

今王惟曰：先王既勤用明德，懷爲夾，庶邦享作，兄弟方來，亦既用明

孫氏同吾意上文攷證云
此以下當爲顧書誤梓後之
詞當對康叔時爲甸男
邦采衛諸侯皆在故云
庶邦享作兄弟方來

德后式典集、庶邦丕享。

今王播之目，成王言。言王意亦若斯也。此承上喻意言。既勤典上三既

勤字相應。懷來夾輔享獻也。作猶及也。讀若毋逸作其即位之作。彼

文作典，舊對此文作典，既對。詞例一也。兄弟方來，兄弟之國畢來也。序

文所謂四方民大和會也。亦命先王也。后列邦之君也。堯典班瑞於羣

后。式用。典法。丕大也。后式典集庶邦丕享者，序文所謂侯甸男邦采

衛百工播民，和見也。言先王舊都豐鎬，懷來夾輔，庶邦共享。今新

謀作洛，兄弟具來，四方民大和會。庶邦更以享于。則洛邑為天下之

中。四方朝貢，道里適均。宅洛之事，所以不可緩也。此言宅洛為庶邦

朝貢之地。

三八

晚出孔傳此古文畢命篇之「惟周公左右先王，綏定厥家，毖殷頑民，遷于洛邑」。

皇天既付中國民，越厥疆土于先王。肆王惟德用，和懌先後迷民，用懌先王受命。

付，與也。越，于也，及也。肆，今也。王惟德用，猶多士言「王其德之用」也。例文。和懌之懌，服也。相道也。前後曰先後。迷，惑也。王應麟曰：周既翦商歷之紀，而民思商不衰，故材訓之迷民，召誥謂之讎民，皆商之忠臣義士也。楊簡以理為周公封康叔，遷邶鄘之民於洛邑。多士「予惟時其遷居西爾」之言，「爾厥有幹有年于茲洛」，即此所謂迷民也。用懌之懌讀爲繹，解也。因修其用，謂其心也。言殷頑未靜，迪屢未同，洛邑居中，叢殷為億。皇天既付疆土於先王，今王以德用除虐戢，和懌殷民，先後殷頑，使不惡於讎怨動，亦用終先王受命之志也。此言之洛為化殷之計。

已，若茲監。惟曰欲至于萬年，惟王子子孫孫永保民。

已，嘆詞。監，戒也。若茲，于今王惟曰云云也。保，安也。保民者，安輯殷民也。言監于斯二者，一謀度邦朝貢之中，一謀度殷控殷之便，欲國家歷服無疆惟休。其在洛降反側。永安殷民者，亦即上周公所謀作洛告諭列邦，序文所謂乃洪大誥治也。全篇詳玩本文，前半篇即周公誡勤之事。後半篇即洪大誥治之文。庶邦丕享一節，則專為都為四方朝貢之均。先後迷民一節，乃指安殷遷洛，密邇王宮之化，其說與當時情事最合，故稱之為誥。

尚書正讀卷四終

尚書正讀 卷五 卷六

尚書正讀卷五

益陽曾運乾

召誥

成王在豐，欲宅洛邑，使召公先相宅，作召誥。

逸周書度邑篇：武王曰：旦，予克致天之明命，定天保，依天室，自洛汭延于伊汭，居易毋固，其有夏之居。我南望過于三塗，北望過于嶽鄙，顧瞻過于有河，宛瞻延于伊洛，毋遠天室。又作雒篇：周公敬念于後曰：予畏周室不延，俾中天下。及將致政，乃作大邑成周于土中，南繫于洛水，北因于郟山，以為天下之大湊。據此則宅洛之議，武王啟之，周公成之。序言成王在豐，欲宅洛邑，故召公相宅之命自成王出之也。

書大傳說周公攝政，一年救亂，二年伐殷，三年踐奄，四年建侯衛，五年營成周，六年制禮作樂，七年致政成王。康誥「惟三月哉生魄，周公初基作新大邑于東國洛，四方民大和會」。是作洛之功前此已知，今始云相宅者，蓋前此所經營者爲城郭溝封，今茲所相視者則宮室朝廟之形。辨方正位，體國經野，固不能程功於數月也。召誥者召公作，不言召公者，嘗立文而省也。

惟二月既望，越六日乙未，王朝步自周，則至于豐。

時周公攝政七年，歲在壬辰。史記周本紀，周公行政七年，成王長，周公反政成王，北面就羣臣之位。成王在豐，使召公復營洛邑，如武王之意。周公復卜申視，卒營築，居九鼎焉，曰：此天下之中，四方入貢道里均。作召誥、洛誥。魯世家，成王七年二月乙未，王朝步自周至豐。注禮周公攝政七年，故世經以是年爲周公攝政七年復子明辟之歲矣。按三統歷及周歷，推得是年二月小，乙亥朔，己丑望，庚寅既望，爲月之十六日。越六日爲廿一日，得乙未。周，鎬京也，武王所遷都。豐，文王所都，在今陝西鄠縣東，臨豐水東，去鎬二十五里也。朝至焉。馬融云：舉事尚朝。將即土中易都，大事，故告文王武王廟。

惟太保先周公相宅，越若來三月，惟丙午朏，越三日戊申，太保朝至于洛卜宅。厥既得卜，則經營。越三日庚戌，太保乃以庶殷攻位于洛汭。越五日甲寅，位成。

此言召公奉成王命相宅營洛也。序言成王使召公先相宅，史記言成王使召公復營洛邑，知奉命乃行也。命從在廟。太保，召公也。書

二

康名公為保，周公為師，相成王為左右。洛誥周公言予乃胤保，大相東
土。胤保，即繼太保也，相，視也。越若來三月，王引之云五字當作一
句讀，越若，語詞，來，至也，言越若至三月也。今案越若如粵若，稽
古審慎之詞。來者，禮記月令及周禮肆師來歲之來。後歲言來歲，
後月言來月。猶明日言昱日也。古書言下一月皆稱來月，如漢書律
歷志引武成篇惟一月壬辰，粵若來三月。逸周書世俘維一月丙午，
越若來二月。言來月，皆兩月相連也。朏，月三日明生之名，字从月
出會意。依歷是年三月大，甲辰朔，丙午月之三日。書正義引周
書云：三日曰朏。越三日之越，踰也。戊申，月之五日。太保二月乙未受命
于豐。三月戊申，朝至于洛。共行十四日。古行日五十里，豐至洛七百里也。

卜宅者、周官太卜云、國大遷則貞龜。經度之也。營表其位。庚戌月
之七日。庶殷謂衆殷民。攻猶治也。位宮廟之位也。作雒篇云乃
位五宮考太廟宗宮考宮路寢明堂。洛汭隈曲中也。甲寅之十一日
若翼日乙卯周公朝至于洛、則達觀于新邑營。越三日丁巳用牲于郊
牛二。越翼日戊午乃社于新邑、牛一羊一豕一。
若猶及也。下言越、言若者、錯之文也。翼爲昱之聲近借字。說文昱明
日也。乙卯月之十二日。周公朝至于洛者、即洛誥云予惟乙卯朝至于洛
師也。達通也。營營域。丁巳月之十四日。郊者何是緯云易乾鑿度云、
三王之郊、一用夏正。據文言二月、正夏之建寅之月。王郊是正祭、當
以上由祈禮于鎬京。此因始立郊兆而特祭天、配以后稷也。用牲牛二

三

者帝牛一稷牛一也。郊特牲云：郊特牲而社稷太牢，貴誠也。戊午，月之十五日。社者立社祭后土，以句龍配。三牲牛羊豕爲一牢。此言周公立洛，告祀天神地祇也。

越七日甲子，周公乃朝用書命庶殷侯甸男邦伯。厥既命殷庶，庶殷丕作。

甲子，月之廿一日。朝用書者，昭三十二年傳：士彌牟營成周，計丈數，揣高卑，度厚薄，仞溝洫，物土方，議遠邇，量事期，計徒庸，慮財用，書餱糧，以令役于諸侯。蓋周公以此等書冊以命侯甸男之邦伯也。案此周程功賦之事，命庶殷也。

太保乃以庶邦冢君出取幣，乃復入錫周公，曰：拜手稽首，旅王若公。誥告庶殷越自乃御事。

以贄幣也。冢君，長君也。幣者，幣帛將敬，陳言先以幣帛將其誠敬
也。錫讀爲與師錫帝曰之錫合，詞獻言也。先儒訓錫爲賜大禮，言
拜手稽首，如古人命使陳言之常。旅，陳也，寄也。若讀爲那，日毋讀入
泥，毋也。爾雅釋詁：那，於也。越語：吳人之那不穀，亦又甚焉。韋注：那，
於也。此若之一（當）釋，爲能旅王若公也。言旅王致公意，欲周轉達於王也。
召公奉命卜洛，周公繼來宅洛邑，責成議。既而周公獻卜於王，王答言
二人共貞，蓋無往洛之志。周公復由洛反周，責勉成王，洛誥一篇所稱
予其明農也。周公反周，召公留洛，乃以宅中圖大鎮撫殷頑之意陳
言于王。事由周公轉達，故言拜手稽首，旅王若公矣。既以茲意陳
言于王，復大誥庶殷及自其御事以下。旅王若公者，欲成王知所勉

四

也。諾告庶殷者，欲庶殷知之，所以警也。以上語史官記召公之辭。
嗚呼！皇天上帝，改厥元子茲大邦殷之命。惟王受命，無疆惟休，亦無疆
惟恤。嗚呼！曷其奈何弗敬！
改，革也。元，首也。鄭云：言首子者，凡人皆天之子，天子為之首耳。休，美
也。恤，憂也。言休固無疆，憂亦無疆也。既言曷其，復言奈何者，語詞複也。
天既遐終大邦殷之命，茲殷多先哲王在天，越厥後王後民，茲服厥命，
厥終智藏鰥在。夫知保抱攜持厥婦子，以哀籲天，徂厥亡，出執。嗚
呼！天亦哀于四方民，其眷命用懋。王其疾敬德。
遐，遠也。久，大也。茲服之茲，讀為孜，勉也。藏，懵也。瘝讀為鰥，離家縛役
也。保讀為褓，小兒衣也。籲，呼也。徂讀為詛。執讀為蟄，蟄，伏也。下也益擾

下民昏墊，鄭云陷也。眷顧，懋讀爲貿。益稷懋遷有無化居。書大傳作貿遷。說文貿，易財也，此言易也。言自紂即位以來天既久終殷命矣，因殷代賢聖之君六七作，故家遺俗流風善政猶有存者，又有仁賢輔相之，故紂及其民尚能勉膺天命。至其終時，則智者知幾而藏遯。存者困於行役。夫人皆知攜其婦子呼籲於天，訴商紂之速亡，庶幾得出於昏墊。酒誥所謂辜在商邑，越殷國滅無罹者也。又歎息言人民籲天，訴紂，天亦哀痛斯民，故其眷顧之命由商而移于我周。由是知天命不常，惟敬德乃足以受命，以證上文無疆惟休亦無疆惟恤之義。

相古先民有夏，天迪從子保，面稽天若。今時既墜厥命。今相有殷，天迪

五

格保，面稽天若。今時既墜厥命，今沖子嗣，則無遺壽耇，曰其稽我
古人之德，矧曰其有能稽謀自天。
相視也。迪，導也。從子保，爲旅保兩字之譌。旅，説文古文作𣄼，三體
石經古文作𣄼。古金彝器銘如弭伯靁簋、盧盨、陳公子甗作旅，或
从人，从㫃，从从，會意。或从从，从㫃，从從，會意一也。保，説文古文作保。三體石經作𠈃，
古彝器銘亦多作𠈃。此從子保二字，古文尚書蓋本作旅𠈃二字，旅字
上形缺泐，則爲從。𠈃上之王誤讀爲子。殘文則爲從子保三字，而義不
可通。旅，祭上帝之尸也。爾雅：尸，旅，同訓。禮器：周旅酬六尸。旅即殷爵
之尸也。知此旅爲祭上帝之尸者，周官有旅上帝之祭。洪範五行傳：帝
令大禹步于上帝。步亦旅之譌字。祭上帝有尸者，尚書大傳：帷十

者之祀，帝乃稱王而入唐郊，以丹朱爲尸。是祭天有尸也。許慎五經異
義引魯郊禮曰：祝延帝尸，從左氏說。又石渠論，周公祭天，太公爲尸。
是祭天有尸之證。夏時祭天之尸，先神祝之。多方云：乃天降罰崇亂
于夏，因甲於內亂，不克靈承於旅。又云：惟我周王靈承於旅，克堪厥
德，惟典神天。郊者代之旅，因通神天之道者。舜祀上帝爲之旅。周
公祭天，太公爲之尸。皆神其子而重其人也。周時祭祀尸猶靈異，饋食禮
稱尸爲皇尸，詩楚茨稱尸爲神保。此文言旅保，於詩言神保，楚詞言靈
保也。天迪旅保，與下天迪格保相對成文。格與旅人也。盤庚云：非廢厥謀，
弔由靈各。靈各，即靈格也。高宗肜日云：格人元龜，罔敢知吉。多士
有夏不適逸，則惟帝降格，嚮于時夏。呂刑乃命重黎絕地天通，罔

六

有降格，格皆假，知鬼神之情狀也。格保，志邪言神保靈保也。面讀為偭。
面，從之面；稽，致也。若讀為諾。面稽天若，意神旅保格保陟降
上帝庭，面承上帝命，下文所謂稽謀自天者也。遺讀如昬棄厥遺王
父母弟之遺。遺壽耇，老成人也。若訓遺為棄，則與語意全反。則字
下疑有爲字。稽下文謂字亦著。曰其之曰讀為欥，聿也。言夏商二
代有國，迪天迪之旅保格保，面承上帝命，宜可長保。後王棄賢虐民，
不敬厥德，乃墜厥命。今沖子嗣，尚無老成人在位，幸其稽我古人之
德，矧曰其有能稽謀自天，知旅保格保者乎？意欲王信任周公
宅中作洛，于以和輯殷民也。君奭篇謂有其能格者，蓋周公答召公斯語也。
嗚呼！有王雖小，元子哉。其丕能諴于小民，今休。王不敢後，用顧畏于民碞。王

來紹上帝，自服于土中。旦曰：其作大邑，其自時配皇天，毖祀于上下，其自
時中乂。王厥有成命治民，今休。
諴，和也。休，美也。今休，而絕言之甚嘉也。碞讀與嵒同。碞，險也。民碞
者，小民難保也。旦言王年雖幼沖，居尊能諴和小民乎，今其可以無患
矣。王用顧畏於民碞，不敢廢周公之議，不敢後營洛之事也。來，勤也。紹
讀為卟，卜問也。自，用也。服，治也。土中謂洛邑，為天下中也。周官大司徒
曰：以土圭之法測土深，正日景，以求地中。日至之景尺有五寸，謂之地中。
言王勤問上帝，考之於龜，擇用乃於土中也。此即洛誥王曰公既定宅，
伻來來視予卜休恒吉，我二人共貞，公其與余萬億年敬天之休也。名
公言此者，時成王命之宅洛之決心，言之所以堅其志也。下文旦曰以下，

七

引周公言，亦所以歆動之。旦，周公名也。王肅云：禮，君前臣名，故稱周公之言為旦曰。自時，從是也。配皇天者，圜丘明堂之祭也。孝經云：昔者周公郊祀后稷以配天，宗祀文王於明堂以配上帝，是也。毖，慎也。上下，天神地祇也。中乂者，中天下而治也。白虎通京師篇云：為書王者必即土中何？所以均教導，平往來，使善易以聞，惡易以聞，明當懼慎。是說經之義也。王厥有成命者，周公以王拜手稽首之答言，乃曰其當新邑乎，者中乂民有成命矣。治民今休者，言自是中乂治民可以告休矣。此文今休，周公欲幸之視。上文今休，召公欲幸之視。自是中乂，周公欲章之意。顧畏民碞，召公欲幸之意。治國治民之公同符也。意在前此成王告廟時，尚為相宅，王意尚猶豫未定。及周公乙卯至洛，以圖及卜獻，而議始定，故二公不覺歡欣鼓舞乃爾也。
王先服殷御事，比介于我有周御事。節性，惟日其邁。王敬作所，不可不
敬德。
服，習也。御事，治事之臣也。介，當爲尒，字之誤也。阮元校勘記云古本
介作尒，尒字當作邇。後誤爲介，則因尒字而譌也。開成石經已
誤，知是衍文。僞孔傳釋爲比近，則亦作邇字。節，節制之。性，生之理
也。邁，進也。周禮大司徒以五禮防萬民之僞而教之中，以六樂防萬民
之情而教之和。惟日其邁，與時俱進也。所，處也，安也。此言所當作者。
敬作所，猶言皇建其極也。召公既述周公之言，又自陳己意，言王既
八 宅中作邑，即當奉法鎮撫，庶殷先服習殷遺御事之臣，使比近於

我有周御事之臣，殷周一體，無可岐視。又虐殷久，他對俗習染驕淫，當劓刵作亂，以節劓其無辜之性，作誠斷民，無日俱進。又當以身作則，敬修厥德，以為殷民之表率也。以上章完渙議完。得以和輯殷民。

我不可不監於有夏，亦不可不監於有殷。我不敢知曰有夏服天命，惟有歷年。我不敢知曰不其延。惟不敬厥德，乃早墜厥命。我不敢知曰有殷受天命，惟有歷年。我不敢知曰，不其延。惟不敬厥德，乃早墜厥命。今王嗣受厥命，我亦惟茲二國命，嗣若功。

歷者，孫星衍云，釋詁云，艾，歷也。詩傳云，艾，久也。是歷亦為久也。惟有歷年，多歷年所也。不其延，言短祚也。言夏商歷年久暫，我不敢知，我所知者，惟不敬厥德，乃早墜厥命也。此中省我敢知者句，蒙上文而省也。嗣繼也。惟，思也。言今王繼受其命，我亦當思二國興亡之故，監其長而嗣其功乎。若，乃也。乃，猶其也。

王乃初服。嗚呼！若生子，罔不在厥初生，自貽哲命。今天其命哲，命吉凶，命歷年；知今我初服，宅新邑，肆惟王其疾敬德。王其德之用，祈天永命。

服，事也。初服者，始事也。自貽哲命者，童蒙之人習乎善則善，習乎惡則惡。言王初服如童蒙入學之始，即自貽其明哲之命。今天其命明哲，命吉凶，命歷年之久暫，均未可知。可知者我王初服厥命，宅茲新邑，肆惟王其疾敬德耳。王敬祈天永命，其惟德是用乎。命吉凶命歷年下，省我不敢知曰。擇下文而省也。

九

以上言夏殷，下言周也。

其惟王勿以小民淫用非彝，亦敢殄戮用乂民，若有功。

以，猶與也。能左右之曰以。淫用非彝，卽酒誥云：誕惟厥縱淫泆于非彝。微子云：沈酗于酒，婦人是用也。亦，亦勿也。亦敢猶言亦勿敢，蒙上文勿字而省也。殄，滅；戮，罪也。乂，治也。殄戮用乂民，猶言用刑殺治民也。倒文。若，猶乃也。見小爾雅。小民淫用非彝而言王以者，所謂桀紂帥天下以暴而民從之也。亦敢殄戮用乂民者，其以尚往從刑也。若有功也，節性惟日其邁，惟民其康乂矣。

其惟王位在德元，小民乃惟刑用於天下，越王顯。

元，首也。位在德元者，居天子之位而有聖人之德也。易傳所謂首出庶物者也。刑，法也。詩：儀型（刑）文王，萬邦作孚。刑用，倒文，猶言儀型（刑）也。爾雅

釋言：越，揚也。注：猶發揚。越王顯者，猶言對揚王休也。言王位居元首，
德于天位，小民自儀刑於天下，而發揚王之光顯矣。上文其惟，欲王以
禮治民也。此其惟，欲王以身作則也。申明上節節性敬德之旨。
上下勤恤，其曰我受天命丕若有夏歷年，式勿替有殷歷年，欲王
以小民受天永命。
恤，憂也。上下勤恤者，言君臣勤思其憂也。其讀為期，庶幾也。言
我受天命，上下勤恤，庶幾兼夏殷歷年也。丕，大也。式，用也。替，廢也。
上言王其德之用，祈天永命。此言欲王以小民受天永命者，敬德恤民，
事本相貫。民安樂則天悅豫，而增歷數。民之所欲，天必從之也。以
上言敬德恤民，乃能祈天永命。

子

拜手稽首曰予小臣敢以王之讎民百君子越友民保受王威命明德
王末有成命王亦顯我非敢勤惟恭奉幣用供王能祈天永命
復言拜手稽首者更端之詞也讎民百君子殷臣庶擇材謂之
迷民多方序謂之頑民友民與讎民對蓋言周臣庶也亦保受王
威命明德也時成王尚縣東都遠反側難鎮故終言此以釋之也
末終也王終有成命者宅洛之議於是決王之顯者謂王周公也勤者
慰勞也詩序云出車以勞還杕杜以勤歸又云杕杜勞還歸也是勤為
勞歸之意幣即上文所取之幣供奉也言我之陳幣又皆能為勞歸
也以物將誠庶王閱斯言敬德恤民以祈天永命也以上結出全文
宗旨

朱子通鑑紀事本末序云：古史之體，可見者書、春秋而已。春秋編年通紀，以見事之先後；書則每事別記，以具其首尾。若二典所記，上下百有餘年，而武城、金縢諸篇其所紀載，或更歲月，或歷數年云云。此篇乃涉七年餘，亦紀事本末體也。

洛誥

召公既相宅，周公往營成周，使來告卜，作洛誥。

孔氏曰：蓋周公將欲歸政成王，乃陳本營洛邑之事以告成王。王因請教誨之言。周公與王更相敬答，史叙其事，作洛誥。經文雖具，故叙略其事，直舉其發言之端耳。按此篇記其營洛致政於末，中及成王往洛時祭，命周公後，並成王復辟留公事，事涉年餘，亦猶世史家紀事本末體也。

周公拜手稽首曰：朕復子明辟。王如弗敢及天基命定命，予乃胤保大相東土其基作民明辟。

此周公在洛使告復辟之謀及宅洛之卜於成王。攝政七年三月乙卯以

十一

後事也。拜手稽首者，言人命使陳言之常。尚書凡命使陳言之論君臣上下，皆陳此語。此時周公在洛，成王在周，故稱拜手稽首，若後世言頓首上書矣。復，歸也。子，子成王。辟，君也。復子明辟，此辟字猶言歸政于爾也。此語為全篇之綱領，與後文惟周公誕保文王受命惟七年相應。篇首予乃胤保、子懷德，皆載周公成王間於復辟使命往來及面相酬答之辭，皆記言也。自戊辰王在新邑迄末，皆載成王在洛親涖祭享及命周公後之禮，皆記事也。周公攝政七年而反見於周，後人之記載如逸周書、禮記明堂位、尸子、荀子、韓非子及尚書大傳、韓詩外傳、史記、說苑等書而是仰，彼乖經論也。云其基作民明辟，基，始也，謀也。如成王夙已親政，何言始謀作民明辟乎。又云乃惟孺子頒，朕不暇聽。頒與賦同也。若成王夙已親政

何言惟孺子頒朕不暇聽乎。文云予以子其退即辟于周，若爲明辟，何乎
是婦言即辟于周乎。文云亂爲四方新辟，若成王夙已即位，則當云亂
爲四方舊辟矣，何言新辟乎。要然決復子明辟爲周公歸政成王也。宋
儒鑒於莽篡漢之禍，疑周公攝政稱王非事實，不知聖人之心，國家
爲重。先明乎天。大命所歸，故攝政於成王幼冲之年，雖二叔流言而不
顧。返政於成王既冠之日，雖成王遜讓而未許。時行則行，時止則止，故
未可以私意揣測也。若必以新莽篡竊爲嫌，則遂喻之龍於嬗讓篡
獻之假征誅，將疑堯舜禪讓、湯武征誅爲由乃實而諱言之乎。
略論於此，以俟來哲。基，始也。定，正也。基命定命，常作即位天典也。成
王幼冲，未及天基命定命之心。云王如弗敢及，言雖成王之遜讓也。亂

十二

繼也。保猶太保名召。君奭云朕允保奭。書序云召公為保。予乃胤保大
相東土。召誥太保先周公相宅。周公繼至于洛則達觀于新邑營。是
其也。事也。其庶幾也。基始也。謀也。言王命告促朕復政之後予胤太保往
洛相宅。庶幾以改于王。始謀作民明辟也。
予惟乙卯朝至於洛師。我卜河朔黎水。我乃卜澗水東瀍水西惟洛食。我又[illegible]
卜瀍水東亦惟洛食。伻來以圖及獻卜。
乙卯朝至于洛師，即召誥乙卯周公朝至于洛也。食，龜兆也。鄭注孔傳云卜
必先墨畫龜，然後灼之，兆順食墨。是也。食者兆，不食者不兆，所謂我
龜既厭不我告猶也。黎水，清續文獻通考云衛河淇水合流為黎陽故
城為黎水之白溝水。黎陽故城在今河南濬縣東北，去紂都朝歌為

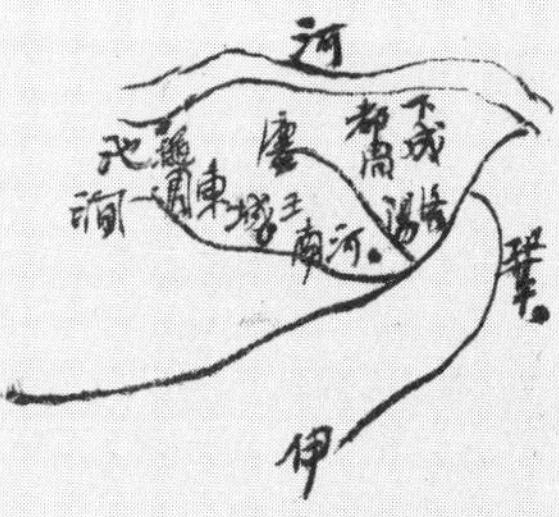

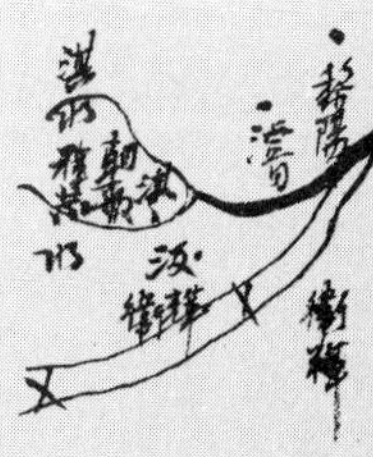

近朝歌、即今河南、濬縣。瀍水出今河南洛陽縣西北穀城山、至縣東入洛。
澗水出今河南澠池縣東北白石山、至洛陽西南入洛。時周公營洛、蓋有
二意：一爲朝貢道里之均；一謀處殷頑、制之便。故欲分建二城、一營王宮、
一遷殷遺。其卜宅之始、即分二卜。先卜受朝會之處、以近紂都之河朔
黎水無近洛邑之澗東瀍西對向、則惟洛食。次卜遷殷之地、亦以近紂都
之河朔黎水無近洛之瀍東對向、則亦惟洛食。其後營築於澗東瀍西
者爲王城、亦曰郟鄏、亦曰東周。郟鄏君所理、召公所卜宅者曰王城、今河南縣是。漢之河南，當今宜陽縣
也。營築於瀍東者爲成周、亦曰下都。鄭君所理瀍水東殷城者曰成周、今漢之洛陽縣
洛陽縣是也。本卜宅洛、而先等河朔黎水者、鄭君所理近殷紂都、爲其
重遷、故先卜近、以愜之是也。本文我又卜瀍水東上、應有我卜河朔黎水內。

十三

疑當作倒獻卜，傳寫倒誤成文。例云：古人之文有錯綜其辭以見文法之美者，如論語迅雷風烈，楚詞吉日兮辰良，皆此例。[illegible]也之于於本文以圖及獻卜於言所圖及卜獻亦錯綜其詞也

蒙上文而省也。下文亦字是以明之。伻，使也。來，往于周也。命使之獻圖謀也。

復營之謀也。獻卜之卜，謂龜兆也。此時尚未定吉凶，獻於王以待王占也。

獻卜倒文，猶言以圖及卜獻也。

王拜手稽首曰：公不敢不敬天之休，來相宅，其作周匹休。公既定宅，伻來，

來示予卜休恒吉。我二人共貞。公其以予萬億年敬天之休。拜手稽

首誨言。

此成王答周公之辭。言既得吉卜，二人共營東西周，分治，不必復政也。時

周公在洛，成王在周，命使致詞，故稱拜手稽首。重言之者，謙遜之至。于

此見成王于公之分際焉。休，美也。來相宅之來，往于洛也。順公所在，故曰

來。匹，敵也。讀爲左傳匹嫡大都耦國之匹。作周匹休，猶言與周國成休也。伻

來、來視我卜休。休下字乃絕。於言來視我卜休亦也。厥、亂下文恒吉、恒
徧也。猶言美善也。亶猶稽意無吴謂我有大事休朕卜并吉。凡若竟
釋休為美、則恒吉并吉、為贅詞矣。周公惟獻龜、王發書占之、則
得吉卜。召誥所謂王來紹上帝自服于土中也。貞讀為鼎、當也。言
之人共當此吉。以於無也。言公與我之人共享天休也。是時成王蓋已
宅洛、洛既定、王未往營洛、志將營者。誨言、於言致謝謙言也。以上
周公戒王第一次復命往來。
周公曰、王肇稱殷禮。祀于新邑、咸秩無文。予齊百工。伻繼王于周。予惟
曰庶有事。今王即命曰、記功、宗以功作元祀。惟命曰、汝受命篤弼、丕
視功載、乃汝其悉自教工。

十四

殷禮也
聯合氏王殷國宗廟之
大行人殷同以施天下之政

以下至無逸，周公責勉成王，赴洛邑，親涖新祭也。正義云周公攝政七年三月經營洛邑，既成洛邑，又歸向西都，其年冬烝祭，致政成王，昔以居洛之義，故名之曰洛誥。此節正其時及退，周公由洛還周西致于王。故下言拜手稽首。此文以前，尚有使命往來一節，周公攝於新邑，舉行復辟之禮，殷見諸侯，宗祀文王，故戒肅百工，使從王於周偕百工往洛，王不肯往，亦不允百工往助祭，故公自洛還周，面責勉之。但今正文即在周公面陳語中序出。本節即其事。王內德呼王而語之也。肇，始也。稱，舉也。殷禮，即殷見諸侯之禮也。周官大宗伯以賓禮親邦國，時見曰會，殷見曰同。周初王者即位，蓋舉行此禮。顧命康王即位，太保率西方諸侯入應門左，畢公率東方諸侯入應

於其廟事也。祀于新邑者，即宗祀文王於明堂以配上帝也。咸秩者，有

秩序也。無文者，言無舊典可憑也。齊，整齊之謂，孔言成肅也。作，

使也。作，從王于周者，使百工習禮於周而文從王之儀也。予惟曰庶有

事者，意言王其先予之語典之，曾集周有事於新邑也。今王即命曰

者，成王答公書也。記，識也。功下言功載，則即功臣簿。周官司勳所謂國功曰

功，王功曰勳，事功曰勞，治功曰力，戰功曰多，凡有功者銘書於王之太常

祭於大烝是也。功臣者，厥宗之禮也。宗，宗人也，孔官也。元祀，大祀也。王意

言無咎。諸臣記於功載，宗人稽功以秩有功者作元祀，可也。亦不必徵親

事於宗周也。又言汝受命誕保，丕視功載，別記作示汝其悉自教工

可也。不必稽儀於故府也。朕子云云，說云成王與周公言來嘗御之此

玄

周公述王之言，故變公稱汝也。周公述前此往來使命之辭如此。

孺子其朋，孺子其朋其往。毋若火始燄燄，厥攸灼敘，弗其絕（絕），厥若彝及撫事如予，惟以在周工往新邑。伻嚮即有僚，明作有功，惇大成裕，汝永有辭。

周公既述前事，乃勉之責之。本文勸其率百工往洛而祭也。孺子，呼成王。朋，古鳳字。鳳飛，群鳥從以萬數（計），此引申言奮興。其語，奮其朋勢是也。往，往新邑也。章本莫之正，當言孺子其朋往，以告戒丁寧，故分為三逗，正如口吃語矣。燄，火行微。燄燄之貌也。厥，其也。攸，所也。灼，爇也。敘，讀錄。由全隸為（西）作錄。敘可證。灼敘，形言燼餘也。絕當為繼，因古文絕作𢇍，繼作𢇍，形易混而致誤也。荀子宥坐篇子貢觀於孔子曰：鄉者賜觀於太廟之北堂，吾亦未輟，還復瞻被北蓋皆繼，彼有說邪？匠過絕邪？王

家語作此蓋皆斷，王肅云：觀北面之蓋皆斷絕也。今案王說非。斷當為絕，此亦當為繼形

之譌也。說文蠿誤作𢇍，文𢇍誤作蠿。

詩蒸民：民之秉彝，好是懿德。孟子引彝作夷。是彝夷通假之證。

余謂曰繼與輟義絕，不相協。繼當爲蠿字之譌也。是𢇍與蠿易混之證。厥若，猶言代詞，指燼餘也。二字當時通語。立政：我其克灼知厥若。厥若亦指上文言宅心、言俊心也。顧命：用奉恤厥若。厥若亦指上文王宅也。以今語通之，則爲那个那个之倒文，則爲厥若。若那古同聲，个厥古同音也。意謂孺子其奮往新邑都，毋若火始燄燄，其所灼敍，仍存餘燼而不繼之以薪也。以喻已播政已久，國家將隆平，汝當繼起踵盛，宜揚文武之烈也。莊子曰：薪盡火傳。謂此也。重言孺子其朋者，屬也之殷也。與康誥非汝封又曰同意。彝讀爲夷，語詞。及猶汲汲。撫有也。彼居在之自以。意言汝當急往撫事，以在周工。惟在文之語倒文。猶之言惟以在周工往新邑，亟及撫事如予也。伻，使也。嚮讀爲鄉，亦讀爲汲，信也。爾雅

十六

兩階之間謂之鄉。中庭之左右謂之位。君南鄉，群臣依次東面西面立，故云
嚮明而治。嚮，宣也。明作者，易象傳「明兩作離，大人以繼明照四方」。顧命「宣
重光」，均此意。傳國繼統，故云明作有功也。惇，厚也。裕，寬也。言厚行祭祀，惇
敘宗禮，以成寬裕之政，汝可長有譽於後世矣。
公曰：「已！汝惟沖子惟終。汝其敬識百辟享，亦識其有不享。享多儀，儀不及
物，惟曰不享。惟不役志于享，凡民惟曰不享，惟事其爽侮。乃惟孺子頒朕
不暇聽。
本文勉其往洛殷見諸侯也。公曰者，更端之詞。已，歎詞。言汝往洛，不僅
致祭，亦當於時受百辟之朝享。惟終，謂終也。百辟，諸侯也。周初諸王即
位，蓋有殷見諸侯、受百辟朝享之禮。周官小行人所謂朝、覲、宗、遇、會

説文頒䰙頭也从頁分聲
八八上之讀若頒

周君子孔也、諸侯來朝見行享孔也、大行人云廟中將幣三享也、儀禮覲禮云
三享皆束帛加璧、是也。享有物者言之庭實也。康王之誥云賓稱奉圭
兼幣曰一二臣衛敢執壤奠、壤奠即庭實。庭實唯國所有、故云壤
奠、言其為國土所生也。禮禮器大饗其王事與、三牲魚腊籩豆之薦
金、束帛加璧、龜、丹漆絲纊竹箭、其餘無常貨、各以其國之所有是
也。儀不及物者、物有餘而禮不足也。惟曰不享之惟猶如。孟子引無惟字。
役下也。惟不役志於享者、孟子曰、為其不成享也。凡民夫人也。事王事也。
爽、差也。侮、傷也。百辟不役志於享、則亦不役志於王、王所須者之政令。故
曰惟事其爽侮。此時周公歸政成王、視受朝享以覽諸侯向背。故使之不觀其
物而觀其儀也。頒、讀為頒賦事也。大行人所俾殷國以撫天下之政也。暇讀

十七

爲假也。聽，聽政也。言爾既受諸侯朝享，足以賦事邦國，以後發禁施政。

孺子尸之。朕不暇聽，明告以將歸政也。

朕教汝于棐民彝，汝乃是不蘉，乃是惟不永哉。篤敘乃正父，罔不若予，不敢廢乃命。汝往敬哉。茲予其明農哉。彼裕我民，無遠用戾。

棐，輔也。棐民，猶言輔世長民也。彝讀如夷，言常道也。（語詞，緩气言耳。一作）蘉，勉也。言朕教汝輔民之常道，伊汝乃不之勉，祈將不永。深責之也。此將立政，言不訓于德，是罔顯在厥世長。篤，厚也。敘，順也。正父，謂各邦君長及同姓諸父也。詩傳云天子謂同姓諸侯，諸侯謂同姓大夫，皆曰父。言篤享之際，我當率先邦君躬行享禮。汝得于所厚敘之正父，諸正父亦自勸感興起，罔不若予，不敢廢汝命。此即稱文所謂予旦以多子越御事，答其師，作周孚先者也。汝

按鄭注云周禮鄉老二鄉公一人蓋即上云退老者出而為之屬大司徒掌教典農人之事

往敎乃勉之也○明，勉也○明農言殷仕也○彼說文云往者所之也○此用本義○廢也○言予亦將退老明農乃汝往哉我民民將無遠弗至也○以上周公自洛還周責勉成王往洛也○

王若曰公明保予沖子○公稱丕顯德以予小子揚文武烈奉答天命和恆四方民居師惇宗將禮稱秩元祀咸秩無文惟公德明光于上下勤施于四方旁作穆穆迓衡不迷文武勤教予小子夙夜毖祀王曰公功棐迪篤罔不若時

此成王以公將歸朝享還政先往洛致祭受事也此言兩答周公拔而不言拜手稽首公因絶呼公而告之也明勉也保禮文王世子云保也者慎其身以輔翼之而歸諸道者也明保予沖子謂意與顧命用敬保元子釗正同此文之明保即彼文之敬保也公稱之稱讀如左傳君稱所以佐天子者之

十八

稱。公稱，稱下之詞。以下三十四字作一句讀，猶言公說云云也。丕讀爲不，意
氣言之。予小子三字，成王所易。於前文公述成王語汝受命篤弼，汝字
周公所自易也。和恒雙聲聯詞，猶由宣也。師，洛師也。惇，厚。宗，尊也。將，奉也。
秩，第也。秩，次序也。公稱至無文，皆覆述周公語。揚文武烈，奉答天命，和恒
四方民，居師，即前文所稱肇稱殷禮也。惇宗將禮，稱秩元祀，即前文所稱
祀于新邑也。咸秩無文，則直述原文。惟公德以下，成王贊公之詞。明先二
語，猶堯典言光被四表，格于上下也。旁讀爲方，聲之誤也。作旁爲明，形之
誤也。劉歆三統歷引伊訓曰：太甲元年，伊尹祀於先王，誕資有牧方明。鄭
君覲禮注云：方明者，四方上下神明之象。孟康注漢書亦云。今按，方明當
爲四方賢俊之士。資讀爲咨。咨有牧，即舜典咨十二牧。咨方明，即舜典

之明目達聰也○本文方明穆穆亦與其臣贊舜語意同○左傳所謂賓于
四門○四門穆穆○言出人也○因古文本作方圓○圓字右半缺泐則為方匹○漢儒
讀為旁作而其義不可通○晚出孔傳釋為旁來為穆穆之道○易高文
為華而不詞甚矣○迓讀為虞○騶虞即騶吾○吾即騶牙○唐叔虞有文
在其手曰虞、即有文在其手曰效○效、古文身字也○迓衡山虞澤衡也○
方明穆穆迓衡不迷○上語即賓于四門○四門穆穆○下語即納于大麓○
烈風雷雨不迷也○不云山澤不迷而云迓衡不迷者○虞入山者也○衡巡
澤者也○由此可悟修辭之術○文武行稱言文武者吉甫非謂文王武王
也○文武勤教言文武咸勤其教也○毖慎也○毖祀猶齋潔也○言公德
如此予小子安處其職○惟夙夜勤其祭祀而已○王曰公者重呼公而告之也○

十九

亂亦上文四方迪亂未
定也故亂于宗禮遠
王猶紀是

功棐者，言輔我以功。即答公「朕敎汝于棐民」語也。迪篤者，言導我以厚
即答公「篤敘乃正父」之語也。若，順也；時，是也。罔不若時者，言肇稱殷禮
以見論處，祀于新邑，以厚宗族，罔不順是。公訓也。成王已是始允往
洛，躬涖祭享。此文以後，成王往洛，經未明敘，但據後文「王在新邑」，則知
成王當于此後偕公赴洛也。
王曰：公，予小子其退，即辟于周，命公後。四方迪亂未定，于宗禮亦未克敉
公功。迪將其後，監我士師工，誕保文武受命，亂爲四輔。王曰：公定，予往
已。公功肅將祗歡，公無困哉。我惟無斁其康事，公勿替刑，四方其世享。
上文成王先往洛，則殷見祀，及祀于新邑之禮，既已畢行，經未明敘，讀者
可由前後文推知也。此命成王在洛受攝，復辟之命，欲即大位於周。

命公後，文王命周公後也。

周命公留後、監師、斟監禮之言也。王面命公，故不稱拜手稽首。退者，退于周也。新安陳氏曰（陳櫟書集傳纂疏）：成王自謂其退即辟於周，味退之字，則王時進洛邑可知。據身在洛邑言，故以還歸宗周為退。固王之謙辭，亦從追語勢之當然耶。辟，君位也。即辟於周，還周行即位改元之禮也。後，猶留後。命公後者，王初不欲居洛，特之人共原議也。蔡沈云後，其於後世留守留後之義。先儒謂封伯禽以為魯後者，非是。考之書，擬東郊不聞，乃在周公東征之時，則伯禽就國蓋已久矣。下文惟告周公其後，其字之義，蓋可見其為周公，而不為伯禽也。史記亦云成王既歸周，公在後。看公定予往已一言，便見得周公且在後之意。其後語自是命成王命辭，此史官所錄，非王言也。命字下至亂為四輔三十字，作一句

讀。卽、成王、命公、後也。王策命，皆於廟，當祭祀獻賓之節。王降立阼階南

西向。臣當進爵者北面受命。史由君右執策命之，再拜稽首乃

去。賜爵祿於廟者，示不敢專也。周公復辟之後，亦當於廟行之禮節

也。迪，導也。亂，治也。宗禮，宗人禮典也。敉，讀為彌，竟也。將，主也。監臨

也。士也、師也、工也，執事之眾官也。亂，率也。四輔者，道、充、疑、丞也。大

戴保傅篇云：篤仁而好學，多聞而道順，天子疑則問，應而不窮者

謂之道。道者，導天子以道者也。常立於前，是周公也。丕白，更端之詞。

王為命祀下。為、馨、留、後也。定，止也。徃者，歸於周也。肅，疾也。將，將事也。

旅，敵也。歡，讀為申勸。文王之勸勉也。教當為載，形之誤也。漢書元后

傳及杜欽傳兩引皆作哉。言當功敏勉乎事，常兩倚重，公其以是為所

朱子云此王歸而使人
來告周公公答之之
辭也

困我也。康事、言太平之事、康讀為庚。讀文之庚、庚更也。更事也、更事即更留更
事。不言治政言康事者、謹也。刑、常也。公毋困我、答乃惟孺子頒朕不暇
聽。稽也。公勿替刑者、請公勿懷退意也。此命告答辭、留後治洛可
知。以上成王辭留周公。
周公拜手稽首曰：王命予來，承保乃文祖受命民，越乃光烈考武王弘朕
恭。孺子來相宅，其大惇典殷獻民，亂為四方新辟，作周恭先。曰其自
是中乂，萬邦咸休，惟王有成績。予旦以多子越御事篤前人成烈，答其
師，作周孚先。考朕昭子刑，乃單文祖德。
戒王還周即位致元。以秬鬯寧公。公具述奉命作洛及攝政復辟始末。
以答王命。謂以秬鬯禋祀介福，以答王寧之意。原辭即存本文叙于時

二

陳校云作周恭先以恭爲章先後之恭義也作周字先以俘命章先後之爲信也

說文相從目目出爲相乎王之說

蓋當成王建元之春，季以祠春享先王也。成王即辟於周，周公留後在洛，使命往來，故言拜手稽首。來，和來洛營新邑也。光，顯也。烈，威也。訪既古烈考。弘，大也。朕當作訓，說文從古文以為訓字。恭讀為共，法也。弘朕猶顧命言大訓也。弘恭，猶商頌言大共也。越乃光烈考武王弘朕恭，作一內讀。猶言光烈考之大訓及大法也。周書度邑：武王告周公旦：進，天室是營洛邑為武王所命。尚書大傳云：以揚武王之大訓，是也。惇典，猶惇宗也。獻，賢也。亂，率也。誨，猶公復辟。王即辟，故云亂為四方新辟也。作周恭先，言繼子恭先，作後嗣先導也。古文作周字。先者，言予旦以俶服作百辟先導之。曰者，述復辟時之言也。言庶殷子是宅中國，大萬邦咸休。美惟王其有成功矣。多子，大夫也。如宗也。御事之官也。尚書大傳見篤學也。答

今也聽罔也寧信也如我成王之寧之寧考成也朕子者文王為穆考故朕周
公為朕子刑常也乃汝也單殺形也言汝死子繼周家傳國常典今歸政于爾
作周孚先朕成朕子之懿以龢文祖之德朕穆考億永不亂矣公子乞為和
朕子于成王無厭文祖之所以為朕與朕孟穆与穆孟考意周公建國
之規與復辟之志概可見矣荀子儒效篇周公纘有天下今之有天下禮
也成王繼有天下今有天下必奪也故以枝代主而非越也以弟誅兄而非
暴也君臣易位而非不順也因天下之和遂文武之業明枝主之義白本經
篇說
伻來毖殷乃命寧予以秬鬯二卣曰明禋拜手稽首休享予不敢宿則
禋于文王武王惠篤敘無有遘自疾萬年厭于乃德殷乃引考王

二三

秬鬯陟祼曰明禋，拜
手稽首休享，述王
命往之辭。
篤叙，乃厚順文武之道
也。厥子乃德，厥辭文武
之法也。殷乃引考，蓋祈
文武之長壽也。

伻殷乃承叙萬年，其永觀朕子懷德。

伻，使也。來，來洛也。安，勞也。殷，庶殷。寧，安也。以辭安之，如盤庚之於殷
子有罪曰天譴，終乃曰云云，皆是。成王寧辭，蓋自叙文武作來載，慎
于後者也。見其曉曰明禋，拜手稽首休享，乃以當之。秬鬯，秬黍為
鬯，酒用以祼祭者。卣，中尊也。蓋成王在周，即將告于宗廟，故以秬鬯寧
公，使之以告廟也。明禋，潔敬也。享，獻也。明禋拜手稽首休享，成王授
使之辭。時王在周，公在洛，故稱拜手稽首矣。宿，留也。猶言不宿留停待
也。則禋之禮，絜誠以祭也。惠篤叙，以下介福之詞。惠，猶為，惟語詞，同語
不惟若茲多誥，而經惟云作惠可證。篤，厚。叙，順也。自疾至盛，美哉之章，太史之文
尚書于逸云，自即皇帝之嫡係。皇帝嬪連文，見春官小祝及盤庚中篇，謹不敢

本文分五節
1周為成王致命往來
2周公成王面相告語
3成王命周公留後
4周公答成王寧書
5歲終祭礼

蔡傳云此下史官記
祭祀冊誥等事以附篇
末也

言受福故言不遍卑嗟耳今毖金縢遍厲虐疾厲虐與卑疾篤亦近

厥餘也殷乃之殷盛也宣也引考長壽也伻殷之伻俾也殷庶殷亦敘

亦順也朕子形言善民也不可泯不可泯作周公之功伯禽也其君奭言迹在後世

子孫亦不可泯言公旦之子若孫也懷思也上四語為王祝福之詞下二

語為王祝福之詞也以上周公答王寧書也自篇首至此皆記言也

戊辰王在新邑烝祭歲文王騂牛一武王騂牛一王命作冊逸祝冊惟

告周公其後

上文皆記言本文以下三節皆記事與上文不相銜接本節記成王在洛行

烝祭以周公留後告廟而為告祭也正祭也戊辰指政七年十二月晦日烝

祭周礼以烝冬之事先王言歲歲字从步从戌戌悉也盡也時當周正

二三

歲、祭，蓋將殺烝歲且更始，故於書之。爲周公攝政于是終，成王親政于是始也。知然者，鄭說歲爲元年正月朔日也。下文所記十二月，亦即言正月也。知然者，近人說祭歲爲祈年者，此行于廟，然祈年于天宗也。作冊，官名，周官內史也。作冊即史佚，或稱尹佚。祝冊，猶金縢言史乃冊祝，然此告是冊之詞于神也。惟告周公其後，明告祭也。

王賓殺禋咸格。王入太室裸。王命周公後作冊逸誥在十有二月。

此言祭命公留後也。殺，殺牲。禋，禋燔祭也。王賓，百辟助祭者咸格皆至也。近人王國維禋王賓即文王、武王，死則賓之，格禮之賓。不知此時尚未灌鬯以降神，何言文武咸格乎。且此祭本行復辟大典，欲因諸侯助祭之多賓以明天下歸心無貳，故言百辟咸格。若言文武咸格，於義無所起也。

先言戊辰之晦日，次言十有二月，次言七年，此古史記載倒文法也。

入太室，睹尸未出之祼命後，延尸於堂，則策命在堂。文先言祼而後言命，其序次與禮參錯。所言正合命周公後命辭，即前文命公後以下三十六字也。誥多士于王命乎天下也。十有二月，爲周公復辟紀月也。上文曰戊辰曰歲，爲周公復辟紀日也。

惟周公誕保文武受命惟七年。

七年，爲周公復辟紀年也。皆特筆也。

多士

成周既成，遷殷頑民，周公以王命誥，作多士。

地理志：河南郡洛陽，周公遷殷民，是爲成周；河南，周公致太平，營以爲都，是爲王城。按成周在今洛陽之東，王城在今洛陽之西。成周在瀍水之東，王城

二四

在瀍水之西，澗水之東。成周殷遺所居，王城東周所都也。漢書地理志及賈逵注左傳皆以為遷邶鄘之民於成周。鄭云此皆士也，周謂之頑民，頑民，亦知之歟。按多士自周而言謂之頑民，自商而言則為義士。左傳云武王克商，遷九鼎於洛邑，義士猶或非之。義士蓋即此頑民也。

惟三月，周公初于新邑洛，用告商王士。

鄭云：成王元年三月，周公自王城初往成周之邑，用成王命告商王之眾士以撫安之。按時當周公還政明年之三月，故篇在洛誥後。此節史官敘事之辭。

王若曰：爾殷遺多士，弗弔旻天，大降喪于殷。我有周佑命，將天明威，致王罰，勑殷命終于帝。

弔，善也。旻天者，馬云秋曰旻天，秋氣殺也。方言降喪，故稱旻天
也。佑，助也。將，猶奉也。勑，整也。勑殷命終于帝，作一句讀，猶移文言
告勑于帝也。言天大降喪亂于殷，我周佑助天命，奉天明威，致王者
誅罰伐之罰，告勑殷命之終絕于帝，皆順天命而行。
肆汝多士，非我小國敢弋殷命，惟天不畀允罔固亂，弼我，我其敢求位
惟帝不畀，惟我下民秉為，惟天明畏。
肆爾多士，猶康誥言肆汝小子封，呼而告之也。弋，篡取也。畀，予也。
允，信也。罔，誣也。固讀為怙。春秋傳曰毋怙亂。允罔固亂，允為誣罔
終行暴亂者。弼，輔也。我其敢求位，惟帝不畀，語倒，猶云惟帝不畀
我，豈敢求位乎。言天弼我，我不敢辭。天不畀我，我不敢篡。我下民

二五

惟承上天之化而已。攜亦釋作自我。秉，承也。爲讀爲化。

我聞曰上帝引逸。有夏不適逸，則惟帝降格，嚮于時夏。弗克庸帝，大淫泆有辭。惟時天罔念聞，厥惟廢元命，降致罰。乃命爾先祖成湯革夏，俊民甸四方。

上帝引逸，古格言。逸，說文：失也，兔謾訑善逃也。逸之引申義爲奔放。晉語「馬逸不能止」，注：奔也，是也。引，牽引也。引逸者，牽引之使不至于蹤也。董仲舒曰：國家將有失敗之敗，而天乃先出災害以譴告之。不知自省，又出怪異以警懼之。尚不知變，而傷敗乃至。以此見天心之仁愛人君而欲止其亂也。此上帝引逸之義。適，節也。奔軼絕塵，是不適逸也。格，格人也。格知天命，深明天心而皆其商書西伯戡黎格人元龜罔敢知吉。卬此格也。嚮、勸勸嚮也。遜語讓而去驕。於嚮乎時夏謂嘉勸於是夏國也。庸、用也。弗克庸帝、不用天命也。大淫泆、縱也。後文所謂誕淫厥泆、多方所謂逸厥逸也。有辭、動作切切也。有辭有辭告發譴上天以布命于下也。天念罔聞者、無可念聞也。元命、大命也。革、更也。甸、治也。俊民甸四方、蒙上命字爲文。此言上帝引逸之、致夏不適逸、先降格以引之逸、厥逸則不復引也。

自成湯至于帝乙、罔不明德恤祀。亦惟天丕建、保乂有殷、殷王亦罔敢失帝、罔不配天其澤。在今後嗣王、誕罔顯于天、矧曰其有聽念于先王勤家。誕淫厥泆、罔顧于天顯民祗、惟時上帝不保、降若茲大喪。

帝乙、紂父。恤、慎也。丕建二字無義、丕當作平、因隸書形近而譌也。隸書

二六

丕或从不从十，故致譌。後漢書耿秉傳言平亦所吉平，可證。建爲覡之古同音段借字。在女曰巫，在男曰覡，所謂明神降之，使制神之處位次主者也。○丕建，丕讀爲伻，使也。洛誥伻來以圖及獻卜，或本作丕。賈昌朝羣經音辨云：丕，使也。引書丕來以圖。又君奭天壽平格，保乂有殷。平亦讀爲伻，平格猶使格也。是丕伻同聲通用之證。丕建，即今語之天通格。○保乂，即上文之惟帝降格之惟，亦上文也。其帝其帝之意也。○罔不配天其澤，語倒，猶云其澤罔不配天。王者宅天下，子庶民，無彼疆此界之殊，故曰配天也。○誕罔顯。誕，誕罔也。矧曰其有聽念，句絕。言紂行暴虐，罔可聽聞，與上文惟時天罔念聞語意同。○誕淫厥泆。誕，發語詞也。○淫厥泆，猶多方云逸厥逸也。逸

厥逸，則無有聽念也。于先王勤家，誕淫厥泆，悖亂。我亦誕淫厥泆于
先王勤家也。天顯，天明也。民祇，民之敬也。祇為庶之躬。横字，顧念也。此
言殷之先世，上帝丕建於殷，以到其逸。後嗣誕淫厥泆，遂致覆敗。
惟天不畀不明厥德。凡四方小大邦喪，罔非有辭于罰。
明，勉也。有辭者，言有罪狀。罰，天罰也。此又言四方邦國之喪亡，皆由淫
泆，為天所罰。不僅夏商之國為然，如周書世俘所云，凡憝國九十有九。
孟子滕文公篇云，周公相武王誅紂伐奄，三年討其君，滅國者五十。
言殷之滅亡，由於淫泆無度，自干天罰。我周亦惟秉承上帝命恭
行天罰也。
王若曰：爾殷多士，今惟我周王丕靈承帝事，有命曰：割殷，告勅于

帝。惟我事不貳適，惟爾王家我適。予其曰：惟爾洪無度，我不爾動，自乃邑。予亦念天即于殷大戾，肆不正。

丕，大也。靈，善也。命，天命也。割，滅也。勅，詰也。告勅于帝，猶上文言勅殷命終于帝也。禮大傳云：牧之野，武王之大事也。既事而退，柴於上帝，是告勅于帝之事。此承上文言，商紂暴行，周王承天之命，適之于一也。蔡沈云：上帝臨汝，無貳爾心。惟我事不貳適之謂。上帝既命眷于周，殷惟爾王家我適之謂。按：王家我適，語倒，猶言惟爾適我王家也。事不貳適者，言我一意承天也。王家我適者，言爾當一意承周也。洪，大也。洪無度，言殷民肆也。乃，汝也。言汝大無法度，非我動爾，動自爾邑。爾武庚實首先發難也。即，就也。戾，禍也。肆，故也。

正者鄭注周禮官大司馬云正之者執而治其罪也意言爾君既首

先發難我自可奉辭伐罪殲厥渠魁誅其徒黨但予亦念上天就

降大禍於殷天命使然非爾多士之由故未當正爾之罪也

王曰猷告汝多士予惟時其遷居西爾非我一人奉德不康寧時

惟天命無違朕不敢有後無我怨

時是也指上天降大禍言遷居西爾語倒猶云遷爾居西也成周在紂

都朝歌之西南故云西康寧安靜也後後命也其意言殷地朝

歌天心所厭故遷爾居西此非予一人之好動天意使然也爾多

士其可違天意乎

惟爾知惟殷先人有冊有典殷革夏命今爾又曰夏迪簡在王庭有服

二八

在百僚。予一人惟聽用德，肆予敢求爾于天邑商，予惟率肆矜爾。

非予罪，時惟天命。

典冊記殷革夏命之事。汝所稔知也。汝今所致疑者，周代用人之法也。又之言或也。又曰，猶言或曰也。迪，進也。簡，擇也。服，事也。爾今或曰殷革夏命，夏之多士迪簡在王庭，有職在百僚。周革殷命，亦言之。周此言周家用人，惟能從有德，故予敢求爾於天邑商，遷爾於洛，庶幾興賢而任能也。不理微末之緣，無可登進，祇可懲儆。蓋殷民反覆屢迪來周，故曰予惟率肆矜爾。率，循也。肆，緩也。矜，憐也。以上言周從殷民多士不獲進用，皆由天命。

王曰：多士。昔朕來自奄，予大降爾四國民命。我乃明致天罰，移爾遐逖比

事臣我宗多遜

多士曰成王元年作殘奄是攝政三年事故云昔朕來自奄四國管蔡

商奄也降命下命也遐逖距遠也移爾遐逖者即遷周之言傳獻民

遷于九畢友夫傳言分魯六族分衛七族事比親也我宗宗周及

魯衛也遜順也此遷言往事以證今日此即遷徙也

王曰告汝殷多士今予惟不爾殺予惟時命有申今朕作大邑于茲洛

予惟四方罔攸賓亦惟爾多士攸服奔走臣我多遜

時是也指移爾遐逖之命前之言也申重也前歸自奄大降民命故

此為重命也賓郎亦以鎬京遠在西偏四方道里不均無所於賓所

以作大邑於是洛其一為四方諸侯賓見之地一為爾多士服殷奔走

二九

臣我多遜而之多所處故也。

爾乃尚有爾土，爾乃尚寧幹止。爾克敬，天惟畀矜爾；爾不克敬，爾不啻不有爾土，予亦致天之罰于爾躬。

尚，庶幾也。寧，安也。幹，廣雅釋詁云：事也。幹止，猶言作止也。畀，予也。矜，憐也。啻，但也。毋逸：不啻不敢含怒。鄭本作不但不敢含怒。是啻為但也。啻、但聲相近。

今爾惟是宅爾邑，繼爾居，爾厥有幹有年于茲洛。爾小子乃興從爾遷。

宅，託也。邑者，九夫為井，四井為邑。居，所居之業也。有年者，春秋書有年也。小子，同姓小宗也。此篇誥多士，蓋指殷士大夫為大宗者。大宗

既往小宗乃興，所謂宗以族得民也。周遷殷民皆以族相從，若左傳
分魯衛以殷民六族七族是也。若訓為民之子孫，則祖父既往，子孫方
有不從之理，於文無取。以王為遷殷誥命之文。
王曰，又曰時予。乃或□言爾攸居。
時承也。時予猶言順我也。又曰者，孔氏正義云，凡言王曰者皆是史官
錄辭，非王辭也。今案錄稱王之言曰，以前事未終，故稱又曰以聲為書。
集注言蔡云，王曰下蓋有脫文，以王曰又曰之文不相聯屬，王曰下當
別有一二語而後稱又曰。按此皆不得又曰之解而強為之說也。尚書多
篇惟周公各誥常稱又曰，通檢各篇，除本篇今爾又曰為引或言外，
餘皆一語複說。本文又曰，重言時予也，意言順予乃得興冀爾攸

三十

居也。言修丁寧之意。按段玉裁尚書今古文撰異云：庸當作或，言之訛多了字，譸視是誨字。無譸張誨之言合。今按段說是也。無誨字，則文不成義。或之書有也。乃或誨言爾攸居，語倒，猶言爾攸居乃或誨言也。意言爾多士順予，則於爾之奠厥攸居乃有誨言也。

無逸

周公作無逸。

史記魯世家云：周公恐成王壯，治有所淫泆，乃作毋逸。

周公曰：嗚呼！君子所其毋逸。先知稼穡之艱難，乃逸，則知小人之依。

所，猶處也，安也。安其毋逸者，即下文先知稼穡之艱難而逸也。逸乃不逸，無逸乃逸矣。乃猶而也。無言乃不言而者，乃難乎而也。內内言之先知稼穡之艱難而逸者，先勞而後逸也。依，隱也。隱，痛也。稼穡艱難，小人之依也。

相小人，厥父母勤勞稼穡，厥子乃不知稼穡之艱難，乃逸乃諺既誕，否則侮厥父母曰：昔之人無聞知。

相，視也。厥子至乃逸十二字作一句讀。諺，論語鄭注云：吸喭也。案吸喭即叛換，猶言跋扈也。乃諺之乃，猶其也。誕，大也，今文作延，長也，義亦通。乃諺既誕，倒文，猶言既誕乃諺，大張其澔睢跋扈之行也。句倒與此既備乃事同。否當讀爲不。漢石經亦作不。否則字有兩相顧意。下文民否則厥心違怨，否則厥口詛祝，是也。本文否則字與上既字相顧。言其子以逸爲逸，既大張其跋扈之行，即不知此亦大

三一

張其敗厥之書。蓋偽孔每以為無所聞知也。以上言君子小人勞逸之辨。

下截無聞知語，分出我聞兩大節。

我聞曰，昔在殷王中宗，嚴恭寅畏，天命自度，治民祗懼，不敢荒寧。肆

中宗之享國七十有五年。

中宗，大戊也。嚴，莊。恭，敬。寅，敬也。嚴恭，莊敬。寅畏，畏忌。度，圖度也。

祗懼，震動恐懼也。荒寧，荒廢自安也。肆，故也。享，或作饗。

其在高宗，時舊勞于外，爰暨小人。作其即位，乃或亮陰，三年不言。其

惟不言，言乃雍。不敢荒寧，嘉靖殷邦。至于小大，無時或怨。肆高宗之

享國五十有九年。

高宗，武丁也。時，是也。舊，久也。爰，于。暨，與也。時舊勞于外，爰暨

小人得側猶云爰暨小人時舊勞于外也馬融云武丁為太子時其父小
乙使行役有所勞役于外與小人從事知小人艱難勞苦也作猶及也
酒誥作稽中德稱材作兄以弟乃來云為及也或有也亮陰鄭云轉
作梁闇楣謂之梁闇廬也小乙（崩）武丁立憂喪三年之禮居倚廬柱
楣不言政事故乃或亮陰乃有雍和也雍聲和雍也小大鄭云謂
萬民上及羣臣也言時或怨言有怨之也
其在祖甲不義為王舊為小人作其即位爰知小人之依能保惠于庶
民不敢侮鰥寡肆祖甲之饗國三十有三年
馬云祖甲武丁子帝甲也惟猶為也以王為不義故馬云祖甲有
兄祖庚而祖甲賢武丁欲立之祖甲以王廢長立少為不義逃亡

民間故云不義惟王舊為小人也。作猶及也。即其即位也。史殷本紀云帝武丁崩，子帝祖庚立。祖庚崩，弟祖甲立。是也。保，安也。自時厥後立王，生則逸。生則逸，不知稼穡之艱難，不聞小人之勞，惟耽樂之從。自時厥後，亦罔或克壽，或十年，或七八年，或五六年，或四三年。

生則逸一語已見，兩言之者，周公書重言也。洛誥孺子其朋，孺子其朋其往，亦此類。史官於公重言之處，或書原文，或書又曰。康誥曰汝封，又曰。多士王曰，又曰時予，皆公重言也。江聲云重言生則逸者，欲見逸之甚，又疑為衍文，皆非也。耽樂之久也。亦罔克或壽，言縱欲亡身也。此誥舉商先王以為法戒。

周公曰、嗚呼、厥亦惟周太王王季、克自抑畏。文王卑服、即康功田功。徽柔懿恭、懷保小民、惠鮮鰥寡。自朝至于日中昃、不遑暇食、用咸和萬民。文王不敢盤于遊田、以庶邦惟正之供。文王受命惟中身、厥享國五十年。

厥亦惟我周、今文作厥兆天子爵、文不成義、不可從。亦、亦上殷三王也。

抑、謹抑也。卑服、猶章[illegible]。古文尚書拾遺云：釋文卑作俾、使也。案、三體石經古文篆隸皆作卑、不從馬讀。康、釋宮云：五達謂之康。康、字亦作庚、詩有由庚、春秋傳有夷庚、以為道路大名。康功者、謂平易道路之事。田功者、謂服田力穡之事。前者職在司空、後者職在農官。文王皆親涖之、故曰卑服。今案：康與[illegible]聲相近、康功，即墾闢也。詩天作：高山太王荒之，彼作矣，文王康之，彼徂矣岐，有夷之行。康亦披荊斬棘以啟山林之事。徽，和也。懿，美也。鮮，斯也，語詞，聲相近。昃，日下側也。遑亦暇也。遑暇連用，咸和，咸亦和也。咸和聯用，聯用之前者，古人自有複語也。盤讀為般，樂也。游逸，田獵。正，正稅也。周官太宰以九賦斂財賄，以九貢致邦國之用，二者亦稱九正。司書掌邦之九職、九正。注：九正謂九賦、九貢。九正，稅也。是正包國貢、民賦二者。上言庶邦惟正之供，下言萬民之供，互文也。供，待也。周官太府凡頒財，關市之賦以待王之膳服，邦中之賦以待賓客，凡邦國之貢以待弔用等是也。本文讓例猶言文王不敢以庶邦惟正之供盤於游田也。此亦章首所謂先知稼穡之艱難，乃逸，則知小人之依也。

知稼穡艱難，則知小民痛苦。知小民痛苦，則無敢以小民惟己之供供
其驕奢用度也。周公稱殷戒王者，皆以此。文王受命者，受命嗣位
也。中身，中年也。呂氏春秋制樂篇云：文王即位八年而地動，已動之
後四十三年。凡文王立國五十一年而終。此云五十年者，舉成數也。
戒淫佚樂。言年壽者，勤勞攝生，佚欲戕生，自然之理。凡人皆欲
壽而惡夭。周公言此，開其所欲，禁其所惡，戒以此。舉周先王為法
周公曰：嗚呼！繼自今嗣王，則其無淫于觀、于逸、于遊、于田，以萬民惟正之
供。無皇曰：今日耽樂。乃非民攸訓，非天攸若，時人丕則有愆。無若
殷王紂之迷亂，酗于酒德哉。
則其之則，無義。漢書谷永傳引此無則字，當從之。淫，放濫也。觀，觀

三四

毋隱五傳，常視曰視，此常曰觀。本文語之倒，猶云繼自今嗣王其
無以萬民惟正之供，淫于觀逸游田也。言于觀于逸于游于田者，周
公書重言也。如君奭言有若虢叔，有若閎夭，有若散宜生，有若泰
顛，有若南宮括，又曰之比。漢石經作無淫于酒，毋佚于游田，同義。
與本文不協，蓋有增竄。皇，漢石經作兄，古音同字。兄，況詞也。日，
無日也，今日耽樂，猶言惟耽樂之從也。訓，順也。若，亦順也。丕則，斯
則也。愆，說議也。酗，醉醟也。文言今日事耽樂無暇，言與非民之所
訓，天之所善，時人丕有愆言曰：無若殷王紂之迷亂，酗于酒德哉。無
暇者，況詞也。本文反之，則曰：今日事耽樂，時人丕則有愆，曰無若殷
王紂之迷亂，酗于酒德哉，況此民之所順，天之所善乎。以上皆逸

所聞於古者知稼穡之艱難而逸則知小人之依也勞後有壽以戒成王
周公曰嗚呼我聞曰古之人猶胥訓告胥保惠胥教誨民無或胥譸張
為幻此厥不聽人乃訓之乃變亂先王之正刑至于小大民否則厥
心違怨否則厥口詛祝
胥相也譸張誑也幻相詐惑也首語例文辭言古之人民無或胥
譸張為幻猶胥訓告胥保惠胥教誨也此可聞于古者聽從
也此厥不聽反于古之也訓之順之也順之者謂為譸張幻惑之刑法
也小大者小臣大臣也否則於言或則否違為不言者羣臣長究政法
民罔違從否則心違否則口詛矣
周公曰嗚呼自殷王中宗及高宗及祖甲及我周文王茲四人迪哲厥或告

二五

之曰：小人怨汝詈汝，則皇自敬德。厥愆，曰朕愆。允若時，不啻不敢含怒。

迪，導也。哲，智也。皇，今文作兄。兄，滋也，益也。上愆，訛議也。下愆，過失也。

允若時者，言信若是也。不啻，不但也。鄭云：不但不敢含怒，且欲屢聞之，知己政得失之原也。

此厥不聽，人乃或譸張為幻，小人怨汝詈汝，則信之。則若時，不永念厥辟，不寬綽厥心，亂罰無罪，殺無辜，怨有同，是叢于厥身。

此厥不聽，反上四人所為也。則，即也。則若時，冒下之詞。辟，法也。寬綽，緩綽也。亂，讀為率，語詞。同，合會也。叢，積也。

周公曰：嗚呼！嗣王其監于茲。

以上戒其無輕信讒言，從舉殷三王及周文王為法，皆所聞于古者。

君奭

名公爲保周公爲師相成王爲左右召公不說周公作君奭。

禮文王世子云師也者教之以事而諭諸德者也保也者慎其身以輔翼之而歸諸道者也。相成王爲左右者史記云分陝爲二伯東爲左西爲右按公羊傳云自陝以東周公主之自陝以西召公主之。召公不說者馬云召公以周公既攝政致太平功配文武不宜復列臣位故不說以爲周公苟貪寵也。按鄭正義引鄭王說語既同。中論智行篇云召公見周公既反政而猶不知去疑其貪位。周公爲之作君奭然後說。按諸家皆以召公不說在還政後。史記燕世家說在踐阼時。僞書序論與史說非也。

三六

与內閣、孫星衍与左
傳終不能語者与
有攸同例

周公若曰、君奭、弗弔天降喪于殷、殷既墜厥命、我有周既受。我不敢知曰
厥基永孚于休。若天棐忱、我亦不敢知曰其終出于不祥。
若曰者、周公意云然也。言義例。弔、善也。孚、信也、符也。休、美也。若、
轉詞。周語若、棐其亡其無能爲。棐、輔也。忱、誠也。本文多識對
諸、互言此因名誥者、夏殷早墜厥命、語中申言之。意言周受殷
命、固不能決其基業永符于休。然若天輔誠信、亦不能決其終出不
祥也。事在人爲而已。
嗚呼。君已曰時我、我亦不敢寧于上帝命、弗永遠念天威越我民罔尤違。
惟人。
君指召公也。已、嘗也。墨經曰、自後曰已。時我、是我。召公自我也。時我

召公語。寧〻寍也。永長也。越于也。及也。罔尤違。罔尤于天，罔違于人也。朱子云：諸說多是長句。如君奭弗永遠念天威越我民罔尤違是一句。越只是及。罔尤違是總說上天与民之意。要未說是也。尤違与尤對讀為憚恨也。意言天命無替之歟。君已嘗曰是在我矣。而我亦不敢寧于上帝命，弗永遠念天威及我民罔尤違，曰惟人。文中省一曰字。上文亦字只以明之。亦、而兩相須之意。而加甚之意猶云君已曰時我，我亦不敢曰惟人矣。

在我後嗣子孫，大弗克恭上下，遏佚前人光在家，不知天命不易，天難諶，乃其墜命，弗克經歷嗣前人恭明德。

上下，上天下民也。遏，絕。佚，失。遏佚前人光在家作一句讀，猶多士云

迪爲道雙聲

于先王勤家。誕淫厥逸也。語詳朱彬經傳攷證云：墨子引泰誓[illegible]

云：若日月之乍照，光于四方，于西土。遏佚前人之光在家，其不克顯

于四方于西土可知也。易，難易之易。不知天命不易，猶[illegible]識哉

大誥言爾亦不知天命不易也。諶，信也。天難諶，也惟命不于常

也。歷，久也。上言其墜命，下明其故。

在今予小子旦，非克有正，迪惟前人光施于我孫子。

克，能也。非克有正，君謙詞也。迪惟，語詞，猶下文言道惟也。施，延也。言

我道惟延前人光于我孫子，不使遏佚。

又曰天不可信，我道惟寧王德延，天不庸釋于文王受命。

周公誥命多複疊，如洛誥孺子其朋，孺子其朋，其往，毋逸自日言厥

天不可信。天不可信。

三體石經古文寧作𡨦　鐘鼎款識文武作𡨦

後立王生則逸。生則逸。康誥非汝封文曰。及本篇有若泰顛有若

南宮括文曰之類，皆是原文無是語，二字于字之旁何為識。史官讀

之或書出原文，或易為文曰。其重複語並無實義，惟古讀書者

審神情而已。此文又曰西義則王肅云重言天不可信又申之之肅

意以周公重言，故移文曰。孔雖不能當，與王肅之意同。按王說是

也。重言之者，蓋言天不可信，此即其體。下文決辭道惟寧猶

迪惟也。釋文道，馬本作迪。寧王，西義云言寧王也，即文王也。鄭

王肅按寧當為文，形之誤也。孫詒讓繹讀為斁。斁繹聲聯

通。稱言厭斁也。天不庸釋于文王受命者，謂天可信也。此是語周公

自任之詞。

三八

公曰：君奭！我聞在昔成湯既受命，時則有若伊尹，格于皇天。在太甲，時則有若保衡。在太戊，時則有若伊陟、臣扈，格于上帝；巫咸乂王家。在祖乙，時則有若巫賢。在武丁，時則有若甘盤。率惟茲有陳，保乂有殷，故殷禮陟配天，多歷年所。

格，至也。讀爲多方「惟帝降格」之格。巫咸，人名。乂，治也。書序有咸乂四篇，墨子引禽艾之書，禽艾即咸乂也。陳，久也。此云有陳，猶莊子寓言篇之陳人，所謂老成人也。言有者，猶言有夏、有殷之比，語助詞。陟，登也。禮記祭法云：「殷人禘嚳而郊冥，祖契而宗湯。」言殷世有格人輔政，故能祀祖配天也。謂殷之先哲王配上帝。

天惟純佑命，則商實百姓王人，罔不秉德明恤。小臣屏侯甸，矧咸奔走。

純佑，朕同字古無然鏡中常見。意言敦篤福厚也。此言純佑，純
大也。佑福也。指老成人言。則準則也。商尚，奭鄭曲皙之奭，猶尚也，與
詞對。用實讀為寔，是也。百姓百官，陪仕里居者。王人微者，蓋言也。
明勉也。恤慎也。小臣、御事，屏讀為併，列也。侯甸，侯服甸服也。矧況詞。
咸皆也。覃延也。酒誥自成湯咸至于帝乙，咸上延也。奔走近臣。詩曰
予曰有先後，予曰有奔走，可證奔走語例。於云，詞小臣屏侯甸
咸奔走也。文意言天命老成以樹之，則是百姓里居及王人微
者，尚罔不秉德勉慎，而況列位侯甸之小臣，延及內朝奔走之
近臣，寧不秉德勉慎乎。
惟茲惟德稱，用乂厥辟，故一人有事于四方，若卜筮，罔不是孚。

三九

壽由迪古字同，字類
音同而轉
說文：𠷎，籀文。廣雅
釋訓作疇疇，於於
也。格，於繇，易作由繇
疇疇，澄無雙文作由
繇繇，四雙文作
廣雅釋親：妯娌，某
駸古音今傳作
字

無無上絕，佑也。我，爾也。又，相也。輔，君也。若卜筮罔不是孚者，言若卜
筮之靈，罔有不符，神人皆信之矣。

公曰：君奭，天壽平格，保乂有殷，有殷嗣天滅威。今汝永念，則有固命，
厥亂明我新造邦。

此釋召公今相有殷，天迪格保，而我有天若，今時既墜厥命之疑
耶？引原文釋之。壽當讀為迪，道也。古者聲壽迪同，故紬讀同訓。
審壽同訓，篆籀之作由繇，傳假之為紬，紬繹也。平，和也。是術言與秩
道德也。格，格人，格知天命者也。天壽平格，保乂有殷，即原文天迪格
保也。文意言上天導使格人保乂有殷，宜可長享。率後嗣易天滅
威，故墜厥命。此文語意似未完，蓋因滅威下有若則無固命語，稍

害昌勸寧
周田觀文
厥亂勸寧
割申勸寧
割厥古文周讀
古文本作寧
亂作寧

下文則有國命語而省也字由前今天威則國有國命其治足以光明
我新造之邦矣以上言殷先世任賢而天故降威後嗣易天滅威
敵敗覆敗以釋召公夏殷墜命之疑

公曰君奭在昔上帝割申勸寧王之德其集大命于厥躬惟文王尚克
修和我有夏

割申勸寧四字禮緇衣讀作周田觀文漢博士讀作厥亂勸寧古文
讀爲割申勸寧三讀不同各有是非割當本作害緇衣讀周形之
誤也博士讀厥古文讀割並聲之誤也害當讀爲曷如時日害喪
之害何也申緇衣讀田博士讀寧亂為亂語形之誤也古文作
申不誤申重也勸緇衣讀觀聲之誤也寧當本作文博士古文皆

四十

文之德之命作佐上帝，集厥命于文訓

讀寍形之誤也。禮緇衣作文，獨不誤。寧字為害，申勸文王之德，文意言

在昔上帝曷其申勸文王之德，集大命于其躬乎。咸亂惟文王尚

克修和我有夏，答斷勸，勉也。

亦惟有若虢叔，有若閎夭，有若散宜生，有若泰顛，有若泰顛，有若南

宮括。又曰：無能往來茲迪彝教，文王蔑德降于國人。

亦，亦文王也，言文王修和有夏，不僅文王已，惟有若虢叔諸臣同心

協力也。又曰，有若二字之重文。周公多言有若二字，未嘗實指其人，

蓋言當日賢材眾多，不備具載所舉也。原文蓋脫二字於有若旁，

史官讀為又曰。茲讀為孜，勉也。與召誥茲服厥命之茲同。迪，道；彝，

常也。蔑，無也。繼言設此於不能往復閎除，上言既勉迪彝教文王

篇下兩閒由於茲繇，免即由乎孜勉也

雖賢、亦無德降于國人矣。言周必强力爲而可也。
亦惟純佑秉德、迪知天威。乃惟時昭文王迪見冒聞于上帝、惟時受有殷命
哉、亦上文天惟純佑命則也。純佑、老成人也。秉、執也。迪、導也。時、承昭助
也。迪見、冒之迪用也。見顯示也。冒懷爲勖勉也。古言冒勖同聞
于上帝者、如康誥言惟時怙冒聞于上帝也。時受承受也。言文王
時亦惟老成秉德、導知天威。承助文王顯見勖勉。天命嘉之、乃
受承有殷之命。亦康誥言帝休、天乃大命文王之意也。
哉。武王惟茲四人尚迪有祿。後暨武王誕將天威、咸劉厥敵。惟茲四人
昭武王惟冒、丕單稱德。
哉、古文當本作才。今文尚書泰誓、蔑哉蔑哉、祇作蔑才、可證讀僞

四二

讀為載，聲之誤也。載讀為在。立政「是罔顯在厥世」，漢石經在亦作哉也。載武王，猶言在武王時也。下文「今在予小子旦」，正與此在字相對。漢儒哉上屬為句，非是。迪，猶也。聲相近。尚迪，語詞複用也。四人者，鄭云：至武王時，虢叔等四人有死者，餘四人也。按爾雅云：祿，死也。此言四人尚猶有祿，故鄭君云然。暨，與也。咸為㦰之同音假字。說文：㦰，絕也。古文讀若咸。劉，殺也。昭，亦助也。單，盡也。丕單稱德，言盡稱其德也。此言武王亦由四賢佐助以成其德，以況文王。

今在予小子旦若游大川，予往暨汝奭其濟。小子同未在位，誕無我責。收罔勗不及。耇造德不降，我則鳴鳥不聞，矧曰其有能格。

今在予小子旦，與上文在武王相對。言武王時四人尚迪有祿，今則僅我

二人大川共濟而已。呂誥云今沖子嗣則無遺壽耇曰其稽我古人之
德矧曰其有能稽謀自天。呂公意蓋以召公為老成人沖子不可不就咨
善道。公無意呂公識切己故稱其誥之意反除于彼文而無屑文明同同往
為佩莊子佩予其無識。書傳若昧釋名未之言昧也同未瞻構昧
也。迪無我責言汝大無則責我蓋對呂公無遺壽耇立言收罔
奭之命意猶尚也。如之字為祉者馬為瑞之御勗勉也。者造老成
也。降和同也。見左哀廿六年傳六卿三族降聽政杜注和同也。降之
命者也。呂公戒成王詩云鳳凰鳴矣于彼高岡又云藹藹王多吉士
鳴鳥不聞蓋對詩發語。格猶格知天命也。大誥矧曰其有能格知天
命與此矧曰其有能格與呂誥矧曰其有能稽謀自天語意正同。

四二

相𩔖對。意言也。時耇造不和。賈假本證。此雖頌言者也。我則鳴鳥

不聞。勖勉從事，而慶不遠。矧曰其有能稽謀自天乎。斯不能不思

汝同舟共濟也。言諸家不知收圖為爽之命者。訓詁雖多，於文義協

均鑣諸屋。

公曰：嗚呼！君。肆其監于茲。我受命無疆惟休，亦大惟艱。告君乃猷裕，我不

以後人迷。

肆，今也。茲茲下受命艱大也。猷裕，雙聲聯詞，猶寬綽也。鄭亦名公

不說似隘急，故令讓于寬裕也。迷，惑也。言今汝不可不監于有周受命

有無疆之休，亦有無疆之艱。告君其寬緩我，不以子孫之故而迷於[illegible]

位也。以上言文武皆因賢才眾多以成大業。今當艱大，故戒召公不可

盧藏退志

公曰前人敷乃心乃悉命汝作汝民極曰汝明勖偶王在亶乘茲大命

惟文王德丕承無疆之恤

此蓋述武王顧命之言也據序故召公為保周公為師相成王為左右經文言前人悉命汝又云汝明勖偶王則二公之相成王乃受命于武王者也前人謂武王也敷布也悉詳也極中也謂官以為民極曰顧命言也明勖注勉也爾雅偶合也此言偶者謂言共輔也亶誠也同命周召二公故云偶王在亶者猶左傳曰息言耦俱無猜也乘載也恤憂也意言汝當明勉共輔孺子開誠布公乘茲大命惟在丕承文王之德無窮之恤所以勉之也

四三

以訓與，見詩江有汜箋。

言予太告于汝者，書於遺之辭。襄，除也。合，即配合，即來合之合。合，答字也。假言除我二人，不用予乎，汝亦有所答，則曰惟在時二人也。

公曰：君！告汝朕允保奭。其汝克敬以予監于殷喪大否，肆念我天威。

允，信也。保，官名。以，猶與也。大否者，王葵園云：易天地交為泰，天地不交而萬物不通為否。殷之末世，天地閉塞，是大否也。肆，長也。言予深信保奭，其克敬前人之命，與予共濟斯難。

予不允惟若茲誥，予惟曰「襄我二人，汝有合哉」？言曰「在時二人」。天休滋至，惟時二人弗戡。其汝克敬德，明我俊民，在讓後人于丕時。

允惟，信惟也。與酒誥「茲乃允惟王正事之臣」詞例同。茲，茲上文所誥也。予惟曰，承上文為轉語也。襄，爾雅云：除也。設問之言，除我二人，汝有合德者乎？言曰，代召公答，僅是二人也。戡，勝也。明，如堯典明明揚仄陋之明。俊民，賢人也。在，終也。丕時，猶丕承也。詩云：帝命不時。不時，亦丕承。

在訓終，見爾雅釋訓

言天命之見不可偏缺其
一筆之齊氏釋帝蔡甚
當釋命爲答文種德
屬

俾訓從見釋詁大戴
禮少閒篇云出入日月
莫不率俾

用閔于天越民與篇
首我亦不敢寧于上
帝命弗永遠念天威

聲相道（近）。言天命修遠，耄老將及，國乃叢脞。是二人亦將不能勝汝。

其茲德明舉作之者人乎。後進能正承前烈，二人始可引退讓賢也。

嗚呼，篤棐時二人，我式克至于今日休，我咸成文王功于不怠，丕冒海隅出日，罔不率俾。

篤，厚也。棐，輔也。篤棐時之人語，劉邢云時之人篤棐也。我式之我，我周也。式，用也。咸，徧也。竟也。言周家克成厥功，無懈弛也。冒，覆冒也。俾，從也。言周家莫不率從。魯齊之功，意言我之人來輔周家，我周用能有今日之休美。我欲終成文王之功，永不懈弛。天冒覆天下四海之內，日出之所照，罔不率從法度也。

公曰：君，予不惠若茲多誥。予惟用閔于天越民。公曰：嗚呼，君，惟乃知

四四

越我民罔尤違語意相應

惠迪毋惟前四處之字皆錯

旦言上同受厥命，不能不始終其事也

民德亦罔不能厥初，惟其終。祗若茲，往敬用治。

惠當作惟，聲之誤也。酒誥「予不惟若茲多誥」，漢石經惟亦作惠，可證。不惠亦下，予惟對言；酒誥「不惟亦下，予惟」對言也。閔，憂也。越，于也，及也。民德亦罔不能厥初，惟其終，對召誥「若生子罔不在厥初」生自貽哲命言。公意謹始固難，慎終更易，故云爾。亦召公語意也。

本勉召公而言民德，蓋統言也。祗，祠也。往敬用治，猶云行其勉之矣。

上文覆辭，留也。

成王征亡

成王東伐淮夷，遂踐奄，作成王征。

鄭云：奄國在淮夷之北。此伐淮夷與踐奄，是攝政三年伐管蔡時事。

其編篇於此，未聞。踐讀曰翦。翦，滅也。據是衍云，周本紀，周公行政七年，成王長，周公反政成王，作召誥、洛誥、多士、無逸。下文召公為保，周公為師，東伐淮夷，踐奄，遷其君薄姑。則是先伐淮夷，在七年反政後，蓋古文說也。按鄭君據古傳，史公據書序，史說為當。

將蒲姑之

成王既踐奄，將遷其君于蒲姑。周公告召公，作將蒲姑。

蒲姑，史記作薄姑。奄君名。成王既踐奄，遷之於齊，遂以其名名地。江聲云：伏生大傳云：鄭君蒲姑謂祿父曰：武王已死矣，成王幼，周公見疑矣。此世之將亂也，請舉事。然後祿父及三監叛。周本紀云：遷其君薄姑。然則蒲姑，鄭君之名，此序當言將栖其君蒲姑，于，乃衍字也。成王挾奄君其地，遂爲齊邑。故左傳云：蒲姑氏因之，而後太公因之。蒲姑氏即鄭君也。按史記徵書序無于字，則于爲衍字，自是也。將讀爲戕。蓋姑遷，後乃殺之。大傳書序有榑諸，亦遂踐奄，踐之者，籍之也。籍之謂殺其身，執其家，瀦其宮。榑奄古同音，榑諸疑即成王征將蒲姑云殺其身，則是戕之也。

多方

成王歸自奄，在宗周，誥庶邦，作多方。

孫星衍云：此篇書序列在無逸、君奭之後，前尚有成王政、將蒲姑亡佚篇。史記周本紀召誥、洛誥、多士、無逸及與多方，俱在周公行政七年，成王長，周公反政之後，與伐誅管蔡、非一時事。大傳則云周公攝

政一年救亂二年克殷三年踐奄七年致政於成王則此是攝政三
年事當在多誥洛誥諸篇之前故書序疏引鄭注云此伐淮夷與
踐奄是攝政三年伐管蔡時事其編篇於此未聞案古今文說
書本不同史公聞故孔安國又與書序編篇之次相合未可非也今
案孫說是也上兩佚篇序云成王東伐淮夷遂踐奄作成王征成
王既踐奄將遷其君于蒲姑作將蒲姑又費誓序云魯侯伯禽
宅曲阜徐夷並興東郊不開作費誓彼經云淮夷徐戎並興是成
王即政之始淮夷與奄重叛成王親征經之乃遂踐奄故經中云我
惟是其戰要囚之至于再至于三也又周公攝政之初奄與淮夷
從管蔡作亂周公征而定之孔所謂周公東征四國是也皇甫也云

四六

成王即政，適爲五年，故經云今爾奔走臣我監五祀也。云歸自奄者，晚出孔傳云伐奄歸也。鄭云奄在淮夷之旁，宗周鎬京也。

惟五月丁亥，王來自奄，至于宗周。

周公反政後之明年，成王元年五月廿日丁亥。晚出孔傳云：周公歸政之明年，淮夷、奄又叛，魯征淮夷，作費誓。王親征奄，滅其國，五月還至鎬京。據此經云王來自奄，多士篇云昔朕來自奄，彼文云三月，此文云五月，故鄭疑書序編篇於此也。實則彼云昔朕來自奄，是周公自言東征管蔡事，與此經史臣記事詞偶合，不必牽連爲一事也。此爲史官記事之詞，下則誥命正文。

周公曰：王若曰，猷告爾四國多方，惟爾殷侯尹民，我惟大降爾命，爾罔不知。
王肅云周公攝政稱成王命以告。及還政稱王曰。嫌自成王辭故加周
公曰以明之。今案周公稱王若曰者猶云攝王意云然也。此為還政以
後誥命嫌似為攝王意故更於王若曰上加周公曰以明之言成王之意
周公為之辭也。鄭此知多士作於攝政七年還殷頑於洛邑故祇
書王若曰。多方作於還政以後誥誡庶邦故稱王若曰又稱周公曰也。
猷，圖也。誥命發端常語。四國者管蔡商奄也。首及之者屢謀叛亂
民尤不靜也。多方言所之也。惟，與也。聲相近。殷侯國君也。尹正也。尹
民長民者。降，下也。命，教令。知，識詞。爾罔不知，警之也。
洪惟圖天之命，弗永寅念于祀。惟帝降格于夏，有夏誕厥逸，不肯慼言

于民，乃大淫昏，不克終日勸于帝之迪，乃爾攸聞。
洪，代也。洪惟，即代惟。周公代王誥命，發端常語。大誥「洪惟我幼沖人」是
也。圖，度也。此當讀為廢。閑，塞也。寅，敬也。祀，祭祀也。格，格人，深通天
命者也。言夏代閑于天，降威，弗克敬事鬼神，深察天心向背。帝降格
人以啓迪之，冀其悛改。悟此，即多士所云「有夏不適逸，則惟帝降
格，嚮于時夏」也。誕，大也。誕厥逸者，謂其奔放也。與多士「有夏不適逸」
語意同。慼言於民，善言相慰也。大淫昏，大為淫逸，昏於迪道也。
攸聞，所聞也。帝之迪，帝所啓迪格人之言也。勸，勉也。終日，崇朝也。不
克勸於帝之迪，如紂之言「我生不有命在天」，祖伊之言「惟王淫戲用自絕，故天棄
我」也。

厥圖帝之命不克開于民之麗乃大降罰崇亂有夏因甲于內亂不
克靈承于旅罔丕惟進之恭洪舒于民亦惟有夏之民叨懫日欽劓
割夏邑天惟是求民主乃大降顯休命于成湯刑殄有夏
厥甚也甚夏贊也開開釋也麗歷讀為離離于畢網也呂刑苗民匪
察於獄之麗又云越茲麗刑是也大降罰者大事殺戮也崇充也甲
讀為狎習也釋詁仍因也因亦訓仍因仍狎習謂相比近內亂新云
習為鳥獸之行于內為內亂周官大司馬云外內亂鳥獸行則滅之
是也靈善也旅衆也上帝之尸也見召誥圖謀也丕讀為不急气言
之進讀為賮財也漢書高帝紀曰蕭何主進臣瓚曰進字本作
賮恭讀為供給也洪大也舒困學紀聞曰古文作荼捈舒荼古音同

四八

廣雅：荼，痛也。按：荼，毒也。詩：「民之貪亂，寧爲荼毒。」貪財曰叨，忿戾曰懫。欽，敎也，崇也。劓割，猶言殘害也。顯，光休，美也。殄，絶也。言夏桀閑于天威，不容天心，嚮背即民心好惡，以是嚴刑密綱，濫殺無辜，崇亂夏邑。因習内亂，不克寅念祀事，荒廢帝命，行政用人，尤爲乖謬，日惟厚斂殘民，崇奉貪饕，率割夏邑。天乃降命成湯，刑殄有夏。

惟天不畀純，乃惟以爾多方之義民，不克永于多享，惟夏之恭多士大不克明保享于民，乃惟胥虐于民，至于百爲，大不克開。

純，大也，猶詩言純嘏，多士言純佑也。不畀純者，不予以大福也。以，猶與也。義民，即獻民。惟夏之恭，夏民所供也。明，勉。保，安也。享，享于民之享，言勸饗也。胥，皆也。百爲，民所行事也。大不克開，蒙上文不克開於民

主而廢而有也。○言天不錫以絕墜乃興爾多方之獻民不克長享有夏
之祿位者以多士明顯為暴民有過誤立寘刑典為神人所共憤
矣要曰此國王不供其職故貿罪因其無極也。○本文語倒多士內宜在
上惟天不畀純內宜在下。○言多士大不克明保享于民故爾多
方之義民不克永于多享惟夏之恭也。○上節言獨夫為天人所共
棄本節言多方亦為天人所共棄也。○
乃惟成湯克以多方簡代夏作民主。○慎厥麗乃勸。○厥民刑用勸。○以
至于帝乙罔不明德慎罰亦克用勸。○要囚殄戮多罪亦克用勸開釋
無辜亦克用勸。○今至于爾辟弗克以爾多方享天之命。○嗚呼
簡擇也。○言夏桀暴虐既無足以長享者故成湯因多方簡擇而代

四九

夏作民主也。湯武均由於衆擁戴為共主，故云多方簡。厥民刑用勸，語倒，猶言刑厥民用勸，與慎厥麗乃勸對文。勸，勉也。言無論滅刑、加刑，皆所以勸民為善也。帝乙對文亦克用勸，亦戒湯也。要囚，為其罪浮之要辭也。要囚殄戮多罪亦克用勸，此亦厥民刑用勸也。開釋無辜，亦克用勸，此亦慎厥麗乃勸也。周公誥命之辭有繁而不殺者，此類是也。辟，君也。弗克以爾多方享天之命，與上文弗克永于多享，惟夏之恭，句例語意正同。必及多方者，誥命為多方發言，桀紂為虐，罪及多方，夏殷往事皆同也。終篇嗚呼者，意言爾君而不能延其祀，爾多方亦同離其禍，是可懼也。此言夏商圖天之命，弗永寅念于祀，以底滅亡。

王若曰、猷誥告爾多方、非天庸釋有夏、非天庸釋有殷、乃惟爾辟、以爾多方大淫圖天之命、屑有辭。乃惟有夏圖厥政、不集于享、天降時喪、有邦間之。乃惟爾商後王逸厥逸、圖厥政不蠲烝、天惟降時喪。

誥告、以誥辭告之也。庸釋、厭斁也。屑、雜碎有聲也。言大淫圖天之命屑有辭者、即仲虺之誥所謂我聞有夏人矯天命布命于下、帝式是憎、用爽厥師也。圖厥政者、塞厥政也。集與輯通、和也。享、祭也。間、代也。逸厥逸者、縱放奔馳不適逸也。蠲、潔。烝、升也。不蠲烝猶酒誥弗惟德馨香祀登聞于天、誕惟民怨、庶羣自酒、腥聞在上也。此申上文夏商圖天之命、弗永寅念于祀之意。

惟聖罔念作狂、惟狂克念作聖。天惟五年須暇之子孫、誕作民主、罔

五十

可念聽。天惟求爾多方，大動以威，開厥顧天。惟爾多方罔堪顧之。惟
我周王，靈承于旅，克堪用德，惟典神天。天惟式教我用休，簡畀殷
命，尹爾多方。
聖，通明也。念，常思也。蔡傳云：聖而罔念則為狂矣，狂而克念則為
聖矣。惟一念之善惡，聖狂互易，其幾甚微，故聖人須有日新之功焉。
人無迴念遷善之路，故天不遽絕紂也。五年者，文王受命九年而
崩，武王服喪三年，還歸二年，是受命十三年乃速伐殷也。須，待也。暇，
寬暇也。之，猶其也。誕，延也。言天覬紂悔悟，待寬暇湯之子孫冀乎
五年之久，延作民主，罔可聽聞，言終無善政聞於上也。天既不能須
之於紂，乃轉而求諸多方，大動以威者，以災異譴告。墨子非攻篇記

紂時諸怪異是也。開，啓示也。厥，其也。顧，念天威也。言天動威以啓發多
方，冀其上承天意伐暴救民，而多方罔能勝顧天之任者。靈，神也。
善也。旅，祭上帝之尸也。克堪，同義。服，用。典，主也。言周王能用德以
主神天，此即多方篇所云丕靈承帝事也。式，用也。休，美也。天用休
祥，式教我用休，即泰誓所謂朕夢協朕卜，襲于休祥也。簡畀，簡擇付
與也。尹，正也。此言周代善承帝意，寅合於祀，故能尹爾多方，咸由力
迫蹙取也。

今我曷敢多誥，我惟大降爾四國民命。

降，下也。四國民，管蔡商奄之民也。言大降教令於爾四國民。

爾曷不忱裕之于爾多方。爾曷不夾介乂我周王享天之命。今爾尚宅

五一

爾宅畋爾田，爾曷不惠王熙天之命。

忱裕，猶優游也，古雙聲連詞。夾介，猶洽比也，亦雙聲連辭。乂通作艾，燮諧通，艾相也。尚猶猶也。畋，治也。惠，順也。熙，廣也。言爾多方諸侯曷不優游於爾境土，曷不洽比臣服我周，王遷於下，臣易於下，汝諸侯之國，應隨殷降黜。今爾諸侯尚居爾常居，厥臣尚得畋爾故田，田宅不易，安亦如此，汝曷不順從我周王之政，以廣天之命乎。

爾乃迪屢未靜，爾心未愛。爾乃不大宅天命，爾乃屑播天命，爾乃自作不典，圖忱于正。

迪，導也。屢，數也。迪屢未靜，猶康誥云屢迪未同也。愛，惠也。惠，順也。宅，度也。屑，碎也。屑播，播棄也。典，法也。圖，謀也。忱讀為抌，告言不正也。見說文。圉，執干正，訓張，敔也。正，長也。言此以責之。

我惟時其教告之，我惟時其戰要囚之，至于再，至于三，乃有不用我降爾命，我乃其大罰殛之。非我有周秉德不康寧，乃惟爾自速辜。

教告之，謂訊以文告。戰要囚之，謂討其叛亂，受其要辭而囚之也。至于再，至于三。孔傳云再，謂三監淮夷叛時；三，謂成王即政又叛。言迪屢未同之事。罰殛，謂誅殺也。速，召也。言爾再三亂命，我惟執法以繩之，此以警之。以上誥告諸侯，篇首所謂四國多方也。與下告多士別。

王曰：嗚呼！猷告爾有方多士暨殷多士。今爾奔走臣我監五祀，越惟有胥伯小大多正，爾罔不克臬。

五二

嗚呼多士告之也。監，參國也。周官太宰乃建其牧立其監。五祀者，
周公攝政三年踐奄，至成王即政元年適五祀也。惟我監五祀猶多
士言，惟我宗也。越，及也。越惟有胥伯小大多正，尚書大傳引作越
惟有胥賦小大多政。伯當為賦，聲之誤也。正與政通。胥讀為疏，役也。賦
賦稅也。正，貢賦也。周官太宰以九賦斂財賄，以九貢致邦國之用。司
書職謂之九正。注，九正謂九貢九賦。正，稅也。此云小大多政，蓋國□
賦也稅及邦國之貢云云也。臬，準的也。通作藝，春秋傳云貢之無藝，
是也。此言爾多士自遷洛以後，惟我侯國五祀矣。所有賦稅正供，爾
等無不惟力是視，是爾多士於我周無有二心也，言此以慰之。
自作不和，爾惟和哉。爾室不睦，爾惟和哉。爾邑克明，爾惟克勤乃事。

爾尚不忌于凶德，亦則以穆穆在乃位，克閱于乃邑謀介。

睦也，和也。勖，勉也。忌讀爲惎，謀也。秦誓未就予忌，即未就予謀也。左傳惎間王室，即謀間王室也。和順爲善德，怨惡爲凶德。穆穆，敬也。閱，簡閱也。閱閱之，令善也。言爾自己及爾官或有怨惡，爾其和之，勸爾能勤汝職事，以爲民倡，則爾邑皆勉於事矣。語到爾尚不謀于凶德，汝以和敬之德居於民上，故又可簡閱邑中之善者而與之謀事也。言此以敎之，敎之和，所以鎮其戾氣也；敎之勤者，革其惰心也；敎之謀介者，教其安靈也。

爾乃自時洛邑，尚永力畋爾田，天惟畀矜爾，我有周惟其大介賚爾，迪簡在王庭，尚爾事，有服在大僚。

五三

永，長也。畋，獵也。畀，與也。矜，憐也。大介，當為夼一字，誤為兩字也。諸文夼，大也。夼賚，猶論語言周有大賚，善人是富。賚，賜也。迪，進也。簡，擇也。尚，加也。服，事也。僚，官也。言先以歆之。

王曰：嗚呼！多士，爾不克勸忱我命，爾亦則惟不克享，凡民惟曰不享。爾乃惟逸惟頗，大遠王命，則惟爾多方探天之威，我則致天之罰，離逖爾土。

勸，勉也。忱，信也。享，勸嚮也。如嚮乎時夏之嚮。凡民惟曰不享，蓋當時常語，亦見洛誥。此言凡民皆曰不克享也。逸，放也。頗，邪也。探，釋嘗，亦試也。探天之威，猶云以身試法也。離逖爾土，鄭云：多離奪其居土也。猶是術事之云，論語奪伯氏駢邑三百。既放而離逖之，則

故亡非甚所有也。言此以警之。以上諸告多士篇首所謂殷侯尹民

也。正義云殲周之邑之士不得視之多方此蓋意在殲周邑者兼

告四方諸侯使知。

王曰我不惟多誥我惟祗告爾命。又曰時惟爾初不克敬于和則

無我怨。

祗敬也。時惟爾初，與之更始也。于猶與也。聲之轉。正義引顧氏云

又曰是王又復言曰也。今案本篇言周公曰王若曰者一。稱王若曰

者一。稱王曰者三。是復言皆稱王曰。此稱又曰，蓋重言時惟爾

初也。反覆丁寧之意。

尚書正讀卷五終

政，正也，見雅詁。

尚書正讀卷六

立政

益陽曾運乾述

周公作立政

史記魯世家云：周官官政未次序，於是周公作周官，官別其宜，作立政，以便百姓。按：辨、便讀為辨，言辨章也。百姓，百官也，猶堯典言辨章百姓也。依書序編次，立政在周官前，則是時周官六典尚未頒行，故公依舊制而言用人行政之法也。王引之曰：政與正通，長也。立政，謂建立長官也。篇內所言，皆官人之道，故以立政名篇，所謂惟正是乂之也。偽孔釋序曰：周公既致政成王，恐其怠，故以君臣立政為戒。釋篇名云：言君臣當共立政，則是誤以政為政治之政矣。

又曰。解者不知政爲正之誤，而以爲政治之政，於是立政一篇遂全失其指。

周公若曰：拜手稽首，告嗣天子王矣。用咸戒于王曰：左右常伯、常任、準人、綴衣、虎賁。

立政之作，在周公致政以後，故稱告嗣天子王。時王在宗周，公出居洛，命使傳陳言，故稱拜手稽首矣。矣矣，語已詞。咸，徧也。曰左右之曰，讀爲于左宣十五年傳：其君無日不討國人而訓之于民生之不易。杜注：于，曰也。此曰字與彼文于字用例正同。風俗通十反篇云：周公戒王以左右常伯、常任、準人、綴衣、虎賁，言此五官存亡之機，不可不擇也。應劭以以代曰，猶杜注以曰釋于也。左右，王之親近大臣，兼下文所舉五官。曰，是也。常伯即後文之牧與牧人牧伯之職也周官云八命作牧九命作伯常任後文之事與任人治事之官也鄭注周官大司馬云任猶事也準人即後文之準與準人平法之官也今文準作辟形近而譌三者所謂三事也綴衣掌衣服者虎賁掌以武力事王者周官虎賁氏也

周戒戒于王曰左右云云者言徧告于左右常伯常任準人綴衣虎賁五官之重要也反言之則曰以左右常伯常任準人虎賁綴衣徧戒于王也以上史官記事之辭

周公曰嗚呼休茲知恤鮮哉古之人迪惟有夏乃有室大競籲俊尊上帝迪知忱恂于九德之行乃敢告教厥后曰拜手稽首后矣曰宅乃事宅乃牧宅乃準茲惟后矣謀面用丕訓德則乃宅人茲乃三宅無義民

二

休美茲猶斯也恤憂也鮮少也休茲知恤作一句讀周初文言休恤相
對成義名誥言無疆惟休亦無疆惟恤及此皆是也休茲知恤言
居安思危者鮮矣迪惟猶道惟正義引王肅爲古之人道惟
有夏之大禹爲天子也其意言古人之道須有此事據君奭迪
惟前人光施于我沖子迪惟亦道惟也正與下文道惟對用有室
諸侯也大誥王害郁君可證競彊也詩烈文無競維人箋人君
爲政無彊乎得賢人者籲呼也俊髦也言夏代君臣相競招賢
也尊讀爲遵循也迪道也上帝迪者上帝所啟導也召誥天
迪格保多方不克勸于帝之迪此帝迪聯用之證知識詢也忱
讀爲審知審諦也礼檀弓之爲榆沈沈即瀋也忱聲審聲通假

甚例也。傳訓忱恂爲誠信，誠之信也。語複非詞例。恂信也。九德者皋陶謨云：亦行有九德，亦言其人有德，乃言曰：載采采。寬而栗，柔而立，愿而恭，亂而敬，擾而毅，直而溫，簡而廉，剛而塞，彊而義也。文言有夏遵帝之迪，知審恂于九德之行也。九德，必言行，文必言恂。于九德官人，不惟其言，惟其行，不惟其貌，惟其心。皋陶謨所謂亦行有九德。本經下文所謂文王惟克厥宅心是也。曰宅乃事以下至無義民，羣臣陳官人之大法也。宅，度也，度量之也。治事之官，度其事之理亂；牧民之官，度其民之安危；執法之官，度其法之平頗。度之而名副其實者，稱其職，則得曰宅乃事，宅乃牧，宅乃準矣。茲惟后矣，言厥先思以義乃得后稱矣。此以觀行，觀心爲官人之法也。一面謀乃安無面

三

從之面諂面獷言以貌取人也玉諒為不急氣言之訓順也不利德

即下文恰人不訓于德也文言觀人者不考諸行不審其心徒聽言觀

色是謨面風不訓順德是後文所謂恰人不訓于德是皋陶謨所

謂巧言令色孔壬者也是任宅事宅牧宅準是乃宅人矣宅乃

者驗諸行事不諧其事宅人者私諸視聽而事藝技之器乃亡宅

之以義民矣義賢也獻也之字大要在義民即獻民萬邦黎獻即

萬邦黎儀民儀有十夫即民獻有十夫矣王到之積而為攸貌又

該以義為儀迂曲怪僻不可從此以觀色聽言為宅人之法也與上

文所以第正對謀面與忱恂對不訓德與九德對九德以剛柔相

濟為德不訓德以剛愎傲狠為德一為善德一為惡德宅人與

宅事宅牧宅準數上言所當法下言所當戒于古官人之得失盡兹

二義

桀德惟乃弗作往任是惟暴德罔後

德謂文升也乃其也作起也往舊也往任猶云老成人也盤庚古

我先王亦惟圖任舊人共政言夏桀既與弗任老成惟暴德是

舉也罔後言絕世

亦越成湯陟丕釐上帝之耿命乃用三有宅克即宅曰三有俊克即

俊嚴惟丕式克用三宅三俊其在商邑用協于厥邑其在四方

用丕式見德

亦亦有夏也越于也及也陟上升也古文德陟二字聲近義通聲變

四

福也。耿，光也。丕釐上帝之耿命，大受上帝之明命也。即，就也。曰讀為越，于也。俊，進也。嚴，刻也。丕式，大法也。協，洽也。見，顯見也。三有宅，有，語詞，猶詩言三有事也。以事牧準言，成績考而敘官吏。曰三有宅，以事牧準之稱；曰登進人才，曰三有俊。克即者，蔡沈云：言湯所用三宅，實能就是位而不曠厥職；所稱三俊，實能就是德而不浮其名也。言適用三宅考案之法，于三俊登賢垂為定式。由是商家用人，克用三宅三俊，官無廢事，野無遺賢。其在商邑，則能和協其民；其在四方，亦以大法其所見之德也。

嗚呼！其在受德暋，惟羞刑暴德之人，同于厥邦；乃惟庶習逸德之人，同于厥政。帝欽罰之，乃伻我有夏，式商受命，奄甸萬姓。

受，商紂也。古文作受，今文作紂。德亦升也。其在受德句絶，敃連下讀，與康誥敃不畏死句例同。爾雅釋詁：敃，彊也。羞，當為致聲之
[illegible]或女以為好字
誤也。羞刑暴德，謂任刑棄德也。同於厥邦，與同惡相濟也。牧誓言
紂乃惟四方之逋逃是崇是長，是信是使，是以為大夫卿士，俾暴虐
於百姓，以姦宄於商邑。蓋即指此而言。庶，衆也。習者，與人君相狎暱，
謂左右近習之人也。逸德，猶失德也。酒誥言庶羣自酒，腥聞在上。
伊，斯也。欽，崇也。俾，使也。有夏，周舊地稱。康誥用肇造我區夏，以修
我西土；君奭惟文王尚克修和我有夏；左傳為之歌秦，季札曰此之
謂夏聲是也。式，讀為代。奄，大。甸，牧也，覆也。甸，治也。以上言夏商
二代官人之得失。

五

大臣 近臣

常臣總言王臣

屬國 夷牧險塞

大臣

亦越文王、武王克知三有宅心，灼見三有俊心，以敬事上帝，立民長伯。立政：任人、準夫、牧作三事。虎賁、綴衣、趣馬、小尹、左右攜僕、百司庶府。大都小伯、藝人、表臣百司、太史、尹伯、庶常吉士、司徒、司馬、司空、亞旅。夷、微、盧烝，三亳阪尹。

亦，亦上有夏殷、湯也。灼，說文引作焯，明也。克知三有宅心，言能知事牧準三宅之心，而使在官。灼見三有俊心，言明見事牧準三俊之心，而不失賢也。克知灼見，互文也。知見皆言心者，明晰而不謀面也。立民長伯，伯亦長，冒下文所舉各官也。三宅三俊，以敬事上帝者，劉逢祿云：賢俊者，上帝之心。下文武惟官人，所以事天，謂民即夏也。之。籲俊尊上帝也。立政，政與正通，長也，冒下三事，任事與曰任人平

近侍

御家之臣

準者曰準人牧民者曰牧作三事者晚出孔傳以文訓之謂爲湯以立
政常任準人及牧謂爲天地人之三事也案詩十月之交三事大夫箋
云三公則此三事也虎賁綴衣趣馬小尹左右攜僕百司庶府蓋周
官侍御之臣也虎賁綴衣已見前趣馬掌贊正良馬而其屬也此官
職雖卑而常近人君詩正月云蹶維趣馬與卿士司徒內史師氏同
舉可知其寵幸矣左右攜僕江聲云蓋者周禮大僕射人也鄭注
周禮射人云射人與僕人俱掌王之射位按攜者提攜之攜禮檀弓
扶君僕人師扶右射人師扶左是其職也百司庶府者周官官名言
司者多府則有大府玉府內府外府泉府天府之屬言百言庶皆
凡目最之詞也大都小伯藝人表臣百司蓋補臣都家之官也大都三

六

總言天朝之官

侯國官制

夷狄君長

公之采邑小都卿大夫之采邑伯長也大都言都不言伯小都言伯不言都互文見意也藝人蓋微執官也左昭十三年傳貢之無藝家語今於不貢藝事注藝多別貢獻之事多方越惟有胥賦小大多正爾罔不克臬臬亦藝也表臣百司表之言外是外百司也太史尹伯庶常吉士復言其官也太史當是建邦之六典尹伯周官每官有長若太史為史官之長大司樂為樂官之長也庶常也常祥也吉善也常吉謂常事皋陶謨彰厥有常吉哉是也庶常吉士總括上舉各官言在位者皆祥吉也司徒司馬司空亞旅此侯國官制也司徒司馬司空三卿也亞旅次卿眾大夫也夷微盧烝夷東夷微南蠻盧西戎烝羌也劉逢

牧制

孫云立之君而分爲官制從其俗春秋長狄參大夫本此義三亳阪尹
鄭云三亳者湯舊都之民服文王者分爲三邑其長居險故曰阪尹
蓋東成皐南轘轅西降谷也劉逢祿云經意蓋以前代舊都九州
之險王制所謂名山大澤不以封諸侯者皆立尹以統之是也據本文
序官先大臣而後小臣先近臣而後遠臣先王所而後侯國先諸
夏而後戎狄其大較也
文王惟克厥宅心乃克立茲常事司牧人以克俊有德
克厥宅心依下文克立克俊語例當作克宅厥心讀本經經刪克
字非也克宅厥心亦克度其心即上文忱恂於九德之行也常事即
上常伯所謂宅乃牧也立茲常事司牧人即上文之有宅克即宅也

七

如是術云：法者天下之平，君欲知之，安有所以尊其旨以為權，而易屬諸自易屬，以即汝封亦文王罔敢知之義。

克俊有德，即上文三有俊，克即俊也。此言文王官人之法。

文王罔攸兼于庶言。庶獄庶慎，惟有司之牧夫，是訓是（用）違。庶獄庶慎，

文王罔敢知于茲。

庶言，教令也。此言即下文一話一言之言。彼云時則勿有間之，此云罔攸兼于庶言，其義一也。文王勤于求賢，逸于任賢，持其大體，不侵庶職，故如文王罔攸兼于庶言矣。庶獄，罪獄訟也。慎，訪事眾叢戒也。庶慎即庶戒。周禮所云邦戒、官戒，則將令之傳書矣。之猶與也。有司即上文所立之司，亦即準人。牧夫即牧人也。訓，順也。言庶獄庶慎，其或用或違，唯有司與牧夫是順也。庶獄，準夫之事；庶慎，牧夫之事。文王罔敢知于茲，故舜不能救瞽叟於皋陶執法之下，王之玩好

祇式貢之餘財，不能敢盈于九貢九職也。此言文王任賢之法。

亦越武王率惟敉功，不敢替厥義德，率惟謀從容德，以並受此丕丕基。

亦，亦文王也。率，循也。惟，謀也。敉，撫也，竟也，如汝諧敉寧王大命之敉。敉功者，竟文王所圖之功也。替，廢也。義德，德合於宜，如皋陶謨所言九德也。謀讀為敏，見禮中庸鄭注。容德，其休休有容，如秦誓所舉之一介臣是也。義德即文王之克宅厥心、克俊有德。容德即文王之罔攸兼于庶言也。言武王竟文王之功，不敢廢文王之官人之遺，惟敏於文王任賢之法，君臣相與受此丕丕基業，傳之子孫無已。以上言文武立政之法。

嗚呼！孺子王矣。繼自今我其立政、立事、準人、牧夫，我其克灼知厥若。

八

丕茲疊韵

亟乃俾亂，相我受民，和我庶獄庶慎，時則勿有間之，自一話一言，我則

末惟成德之彥，以乂我受民。

矣。謂已詞。立政冒下三事。準人、牧夫，當上立字爲義。言建立事

準、牧三官也。厥若，指示代詞，即指上文三有宅心、三有俊心、語

語。今若次始繇繇厥攸灼敘，弗其絕厥若。厥若即指上文繇繇

之次也。顧命用奉恤厥若，厥若即指王宮也。上文已言文王武王

克知三有宅心，灼見三有俊心，故此承惟之。我其克灼知厥若也。

丕乃連文，猶斯乃也。下文茲乃俾乂也，與此語例相同。知丕乃即茲乃也。

盤庚丕乃字四見，語同。俾，使。亂，治也。相，助也。受民，猶受之於天受

之於祖也。洛誥承保乃文祖受命民，又誕保文武受民，語此義也。

和平也。前代也。詳，釋詁話訓言。詳言猶擇言。庶職之不可傻也。庶

文語倒耳。自一話一言，時則勿有間之也。此即上文王罔攸兼於庶言

也。文言宅心官人，任賢受職。斯乃俾治俾後之助我受民，和教獄訟財賦

自一話一言為義者，皆無所與。我惟垂拱仰成，專于求賢，使于任賢職

是道也。劉逢祿云：末，終也。成德之彥，即九能之吉士也。爾雅：彥，美士為

媛。美士為彥。此告以官人之法。

嗚呼！予旦已受人之徽言，咸告孺子王矣。繼自今文子文孫，其勿誤于

庶獄庶慎，惟正是乂之。

旦，周公名。禮君前臣名，故稱予旦。已受，漢石經作以前。按已以聲通。受

當為前，形之誤也。徽言，美言也。咸，徧也。文子文孫猶言守成之主也。誤

說文𤔲从受舟省聲，古金文多作𤔲，亦有與篆文同以从舟，形近故致誤

九

自謀也。正，長也。乂，治也。言文武任賢之法，不備于今，所當遵，以後世守文之主亦當奉為宗式也。此告以任賢之法。

自古商人，亦越我周文王立政：立事、準人、牧夫，則克宅之，克由繹之，茲乃俾乂。國則罔有立政用憸人，不訓于德，是罔顯在厥世。繼自今立政，其勿以憸人，其惟吉士，用勱相我國家。

宅之，度之也。由繹，雙聲聯詞，猶言籌畫審慎，所謂國君進賢如不得已也。此言商周先王官人，皆先量度其功，次又審慎于心，灼知其賢，茲乃使治。憸，利接人也。不訓于德，漢石經無于字，當從之。不訓德即上文謀面用丕訓德也。是罔顯在厥世，讀爲經於邦者，非是。國則罔有立政用憸人不訓德，皆倒裝，亦云用憸人不訓德，國則罔立政矣。罔有

立政者，言雖建官猶未建也。是周顯於廟世，言國其亡後矣。以猶周

也。勸勉也。吉士即皋陶謨之彰厥有常吉也。以上反覆丁寧，昔以官

人之法。

今文子文孫孺子王矣。其勿誤于庶獄，惟有司無敢矣。其克詰爾戎兵

以陟禹之績，方行天下，至于海表，罔有不服。以覲文王之耿光，以揚武王之

大烈。

重呼孺子王而告之矣。語已詞。蔡沈集傳云：好言和我庶獄庶慎時

則勿有間之。繼言又勿誤于庶獄庶慎，惟正是又之。至是獨曰其勿

誤于庶獄者，蓋刑者天下之重事，因其重而獨舉之。如成王尤須

制獄之可畏也。詰，責也。戎兵者，戎服兵器也。陟，升也。陟禹之績，猶

十

言猶禹之績。方之為也。著也。覲見也。揚德也。文言庶獄則有司存可
勿過問。爾當務其大者遠者。張皇六師推行西海以顯揚文武
之光烈。此孺子王之事也。劉逢祿云周公以周家忠厚開基。慮後
王積弱。為蠻夷所逼。故大建親賢以守衛中國。特命詰兵之辭
於勿誤庶獄之後。重戒深矣。
嗚呼繼自今後王立政其惟克用常人。
常人猶吉士也。復言之者庶獄庶慎固須吉士。詰兵誅寇尤賴常
人也。以上告嗣王所當務。
周公若曰太史。司寇蘇公式敬爾由獄以長我王國。茲式有慎以列
用中罰。

太史者，呼太史令，出蘇公折獄之道，以告成王也。周官太史掌建國之六
典，五曰刑典。又掌八法，七曰官刑。又云：聯法者，攻焉。蓋蘇公治獄之書，
藏於太史，故公令史之也。司寇蘇公，猶左氏十一年傳云：昔周克商，
使諸侯撫封，蘇忿生以溫為司寇。杜注：蘇忿生，周武王司寇也。式
敬之式，用也。由獄，由讀為鄭，實當讀為九。王制鄭劉駁於本書也。
敬讀為矜。呂刑哀敬折獄，尚書大傳作哀矜折獄。論語所謂如得
其情，則哀矜而勿喜也。長，引祚也。言蘇公用哀矜折獄之道，以延我
國祚也。茲，今茲也。式，法也。有讀為又。茲式有慎，言今茲敬法蘇公，
又當益加詳慎。何者？周官用刑之道，曰刑新國用輕典，刑平國用中
典，刑亂國用重典。蘇公在武王時，天下初定，則刑亂國用重典時也。今則

十二

以上文由上文慎獄連類及之

承平已久，當用中典，不當仍以嚴厲為治。列者，服閱云等比也。注云：上附下附，列也。中法，平法也。以列用中法者，呂刑云：上刑適輕下服，下刑適重上服，輕重諸法有權，刑法世輕世重也。蘇公為司寇，定刑詳審，決獄持平，周公命太史出之，陳告成王。王善為定制，後此穆王度作祥刑，蓋將本其遺意也。

周官　亡　晚出古文有

成王既黜殷命，滅淮夷，還歸在豐，作周官。

史記魯世家云：周之官政未次序，於是周公作周官，官別其宜。尚書正義云：成王在周公攝政之時既黜殷命，及其即位之後，滅淮夷，於是天下大定。自滅淮夷還歸在豐，號令群臣，言周家設官分職用人之法，史敘其事作周官是也。又堯典正義孔以周官在立政後，立政後第八十八，鄭以爲在立政前第八十六。周本紀作多士卽作周官，魯世家作周官後乃作立政，是立政應在周官後。但立政所舉皆官，全不與官禮相應，疑立政是舊制，周官乃新制也。孔序爲長。

賄肅慎之命亡

成王既伐東夷，肅慎來賀。王俾榮伯作賄肅慎之命。

既伐東夷者，承上敘滅淮夷言也。肅慎，鄭君本作息慎，云息慎或謂之肅慎，東北夷。按魯語，武王克商，通道九夷八蠻，肅慎氏來貢楛矢石砮。是肅慎武王時嘗來貢，今既伐東夷，復來賀也。俾，使也。馬本作辨，亦俾之聲借字。酒誥「勿俾乃司民湎于酒」，馬本俾亦作辨。

十二

是也。榮伯者，鄭云周同姓畿內諸侯為卿大夫者也。賄，財也。王國賄賓客之禮也。記曰：賄在聘于賄。鄭注云：于讀曰為，言主國禮賓當視賓之聘礼而為之賄[財]也。王俾榮伯，語意未完，當曰王俾榮伯賄肅慎。作賄肅慎之命。涉下文而誤脫三字也。

亳姑亡

周公在豐，將沒，欲葬成周。薨，成王葬于畢，告周公，作亳姑。

豐，文王所都也。成周在瀍水東，周公所營也。畢者，孟子言文王卒于畢郢，趙岐注云：畢，文王墓，近於豐鎬之地。史魯世家云：周公在豐，病，將沒，曰：必葬我成周，以明吾不敢離成王。周公既卒，成王亦讓，葬周公于畢，從文王，以明予小子不敢臣周公也。大傳曰：三年之後，周公老

于豐。心不敢遠成王而欲事文武之廟。然後周公疾曰吾死必葬於成
周示天下臣於成王。周公死成王不葬於周（周上疑脫成字）而葬之於畢示天
下不敢臣也。所以顯有功尊有德，故忠孝之道成。在成王周公之間，故
魯郊成王所以礼周公也。按魯史記大傳言，則周公在豐之時欲事
文王之廟。及其疾則欲東葬成周。一示不間文王成王之臣列相從一示
王之終臣於成王也。成王則讓葬周公于畢讓其終於文王以示不敢
臣之意。合二家意乃與序文相當。告周公既，皆所不敢臣之意也。亳姑
篇者其義無譯。

君陳　亡　既出古文　首

周公既沒，命君陳分正東郊成周。作君陳。

十三

鄭云君陳蓋周公之子伯禽弟也成周在近郊五十里天子之國五十里為近郊今河南洛陽相去則然江聲云鄭君注雒誥云瀍水東廛水西為王城以廛水東為成周則成周在王城之東故云東郊成周是據王城而言成周為東郊也

顧命　康王之誥

成王將崩命召公畢公率諸侯相康王作顧命

史記周本紀云成王將崩懼太子釗之不任乃命召公畢公率諸侯以相太子而立之成王既崩二公率諸侯以太子釗見於先王廟申告以文王武王所以為王業之不易務在節儉毋多欲以篤信臨之作顧命鄭云回首曰顧臨終出命故謂之顧命

成王崩，康王既尸天子，遂告諸侯，作康王之誥。

成王崩三字，依釋文引馬本增。伏生今文書本合顧命為一篇。歐陽、大小夏侯、孔安國、馬、鄭、秦書古文本析王若曰庶邦侯甸男衛以下為康王之誥。晚出孔傳本析王出在應門之內以下為康王之誥。見正義及釋文。今案顧命及康王之誥同篇異名，如堯典舜典是也。篇中自諸侯出廟門俟以上為顧命，自王出在應門之內以下為諸侯朝見新君、新君誥告諸侯之事。篇中所記自成王顧命登遐、召公告廟傳命、康王繼體踐朝，典禮隆盛，縣歷由日，故史特傳陳其本末云。

惟四月哉生魄，王不懌。甲子，王乃洮頮水，相被冕服，憑玉几。

十四

成王自癸巳年即政，至是年庚戌，在位三十年。抱四分周曆推，乃是年
四月乙酉朔，甲子，月之十六日。死霸，朔也。生魄，望也。則哉生魄即十五日
癸亥也。不懌，不豫也。甲子，哉生魄之昱日。不言越翼日者，省文，從可
知也。洮，洮髮也。頮，洒面也。水者，疏云謂洮盥俱用水也。相者，鄭云正王
服位之臣，謂太僕。被，加其身也。冕，袞冕。袞冕，袞冕之服，衣五章，裳四章。
正義云：覲禮王服袞冕而有玉几。此既憑玉几，明服袞冕也。周禮
司几筵云：凡大朝覲，王位設黼扆，左右玉几，是也。憑，依几也。此當在路
門外之治朝，受朝於庭。若餘朝，則不應被袞冕也。
乃同召太保奭、芮伯、彤伯、畢公、衛侯（衛侯，卿，康叔也，時為司寇）、毛公、師氏、虎臣、百尹、御事。
太保奭以下六人，即冢宰等六卿也。太保、畢公、毛公以三公兼領卿職也。

師氏，地官有師氏中大夫。虎臣，夏官有虎賁氏下大夫。百尹，尹正也。
正，長也。百官之長也。御事，衆治事者。
王曰：嗚呼！疾大漸，惟幾，病日臻。既彌留，恐不獲誓言嗣，茲予審
訓命汝。昔君文王、武王宣重光，奠麗陳教則肄，肄不違，用克達殷
集大命。在後之侗，敬迓天威，嗣守文武大訓，無敢昏逾。今天降疾，
殆弗興弗悟。爾尚明時朕言，用敬保元子釗弘濟于艱難，柔遠能
邇，安勸小大庶邦。思夫人自亂于威儀，爾無以釗冒貢于非幾。茲
漸，劇也。幾，危也。病，疾加也。臻，至也。彌，終也。誓，以言約束也。嗣，嗣續嗣
言嗣子也。審，詳慎也。言疾大漸惟危，病至日臻，既當終命淹留
之際，恐不獲約言嗣續，故今詳慎命汝也。宣，顯也。重光，重明也。

十五

易離卦傳云：明兩作離，大人以繼明照四方。是重光之義也。奠，定也。麗，刑也，法也。如慎厥麗乃勸之麗。陳，列也。教，教命也。肄讀爲惕。周官小宗伯肄儀爲位，注：故書肄爲肆。夏官小子、羞羊肆注：肆讀爲鬄。是肄肄惕通假之理。肄肄猶言惕惕也。楚語、豈不使諸侯之心惕惕焉。韋注：惕惕，懼也。是其義也。江聲不得其解，乃云：肄，習也。重言之者，病甚氣喘而語吃。真野言也。違讀爲達，即古撻字。猶言撻伐也。集，就也。成也。言文武繼世重光，宣昭令德，定法垂教，民用震動恪恭，用克撻伐殷商，承受天命，以見王業之艱難也。侗猶僮，孔注云：未成器之人也。此成王自稱。言文武既沒，愚稚如予，敬將天威，嗣守前訓，罔敢昏亂逾越。

也。弥，終也。興，起也。悟，讀為寤，覺也。尚，庶幾也。明，勉也。時，承也。

釗，康王名。宏，大也。言予今疾篤，殆乎不起，汝其勉承予言，

敬保嗣王，濟斯艱阻也。能，擾云。邇，御也，亦安擾之意。

勸，敬也。夫人，猶凡人也。亂，治也。威儀者，有威可畏，有儀可象

也。冒，猶文蒙而前也。貢，馬本作贛，陷也。王鳴盛云：凡人為惡，

或進而冒觸，或退而墜陷，故兼言冒貢也。幾，讀為機。雖

南王鄉詞亦謂亂之機，言宜機理也。茲，讀為哉，言之閒也。

於下訊。臨茲來許，續漢書祭祀志注引作臨郊來許。孔中

庸，故哉其𡒃之。鄭注：哉，載，為茲。是茲哉通讀之理。段玉裁云孔安茲

屬下讀，而義既受命還，言所取義也。言汝其輔導嗣王案

十六

遂從遹毋敢庢郝。思凡人自治于威儀。爾其勿以嗣王觸陷
於非理乎。從左右之曰以此記成王顧命之言。
既受命還，出綴衣于庭。越翼日乙丑，王崩。
既潛不經作，即形之誤也。受當為授。周官司書受其幣大閒
往于寫為泆，使之相受。臣語亦故書受為授。蓋受為本字。原
兼予受兩義。故有文受授通用。此受當為授。授命者事也。
還于自治朝，還于路寢也。發命于治朝，臥疾于路寢，乃其宜也。
綴，大戴禮記盧注云：飾也。婁為繪緝也。綴衣，龍袞，即上文所被
之冕服，庭，猶位也。爾雅釋宮：兩階間謂之鄉，中庭之左右謂
之位。鄉者，君所立；位者，臣所立也。知此為龍袞者，袞衣九章

俾訓從見雅詁

天子受朝覲時所服，出之于庭者，王之崩不能視朝，則出衣于庭

為群臣瞻拜之資也。賈誼云：植遺腹，朝委裘，而天下不亂。

孟康漢書注云：委裘，若容衣，天子未坐朝，事先帝裘衣也。正

是此義。晚出孔傳謂綴衣帷帳，群臣既退，徹出帷帳於庭。

試思帷帳既徹，要之於庭，殊不足以壯觀瞻。史官記此瑣事，

亦太費筆墨也。乙丑四月十七日王崩，馬本作成王崩，後史加

之，非本文也。以上記成王顧命及登假。

太保命仲桓、南宮毛俾爰齊侯呂伋以二干戈、虎賁百人逆

子釗于南門之外，延入翼室，恤宅宗。

太保，君奭也。俾，從也。爰，于也。齊侯呂伋，太公子丁公也。史記齊世

十七

家云太公子卒，子丁公吕伋立。二干戈者，仲桓南宫毛所執虎賁虎士也。周官屬虎賁氏。南門，皋門也。天子五門，皋門最南，故曰南門。江聲云：王既崩，太子猶在外。太子蓋以王未崩時奉命而出。比反而王崩，憂危之際，故以兵迎之于南門之外。又云：據上文王命摩注時，太子實不在左右也。今案江説是也。晚出孔傳謂南門為路寢門，如傳為路寢門，則二人往迎不必盛陳儀衛也。或又謂南門即廟門。史記所云二公率諸侯以太子釗見於先王廟者，不知廟門，本文稱畢門。下文立於畢門之內，諸侯出廟門俟，即其證。此時成王方崩，不遑導嗣王先入殯宮，反先導之入廟，非禮之節次也。延，道也。翼室，江聲云：路寢宅室、

也。翼是房之兩旁之名。與則翼其室有兩。此蓋東翼其室也。知者以既
殯之後居倚廬於中門外東方。此時未殯，暫居翼其室，當亦在東
可知。翼，猶憂也。宅，居也。宗，猶主也。延子釗入路寢之旁室，憂居
為喪主也。以上記嗣王反國居喪之事。

丁卯，命作冊度。越七日癸酉，伯相命士須材。

丁卯，十九日。作冊，官名，太史也。度，審議也。詳稽居喪節次及見廟
等典禮也。周官太史凡喪事考焉。注：為有得失也。癸酉，二十
五日。鄭云蓋大斂之明日也。正義云鄭以大夫以殯斂皆以死之
來日數，天子七日而殯，於死日為八日。故以癸酉為殯之明日也。
伯相，蓋畢公也。須者，江聲云：須當為頒，形之誤也。禮玉藻大夫

以魚須文竹。釋文：崔云：周文竹，夜魚班也。隱義云：以魚須飾文竹之邊。須音班。按：須無音班之理，須為須之譌字也。材，即下文所陳諸器物也。命士須材者，周官司尊彝、司几筵、天府、典瑞、司服、典路諸職皆士官也。下文所陳几筵寶器乘輅，皆士所須也。上命某上太保為文。下命則伯相畢公所命也。

狄設黼扆綴衣。牖間南向，敷重篾席，黼純，華玉仍几。西序東嚮，敷重底席，綴純，文貝仍几。東序西嚮，敷重豐席，畫純，雕玉仍几。西夾南嚮，敷重筍席，玄紛純，漆仍几。

狄，句。向來說家皆據鄭說，言翟者，樂吏之賤者，以釋之。然喪大紀狄人設階，狄人出壺，及此文設黼扆綴衣，皆與樂事無涉。疑此所謂

狄即周官守祧之職。守祧注故書祧作濯，翟與狄通，故衷狄之稱
衷翟。翟服之稱狄服，守祧之一作狄人矣。周禮守祧掌守先王先
公之廟祧，與其遺衣服藏焉。此設黼扆，曰在扆中。陳綴衣，先
王遺衣服也。黼扆者，黼與斧通，扆與依通。禮明堂位注云：斧依
爲斧文屏風於戶牖之間。按爾雅斧依之黼，戶牖之間謂之扆。
綴衣，龍衮也。設綴衣者，意於中庸設其裳衣，事死如事生
也。本文所陳均於廟中，舊以爲路寢者誤也。牖間，戶牖之間也。敷
席也。篾，竹膚也。重者，再重也。黼，斧文也。純，緣也。以黑白雜繒爲
之。華玉，五色玉也。仍，因也。因其質謂無飾。凡吉事變几，凶事仍几。
此席爲新陟王設也。鄭云：下同生時席，新鬼神之事也。傳云：此見

十九

羣臣覲諸侯之坐。按周官司几筵凡大朝覲封國命諸侯王位設黼扆，扆前南鄉是也。堂上東西牆謂之序，在西者謂西序，在東者謂東序。底席，篾纖路之席也。綴為畫飾也。文貝，有黃白文之貝。此席在西階上，蓋為嗣王設，如在殯宮，則柩前不當此席也。東序者，東牆也。豐席，莞席也。畫純，畫為雲氣也。雕刻鏤也。此席在阼階上，蓋為太保設。西夾，西之房，西堂之間也。筍，析竹青皮也。玄紛純，以玄組為之緣也。漆几也。此席在黼扆之西，蓋為太史迎王冊命之席也。晚出孔傳謂西序東嚮為旦夕聽事之坐，東序西嚮為養國老饗羣臣之坐，西夾南嚮為親屬私宴之坐。然王既崩，多設此坐，意欲何為？王國維周書顧

命者，謂牖間東序西序三席，蓋為太王王季文王。西夾南嚮之
席，則為武王。本傳顧命，就陳主既為尊席，訓王文稱入西夾。
均臆說，不可從。
越玉五重陳寶。赤刀大訓。宏璧琬琰在西序。大玉夷玉天球河圖在
東序。胤之舞衣大貝鼖鼓在西房。兌之戈和之弓垂之竹矢在東房。
陳寶，鄭云方有大事，以華國也。越，于也。及也。越玉五重陳寶，語倒，
猶言陳寶越玉五重也。周官天府，凡國之玉鎮大寶器藏焉。
若有大祭大喪，則出而陳之。此當陳于牖間南嚮之席前而西夾
南嚮是［席前］陳者，容為史御王冊命也。赤刀，鄭云武王誅紂時刀。大訓，
謂禮法，先王德教，虞書典謨是也。宏璧琬琰，皆度尺二寸者。

周制五門三朝

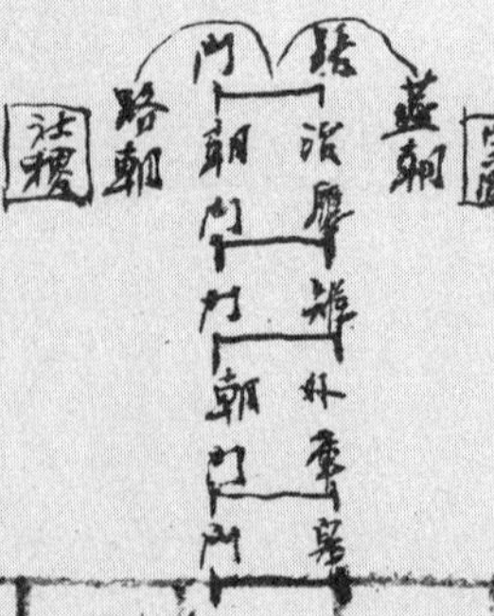

宏方也。在西序者，西序東鄉之席前也。大玉，華山之玉也。夷玉，
東北之珣玗琪也。天球，蓋即渾天儀，正舜時璿璣玉衡也。河圖，
伏羲氏所得，即地圖也。在東序者，東序西鄉之席前也。孔傳
云於東西序北列玉五重，又陳先王所寶之器物。列玉陳寶，方
資華國，不列於席前，反陳於序，此可謂明珠闇投也。胤者，鄭云
胤也、兌也、和也、垂也，皆古人造此物之名。大貝，如車渠，散宜生取
之江淮之浦也。鼖鼓，大鼓也。房，旁也。西房、東房，在堂左右旁也。
大輅在賓階面，贅輅在阼階面。先輅在左塾之前，次輅在右塾之前。
鄭云，大輅，玉輅。贅，次。次在玉輅後，謂玉輅之次也。先輅，象輅。按次
輅在象輅後，亦象輅之次也。面，南鄉。在前者，北鄉。門側之堂謂之

塾鄭云象輅次貳與玉輅之貳相對在門内之東北面下陳金輅革
輅木輅者主於輯紀而已按依鄭說則先輅亦宜與次輅相對
在門内之西北面鄭不言者省文從可知也周官巾車職王之五
路玉路以祀象路以朝以上除後九席寶罷車輅備傳命
二人雀弁執惠立于畢門之内四人綦弁執戈上刃夾兩階𡍮一人冕
執劉立于東堂一人冕執鉞立于西堂一人冕執戣立于東垂一
人冕執瞿立于西垂一人冕執銳立于側階
雀弁鄭云赤黑曰雀言如爵頭色雀弁制如冕黑色但無藻耳惠
三隅矛畢門鄭司農閽人及朝士注並云路門一曰畢門金榜云
康王受冊命在祖廟畢門非祖廟門也先儒以下經王出在應

二

門之内。圖釋畢門為路門，蓋失考。今案金説是也。此云立在畢門之内，下經云諸侯出廟門俟，則畢門即廟門也。周禮閽人大祭祀喪紀之事，蹕宮門廟門。典祀掌外祀之兆守，及祭帥其屬而蹕之。蹕，止行人也。此畢為蹕之借字。宮門廟門皆蹕，廟門獨稱蹕門者，廟事尤宜肅也。春官小宗伯掌建國之神位，右社稷左宗廟。鄭注謂在庫門内雉門外之左右。宋劉敞、清戴震、金鶚、孫詒讓並云天子廟在應門内路門外，與此殊。今謂戴、金、孫、家説並是也。康王即位于廟，上云諸侯出廟門俟，下云王出在應門之内。是廟在應門内也。綦弁，青黑色弁。孔傳：堂廉曰戺。今案堂下皆弁，若戺為堂廉，則當冕矣。戺應階，皆屬於堂。堂塗此諸屬於中堂之廉，可循級而升降於堂之庭者，謂之階。堂塗當諸屬於門堂之基，可循級而升降於門庭者，謂之陛。劉、鉞屬。東序之東謂之東堂，亦曰東箱；西序之西謂之西堂，亦曰西箱。戣、瞿、追三陽矛。堂側邊謂之垂，即堂廉也。銳，說文作鈗，矛屬，讀若允。側，特也。側階，北堂北下階也。北下階無東西之別，故云特階。

以上陳兵衛。

王麻冕黼裳，由賓階隮。卿士邦君麻冕蟻裳，入即位。太保、太史、太宗皆麻冕彤裳。太保承介圭，上宗奉同瑁，由阼階隮。太史秉書，由賓階隮，御王冊命。

孔傳云：王及羣臣皆吉服。麻冕者，正義云：禮績麻三十升以為冕，故稱

二三

麻冕。王麻冕者，蓋袞冕也。袞是王之上服。於此王之尊，則其服
亦袞冕也。鄭《周禮》注云：袞之衣五章，裳四章，則裳能獨有黼以
裳之章色。黼黻有文，指形取為文。由賓階隮者，不敢當主也。王
國維曰：王謂康王。上言子釗，此言王者，上記成王崩日事，繫於成王，
故曰子。此距成王崩已八日，故王無纁也。卿士邦君，偽傳云公卿大夫
及諸侯皆同服。而廟中之禮也。疏云：同服吉服，言其如助祭各服
其冕服也。蟻裳者，疏云：色玄如蟻，故以蟻名之。禮，祭服皆玄衣
纁裳。此獨云玄裳者，不可全與祭同，改其裳以示變於常也。入
即位者，鄭玄云：卿西面，諸侯北面。疏云：鄭玄惟據經卿士邦君
言之，其公亦北面，孤東面也。彤裳者，疏云：彤，赤也。禮，祭服纁裳，纁

是赤色之璪者。故以彤爲纁。言是常祭服也。王國維云：太保、太史、太宗彤裳純吉者，太保攝冢宰，爲冊命之主，太宗佑相之，太史命之，皆以神道自處，故純吉也。今案：賓階，西階也。位者，爾雅云：中庭之左右謂之位。阼階，東階也。王由東〔賓〕階隮者，蓋就西序東嚮之席，北面。太保、太宗由阼階隮者，蓋就東序西嚮之席，亦北面。太史由賓階隮者，蓋就西夾南嚮之席，南嚮立。王國維云：王由賓階隮，未受策，不敢當主位也。太保由阼階隮，攝主，故由主階是也。大宗伯從太保由阼階隮者，擯也。周禮大宗伯職：王命諸侯則擯。此符顧命，當以大宗爲之擯，立於太保之右。太史由賓階隮者，將獻西夾南嚮之席，代神語以御命王也。覲禮：天子賜侯氏以車服

二三

太史氏右。此西夾南嚮之席，即右於新陳之牖間南嚮之席也。介圭，大圭也。考工記玉人云：鎮圭尺有二寸，天子守之。承之者，傳云奉以奠康王所位。疏云：以明正位為天子也。其奉介圭下文不言受介圭者，太保以奠於其位，但文不見耳。同，鄭云酒杯。瑁，考工記玉人云：天子執瑁四寸，以朝諸侯。傳云：瑁所以冒諸侯圭以齊瑞信。方四寸，邪刻之。東，執也。書，策書也。御，訝也。御王策命，迎王而以顧命冊書授之也。王此時立東（賓）階上北面，太史氏立於西夾南嚮，故云訝王也。凌廷堪禮經釋例云：授受之禮，同面者謂之並授受，相嚮者謂之訝授受。

曰：皇后憑玉几，道揚末命，命由詞訓，臨君周邦，率循大卞，燮和天下。

用答揚文武之光訓。

此太史傳顧命冊書而致辭也。揚，宣道也。末命，終命也。嗣訓，嗣守文武之訓也。卞，說文作弁。王肅云法也。

王再拜，興，答曰：眇眇予末小子，其能而亂四方，以敬忌天威。

眇眇，微也。末，蔑也。而猶如也。晚出孔傳云：其能如父祖治四方以敬忌天威德乎。以上傳命及答辭。

乃受同瑁。王三宿，三祭，三咤。上宗曰：饗。

王國維曰：受同者王，授之者太宗也。授同者何？獻王也。太宗奉同

太保之介圭与太史之冊書者，予此時同授之而未有所賜也。獨

太保拜，還。王拜受。不書者略也。何以知太保獻王也？曰：下云太保受同，降，盥，以異同秉璋以酢。又云太保受同，祭，嚌，咤。古禮有獻必有

二四

酢。不獻，王則何酢之謂？何以知太宗受同也？曰：周禮大宗伯職：大賓客
則攝而載果。注：載，爲也；果讀爲祼。代王祼賓客以鬯。君無酌臣
之禮，言爲者，攝酌獻耳，非其正，則王也。時太保攝主，以命康王，故
知授同者太宗也。册命嗣王何以獻也？曰：冠禮賓之醮冠者也，昏
禮父之醮子也，女父之醴女也，舅姑之饗婦，以之獻之禮，以著
代也。皆古禮之尚存於周世者也。此述先王之命，付天下之重，故
行以祼享之禮也。宿，進也。祭，祭酒也。咤，奠酒爵也。王受同者，
重先王之命，祭之奠之，而不嚌酒，不卒爵者，居喪故也。宿、祭、
咤，皆以之者。周禮大行人職：上公，王禮再祼而酢；諸侯諸伯，王禮
壹祼而酢；諸子諸男，王禮壹祼不酢。此所獻爲嗣王，尊於上公。

當王禋而酢。此三宿三祭三咤，不云三禋。或三獻者，互文也。饗者

上宗償王之爵。今案上文言太保承介圭、太史秉書，此不及之

者，圭已奠於王所，書已御王授冊也。王所受之瑁，當亦奠於

其所。事訖，乃以授人也。

太保受同，降，盥，以異同秉璋以酢。授宗人同，拜。王答拜。太保受同，

祭，嚌，咤。拜。王答拜。

王國維曰：此太保既獻王，乃自酢也。古尊卑不敵之禮，皆主不獻賓，

賓酢主人，惟獻尊者乃酌以自酢。燕禮主人獻公畢，更爵洗升酌

膳酒以降，酢於阼階下，北面坐奠爵，再拜稽首，公答再拜。主人

坐祭，遂卒爵，再拜稽首，公答再拜。主人奠爵于篚。此太保自酢

二五

節目略同。所異者，惟酢于堂下，又不奠爵，不卒爵耳。太保自酢用同
禮者，毋命時攝主以行先王之命，故以鬼神之尊自處。既命之後，
嗣王已即王位，故退而以臣自處也。以異同秉璋以酢，此異同禮璋
瓚。以異同自酢者，不敢襲先王之爵也。王今而咤之，太保今而
嚌之者，王且居君父之喪，太保但居君喪，哀有間也。今無異同
秉璋為璋瓚，則王所受之同，為其圭瓚與。禮，公侯君執圭瓚裸
尸，太宗執璋瓚亞裸。注：圭瓚、璋瓚，裸器也。以圭璋為柄，酌鬱
鬯以獻曰裸。

太保降，收。諸侯出廟門俟。

王國維曰：此言太保降，自太保自酢在堂上也。不言王，與太宗太史降

者略也。士昏禮舅姑共饗婦以一獻之禮，奠酬。舅姑先降自西階，
婦降自阼階。今毋命禮成，太保攝王事已畢，當先自西階降，而王
自阼階降也。今案攸徹也，此之謂康出廟門，如上文畢門為廟門
也。候，候王出朝也。以上行釋奠之禮以成毋命之事，王國維據通典卷
七十，引鄭注為以醴齊成即位之禮，釋此文為釋奠，深通禮
例，故本節全引其說。

王出在應門之內。太保率西方諸侯入應門左，畢公率東方諸侯入
應門右，皆布乘黃朱。

晚出古文本析此以下為康王之誥。此上文諸侯出廟門，此云王出在
應門之內，文意相接，不能分為異篇也。周制天子五門，其外為皋

乘
芾說文作市，或作韍。詩作芾，白虎通作紼。此文正當作市。

閒。次為庫門，次為雉門，內為應門，最內為路門。宋劉敞、清戴震、金鶚、孫詒讓等，均從宗廟在應門之內、路門之外，與正朝平。此云王出在應門之內，則出廟門而西，正當正朝之位，即兩階之間也。上云諸侯出廟門，則知王出廟門而入；此云王出在應門之內，則知諸侯出廟門，為出在應門之外。上下文互相足也。太保率西方諸侯，畢公率東方諸侯者，公羊傳云：自陝以東，周公主之；自陝以西，召公主之。是時周公既沒，畢公分攝陝東部，則召公為西伯，畢公為東伯，分率諸侯矣。西方諸侯入門而左，東方諸侯入門而右者，各從其方也。布乘：今文尚書作黼黻，白虎通紼冕篇云：書曰黼黻衣，黃朱紼，亦謂諸侯。是也。孫星衍云：布與黼聲相近，乘與芾形相近，解黃朱以韍者，詩傳云，朱芾，黃朱芾也。于斯干又曰，芾者天子純朱，諸侯黃朱。今案，孫說是也。黼黻，永黃朱韍，是諸侯韍服也。

賓稱奉圭兼幣，曰一二臣衛，敢執壤奠，皆再拜稽首。王義嗣德，答拜。

賓、諸侯也。周官大行人職云，掌大賓之禮。注，大賓，要服以內諸侯。稱，舉爯也。圭者，考工記玉人云，命圭九寸，謂之桓圭，公守之。命圭七寸，謂之信圭，侯守之。命圭七寸，謂之躬圭，伯守之。注，命圭者，王所命之圭也。朝覲執焉。幣者，小行人職云，合六幣，圭以馬，璋以皮，璧以帛，琮以錦，琥以繡，璜以黼。注云，六幣，所以享也。賓稱奉圭兼幣，語倒耳。云賓奉圭兼幣稱曰云云也。臣衛，謂蕃衛。奠，猶獻也。壤奠，謂土壤所產也。覲禮云，庭實唯其所有。言壤奠也。皆，皆

二七

諸侯也。鄭云：此朝兼享禮也，與常禮不同。釋辭于人。其餘奠幣
者，再拜稽首而已。按鄭注曲禮云：受贄于朝，其禮圭璋等，受享于廟，馬皮帛錦等。是常禮者
先朝後享。此同時並行，文同在朝。故云與常禮不同也。義嗣，家嗣宜為
嗣者。左襄十四年傳云：若義嗣也，誰敢奸君。正用其文。德，說文云：升
也。此用本義。受朝於庭，受享於堂。諸侯既畢覲享，故王升階答
拜也。王答拜者，禮無不答也。以上諸侯所享。
太保暨芮伯咸進，相揖，皆再拜稽首曰：敢敬告天子，皇天改大邦殷
之命，惟周文武誕受羑若，克恤西土。惟新陟王，畢協賞罰，戡定厥
功，用敷遺後人休。今王敬之哉。張皇六師，無壞我高祖寡命。
暨，與也。誕，大也。羑，說文：進善也。或作誘。如詩天之牖民之牖。若讀為

誥。如字讀，西稽天若。若，若誕受羑若，猶言大受帝命也。恤，收也。
克恤西土，言能撫恤西土也。新陟王，指成王言。陟，升也。曲禮云：天子登假
是也。畢，盡也。協，和也。稱天子爲登假也。敷，普也。休，美也。張皇，敷大、齊之也。六師，
天子六軍，周制，一萬二千五百人爲師。寡，少也。詩刑於寡妻，即刑於大
妻。康誥：乃寡兄勗，即乃大兄勗。本文高祖寡命，即高祖大命也。
云張皇六師者，猶周公言詰爾戎兵意也。
王若曰：庶邦侯甸男衛，惟予一人釗報告。昔君文武丕平富，不務咎，
厎至齊信，用昭明于天下。則亦有熊羆之士，不二心之臣，保乂王家，
用端命于上帝。皇天用訓厥道，付畀四方。乃命建侯樹屏，在我後之人。
今予一二伯父尚胥暨顧，綏爾先公之臣服于先王。雖爾身在外，乃

六

乃心罔不在王室。用奉恤厥若，毋遺鞠子羞。

馬鄭本於王若曰以下為康王之誥。史周本紀：太子釗立，是為康王。康王即位，徧告諸侯，宣告以文武之業以申之，作康王之誥。是史公亦從此分篇也。雖其文明為康王之答天保辭，截此分篇似難割裂，不如從為同篇異序也。上殷不數，采殷要殷者，隨文便也。平富者福讀，所謂不患寡而患不均也。咎，罰也。不務咎者，孟子所謂省刑罰也。底，至也。齊，釋言云：中也。信讀為斯，斯與也。莊子大宗師申徒狄，史記留侯世家以良為韓申徒，申徒即司徒也。申之讀為司，猶信之讀為斯也。信用昭明于天下，與蔑出為謨，威用不犯于有司，蓋康鮮以善保乎天曉，句例相同。信讀為斯，亦頗鮮，讀為斯義。言文武為政等貧富之義，協寬猛之宜，王於是中。斯用宣昭義聞于天下也。文謂也。謀，正也。訓，順也。付畀，予與也。勝祠屏，蔽也。言屏藩在我，亦在王命，翰云謂相顧存。襄二十六年傳云：衛獻公使讓太叔文子曰：吾子獨不存寡人。即存字之義。下文「尚胥暨顧」之「顧」，相顧存也。尚，庶幾也。胥，相也。暨，與也。顧，念也。緩讀為綏。綏，繼也。綏爾先公之臣服于先王，作一句讀。言繼爾先公之臣服于先王也。恤，憂也。雖若指示同猶言鄰介。即指上文王官也。鞠，稚也。以上召公及諸侯陳戒之詞。及

康王答詞

群公既皆聽命，相揖趨出。王釋冕，反喪服。

釋冕者，釋吉服也。反，反於路寢之翼室也。受顧命於廟，見諸

康於朝，成服於殯宮。天子七日而殯。諸侯五日而殯。大夫士三日而殯。殯之明日成服。士四日而成服。天子八日而成服。癸酉成王崩後八日。故云反喪服。白虎通無反宗斷也。以上成服。

畢命亡　脫出書史首

康王命作冊畢，分居里，成周郊，作畢命。

史周本紀云：康王命作策畢公，分居里，成周郊，作畢命。據此則本序作冊畢下脫公字。命作冊者，孔傳云：命為冊書以命畢公也。分居里成周郊者，孔傳云：分別民之居里，異其善惡，成定東周郊境，使有保護也。鄭康成云：今其逸篇有冊命霍侯之事，不與此序相應。畢命亡。

君牙亡　晚出古文有

穆王命君牙爲周大司徒作君牙。

冏命逸　晚出古文有

穆王命伯冏爲周太僕正作冏命。

史周本紀穆王閔文武之道缺乃命伯冏申誡太僕之政作冏命。

呂刑

呂命穆王訓夏贖刑作呂刑。

史周本紀云甫侯言于王作修刑辟。詩崧高箋云甫侯相穆王訓夏贖刑。是後作呂刑之事。史記呂作甫禮記緇衣孝經引此書作甫刑者。書疏云楊之水平王之詩云不與我戍甫明子孫改封爲甫侯。穆王時未有甫名。稱甫刑者，後人以其子孫國號名之，猶叔虞初封唐，子孫封晉，而史記稱晉世家也。呂命，穆王此命，是也。鄭注緇衣云：傅說作書以命高宗，則此書為呂侯所說以命穆王。故史記云：甫侯言于王也。詳夏贖刑者，申訓夏時贖刑之法也。書疏云：周禮五刑皆五百，此則墨劓皆千，剕刑五百，宮刑三百，大辟二百，輕刑多，重刑少，是改從輕也。

惟呂命，王享國百年，耄荒度作刑，以詰四方。

惟呂命，與晚出古文惟說命語意同，言此書呂侯所命也。周本紀云：穆王即位，春秋已五十矣。又云：穆王立五十五年崩。是言享國百年，兼數未即位之年也。耄，老也。言當此時年已老矣。荒，大也。度，量也。荒度連讀。皋陶謨予惟荒度土功是也。讀責也。以上言官祀事之詞。

下乃正文。

王曰：若古有訓，蚩尤惟始作亂，延及于平民，罔不寇賊鴟義姦宄奪攘矯虔。苗民弗用靈，制以刑，惟作五虐之刑曰法。殺戮無辜，爰始淫為劓刵椓黥。越茲麗刑并制，罔差有辭。

若，讀為粵，聲之轉也。大誥若昔朕其逝，言粵若昔朕其逝也。晚出周書若昔大猷，言粵若昔大猷也。蚩尤霸天下，黃帝所伐者，古苗族酋長也。寇賊者，寇鈔賊害也。鴟義者，王引之云鴟者冒沒輕儳，義者循邪反側也。古者俄義同聲。姦宄者，殺人為姦，打劫為宄，強奪取也。有因而盜曰攘，詐稱為矯，強取為虔。靈當為命，聲之誤也。記緇衣引

三一

甫刑作苗民匪用命。注、命謂政令也。古文命令字通用。苗民弗用靈者，
弗用其政令也。制以刑者、墨子引作折以刑。制折聲近義通。虐，殘殺也。
五虐之刑，皆先所作也。淫，過也。劓刵椓黥者，鄭本作刖劓椓黥，許氏
說文支部引作刖劓𠸬黥。夏侯等書刵作臏，宮劓割頭庶黥。㾮 王引
之校、劓死劓上，今謂當作刖、劓、宮、劓、頭庶黥。鄭本晚出古文刖譌作
庶乃㾮之誤。
刵。許書作刖不誤。晚出古文劓刵誤倒，鄭本及許本作刖劓不誤。宮割
許鄭及晚出古文均脫，今文不脫。惟宮割不連，間在劓間，非是。刖、周禮
司刑注、斷足也。刑名或稱剕，剕聲亦言跳，刖也。後文上刑，剕今文同剕之對
待字作臏。大傳云、決關梁、踰城郭而略盜者，其刑臏是也。劓、鄭注同
刑云、截鼻也。大傳云、易君命、革輿服制度、姦軌盜攘傷人者，其刑

劓是也。宮割者，尚書刑德放云：女子淫亂，執置宮中，不得出。割者，丈夫
淫，割其勢也。白虎通義云：割宮，椓其中刑者也。宮者，女子淫，執置
宮中不得出也。丈夫淫，割其勢也。鄭注禮文王世子云：宮割，淫刑也。椓
宮與割對，則宮為女子之刑，割為男子之刑。宮割與頭庶對，則宮割
為女子之刑，頭庶為男子之刑。宮割，割出子宮而幽閉之也。頭庶即涿
鹿。即椓之合音。說文作斀，去陰之刑也。晚出古文作椓。尚書大傳作
觸。所謂男女不以義交者，其刑宮、觸。宮即夏侯等書之宮割。觸即
夏侯等書之頭庶。今文异言宮、觸，古文祇言椓。言斀，疑文有脫誤。
如黥，墨刑也。刖、劓、宮、割、頭庶、黥，五者皆肉刑，所謂五虐之刑。周制
以宮刑包括宮、觸二者。鄭周禮司刑注云：宮者，丈夫則割其勢，女子閉

三三

刑發聞惟腥，語倒。猶云惟刑腥發聞也。

於宮中也。故大辟在五刑之中。與死之刑，宮極多等。大辟則在五虐之刑。此外也。越茲丁是也。麗，麗羅網也。罰，刑也。殺也。所麗刑無制，於五罰全又加以刑。或既加刑又籍其家也。差，擇也。同差有辭，然云不問其有辭與否也。

民興胥漸，泯泯棼棼，罔中于信，以覆詛盟。虐威庶戮，方告無辜于上。上帝監民，罔有馨香德，刑發聞惟腥。皇帝哀矜庶戮之不辜，報虐以威，遏絕苗民，無世在下。

胥，相也。漸，猶詐也。荀子正論篇云：上幽險則下漸詐矣。泯泯，棼棼，亂也。中，俞曲園云：中，忠字通。大司樂注：中猶忠也。于，猶與也。聲之轉。罔中于信，無忠與信也。覆，反也。詛，詛祝。盟，盟誓。民無忠信，其詛盟未有不

反覆者。虐，眾也。方，旁也。監，視也。德，升也。腥，腥臊之氣也。不吉章言無

章也。報虐以威者，言以刑止亂也。遏，遮遏也。絕，殄滅之也。言蚩尤始作

五虐之刑，民起相詐，不顧信義以敗詛盟。用刑加嚴，犯者愈眾，被戮

者誣無辜于上。上帝下視，罔有馨香之氣升聞于天，所發聞者

惟刑戮之腥氣耳。皇帝哀無辜之被戮，以威殄遏苗民，無繼

于後。羣后所見淫刑以逞者之無後也。皇帝，鄭君以為顓頊也。

乃命重黎絕地天通，罔有降格。

乃命，皇帝命之也。格，格人，能知鬼神情狀者。降格，言天降格人也。多

士則惟帝降格，嚮于時夏，亦此意。彼言惟帝降格，此言罔有降格

者，彼欲明天人相感之理，故言惟帝降格。此欲懲苗民之家為巫史之

三三

風。故言罔有降格也。重黎、顓頊時司天地官名。楚語、昭王問於觀射父曰、周書所謂重黎實使天地不通者、何也。若無然、民將能登天乎。對曰、非此之謂也。少昊之衰也。九黎亂德。民神雜糅。不可方物。夫人作享。家為巫史。無有要質。民匱於祀。不知其福。烝享無度。民神同位。民瀆齊盟。無有嚴威。神狎民則。不蠲其為。嘉生不降。無物以享。禍災薦臻。莫盡其氣。顓頊受之、乃命南正重司天以屬神。命北正黎司地以屬民。使復舊常、無相侵瀆。是為絕地天通。其後三苗復九黎之德。堯復育重黎之後不忘舊者、使復典之。以至于夏商。故重黎氏世敘天地。而別其分者也。

羣后之逮在下、明明棐常、鰥寡無蓋。

羣后之逮在下，語倒耳。云逮在下之羣后，謂若高辛及堯舜也。明明
寔也。棐，輔也。棐常，鰥民神猶導之風也。蓋，害也，聲相近。孟子
謨蓋都君，即謨害都君也。爾雅釋言：蓋、割同訓裂，裂之亦蓋害聲
近，義通之證。鰥寡無蓋，猶鰥寡無害，言威虐庶戮之弊也。鄭康成以皇帝
哀矜庶戮之不辜，乃因有降格，皆說顓頊之事，乃命重黎，即
是命重黎之身，非羲和也。

皇帝清問下民，鰥寡有辭于苗。德威惟畏，德明惟明。

鄭康成以皇帝清問下民以下，乃說堯事。顓頊與堯再誅苗民，故
上言遏絕苗民，此言有辭於苗，異代別事，非一時也。今案鄭說是
也。楚語言三苗復九黎之德，則此所云有辭於苗也。清問，馬融云

三四

漢書刑法志：伯夷降典，折民惟刑，言制禮以止刑也。

清，訊也。表記引甫刑云：德威惟畏，德明惟明。非虞帝其孰能如此乎。

注：德所威則人皆畏之，言服罪也。德所明則人皆尊之，言得人也。按

德所威，即堯典言竄三苗于三危也。德所明，即下文乃命三后也。

二句承上起下。

乃命三后，恤功于民。伯夷降典，折民惟刑；禹平水土，主名山川；稷降

播種，農殖嘉穀。三后成功，惟殷于民。士制百姓于刑之中，以教祗德。

后，君也。恤，憂也。伯夷者，堯典之帝曰咨四岳，有能典朕三禮，僉曰伯夷。

國語云：伯夷能禮于神以佐堯者也。降典者，大傳曰伯夷降典禮，

折民以刑，謂有禮而後有刑也。主，主名山川，爾雅釋地云：從釋地以下

至九河，皆禹所命也。稷降播種者，大戴記五帝德云：使后稷播種。

偽虞書畢絕修中之爲言不經不重之理

務勤嘉穀也。農，廣雅釋詁云，勉也。殖，種也。殷，正也。士，士師也。堯典云，皋陶作士。言三后成功，而後士師制止百姓于刑之中也。祇德，敬德也。刑亦言教，故晚出禹謨云，明于五刑以弼五教，是明刑即所以弼教也。

穆穆在上，明明在下，灼于四方，罔不惟德之勤。故乃明于刑之中，率乂于民棐彝。典獄非訖于威，惟訖于富。敬忌，罔有擇言在身，惟克天德，自作元命，配享在下。

穆穆，美也。明明，察也。灼，光也。惟德之勤，惟德是勤也。刑之中，言中道也。棐彝，猶上言棐常也。率乂于民棐彝，猶偁言彝以率治斯民也。訖，止也。威，如洪範威用六極之威。富，如洪範嚮用五福之福。馬云宜戒。言外敬而心戒懼也。擇，讀爲斁，敗也。元，盾也。自作元命，猶言自求多福也。配享，言配天而享其福矣。文言堯舜時君有穆穆之美，臣有明明之察，光昭四方，罔不惟德是勤，故能明于制刑之道，輔常以率乂斯民也。典獄之意，非惟終于立威，惟欲懲一警〔勸〕百，爲民作福也。又慮其身不正，雖令不從，故又言其以身作則，外敬內忌，罔有敗言加于其身者，惟能自任天德，故能自求多福，配享天命于下也。上言苗民作五虐之刑而無世在下，堯舜作中刑而配享在下。文意相對。

王曰：嗟！四方司政典獄，非爾惟作天牧？今爾何監？非時伯夷播刑之迪？其今爾何懲？惟時苗民，匪察于獄之麗，罔擇吉人，觀于五刑之中，惟時虐威奪貨，斷制五刑，以亂無辜。上帝不蠲，降咎于苗。苗民無辭于罰，乃絕厥世。

司政典獄，謂諸侯也。呼司政典獄告之曰：汝非為天牧民者乎？左傳：天生民而立之君，使司牧之。監，視也。時，是也。播，施也。迪，啓導也。言爾天牧何所取法，非是伯夷播刑之道，藉以導好民于正軌乎？變創文也。

匪猶不也。麗，麗繫也。匪察于民之麗，於多方言不克開于民之麗也。

吉人，善士也。虐威，盛威，為威勢，猶上文言虐威，虐戮也。奪貨，廣徵貨賄，猶上文言麗刑并制也。亂，亂罰。於君頭言亂四罰無辜也。蠲，絜也。咎，罰也。鄭云：天以苗民所行腥臊不潔，下禍誅之。無辭于罰，言無辭以自解于天也。乃絕厥世者，於上文言遏絕苗民，無世在下也。惟是之苗

三六

民乏乃絕厥世、承其今爾何懲之問為答語。言爾為天牧何所懲文
乎。惟是苗民虐威重戮、上帝不蠲、卒絕于世。汝當知所懲戒也。
王曰、嗚呼、念之哉。伯父、伯兄、仲叔、季弟、幼子、童孫、皆聽朕言、庶有格
命。今爾罔不由慰日勤。爾罔或戒不勤。天齊于民、俾我一日、非終惟終、
在人。爾尚敬逆天命、以奉我一人。雖畏勿畏、雖休勿休、惟敬五刑、以成
三德。一人有慶、兆民賴之、其寧惟永。
格命、固命也。君奭今汝永念、則有固命。格、固聲相通。由、用也。慰、自慰
藉也。勤、勞也。由慰日勤、孔傳本日作曰、釋文云一作日。據偽文義作
曰者為是。或者、詩箋云、或之言有也。今爾無不用自慰藉曰已勤勞
矣。爾無有以不勤為戒者。齊、整也。齊之也。如論語齊之以刑。齊、俾、使

也。今文作儀。義亦相近。非終，亦庸諾言乃有大罰，非終乃惟告災適爾。
惟終，亦庸諾言人有小罪非眚，乃惟終，自作不典，式爾。文言民有過愆，
天微整齊之，俾我一日。言其稱我不可以私意參與其間。告災肆赦，
怙終賊刑，亦在人之本身而已。天之生物，因材而篤，栽者培之，傾者覆之。
天命如是。爾其庶幾敬逆天威命，以奉我一人乎。雖畏勿畏，不畏而畏高
明也。休，美也。雖休勿休，乃其情哀矜勿喜也。三德，洪範所云正直、
剛克、柔克也。敬五刑以成三德者，明刑所以弼教，刑清所以裁成天
下之人，使無過犯，及之以善者也。慶，善也。賴，利也。王者敬民生殺予奪，
憑其喜怒。一人有善，兆民利賴，其國祚乃可寧矣。觀志王朝傳嗣上
躋曰：易稱敕法，書著祥刑。一人有慶，兆民賴之。慎法獄之謂也。以

三七

丁唐曾引起

上承前言所當法戒，語及國所修文之道。

王曰：吁，來。有邦有土，告爾祥刑。在今爾安百姓，何擇非人，何敬非刑，何度非及。

有邦者，諸侯也。有土者，諸侯內有采地之臣。祥，善也。古者美、善、義、祥皆從羊。祥刑，善刑也。擇，如上擇吉人之擇。敬，務也。度，審議也。及者，古書疑義舉例云：及為服之譌。爾雅：服，宜事也。史記：何度非其宜。案：服如下文上服、下服之服，謂各服治也。三語皆倒，猶言非人何擇，非刑何敬，非服何度也。三者皆宜審慎。

兩造具備，師聽五辭。五辭簡孚，正於五刑。五刑不簡，正於五罰。五罰不服，正于五過。五過之疵，惟官、惟反、惟內、惟貨、惟來。其罪惟均，其審克之。

此皆之錄文手作
尚待審核

兩造者，周官大司寇以兩造禁民訟。注：造，至也。使訟者兩至。師，士師。
周礼刑官之屬，士師，下大夫。注：士，察也。主察獄訟之事。聽，鄭注小宰
云：平治也。五辭，即五聽也。周礼小司寇云：以五辭聽獄訟，求民情。一曰
辭聽，二曰色聽，三曰氣聽，四曰耳聽，五曰目聽。簡，簡核也。孚，驗也。正，
質也。五刑，墨、劓、剕、宮、大辟也。不簡，謂核其罪與五刑不相應也。五
過，疑於五刑、五罰，而為過失者。言于辭簡核，與刑相應，則正之於五
刑。五辭與刑參差不應，是刑之疑者也，則質之於五罰，所謂罰疑惟
輕也。五辭與罰於不相應，是罰之疑者也，則質之於五過而宥免之，
所謂宥過無大也。疵，瑕也。官，謂挾威勢。反，謂報恩怨。內，謂從中制。
貨，謂勒索貨賄。來，馬融本作求，讀為賕，說文：賕，以財物枉法相謝。

三八

疑獄之生，失辭重要，付審核。

又，祥刑之大略。

也。均，等也。審，察也。克，漢書刑法志引作核，當讀為覈。說文：覈，實也。考事而笮邀遮其辭，得實曰覈。核、克、覈聲相近。審克，猶言察實也。言五過之疵，必當審覈實者，以防士師故出入人罪也。是為五過之疵。或恃威勢，或任恩怨，或畏高明，或貪貨賂，或受請求，本過而謂為非過，非過而謂以為過，以至出入人罪，其罪與犯法者均。王制所謂凡執禁以齊眾者不赦過，所以儆官邪也。其審克之，戒有邦有土者也。

五刑之疑有赦，五罰之疑有赦，其審克之。簡孚有眾，惟貌有稽。無簡不聽，具嚴天威。

刑疑有赦，正於五罰也。罰疑有赦，正於五過也。簡孚有眾，核驗於大眾

須字有罰審核識閱也惟猶有稽審核方法也

也。周官小司寇以三刺斷民獄訟之中，一曰訊羣臣，二曰訊羣吏，三曰訊萬民。王制所謂疑獄汎與衆共之也。貌說文引周書作緢。按貌是錯字，說文緢字以類相從。緢訓細字，纖字後則為細微之別為貌之義。蓋孔壁古文如是，本文作貌者，省文也。按孫說是也。刑罰有疑，須核其實。核驗於衆，細微必謹也。獄以核實為主，無實者不論為罪。言當嚴天威，無輕用刑也。

墨辟疑赦，其罰百鍰，閱實其罪。劓辟疑赦，其罰惟倍，閱實其罪。剕辟疑赦，其罰倍差，閱實其罪。宮辟疑赦，其罰六百鍰，閱實其罪。大辟疑赦，其罰千鍰，閱實其罪。墨罰之屬千。劓罰之屬千。剕罰之屬五百。宮罰之屬三百。大辟之罰，其屬二百。五刑之屬三千。

墨黥也。若刻其面以墨窒之。疑赦者，吳闓生云：謂其罪之可赦。校
擬罰鍰之數。更閱實其罪，罪當則仍刑之，疑則罰而赦之也。罰者
金，亦贖刑也。鍰，鋝也。重六兩大半兩也。鍰以聲類段借為選
饌，鋝之以雙聲段借為率。其罰古用銅。周禮職金云：掌受士之金
罰貨罰，入于司兵。古以銅為兵器，今所傳戈劍皆銅也。閱實，於上言
審克也。刑疑惟罰，於當審克其罪，使罪與罰相應。劓，割鼻也。
倍者，倍百鍰為二百也。剕，斷足也。倍之又半，倍二百為四百又增
其差為五百也。宮者，周禮司刑注云：丈夫則割其勢，女子閉於宮
中。大辟，死刑也。周禮司刑云：墨罪五百，劓罪五百，宮罪五百，刖罪五
百，殺罪五百。江聲尚書集注音疏云：墨劓倍於其初，宮無大

修文之上下比附，必俟審慎。

辭皆職也，以是善也。程於周禮也，此據王祥刑之意也。孫星衍云：罰之數目無有定數者，懲後世妄加之。故律所無，輒比附以定罪，今律所云比照某律也。

上下比罪，無僭亂辭，勿用不行，惟察惟法，其審克之。

比者，王制云：凡聽五刑，必察小大之比以成之。注云：小大猶輕重。已行故事曰比。據彼云小大，疏云上下也。罪重者比于上刑，罪輕者比于下刑也。僭，差也。亂辭，囚辭、獄辭也。孫星衍云：漢書路溫舒傳溫舒上書曰：囚人不勝痛，則飾辭以視之；吏治者利其然，則指道以明之；上奏畏卻，則鍛鍊而周内之。又刑法志云：姦吏因緣為市，所欲活則傅生議，所欲陷則予死比，是差亂囚辭及獄辭也。按僭與

四〇

乃詳刑之條目

亂義相近。僭亂，亂聯詞。此例與毋逸不遑暇食同，古人自有複語耳。不行者，孫星衍云：謂蠲除之法。春秋保乾圖云：王者三百年一蠲法。已蠲法又行之，則刑罰不信，民無所措手足矣。惟察者，尚書大傳云：聽獄之術，大略有三。治必寬，寬之術歸於察，察之術歸于義。王蔘園云：寬之術歸於察，不可故縱。故經云：惟察。察之術歸于義，勿用非刑，故文云：惟法。其審克之戒之也。

上刑適輕下服，下刑適重上服。輕重諸罰有權。刑罰世輕世重。惟齊非齊，有倫有要。

服，服也。蔡傳云：事在上刑而情適輕，則服下刑。舜之宥過無大，康誥所謂大罪非終者是也。事在下刑而情適重，則服上刑。舜之刑故無小，康

獄成之具用刑乃定刑而須有第四次之審核

此折獄之方法

諧所謂小罪非眚者是也。權者公羊傳云反乎經而後有善者也。輕重諸罰有權，言罰之輕重亦有權焉。權者進退推移以求其輕重之宜也。刑罰世輕世重者，言隨世而為輕重也。荀子正論篇云刑稱罪則治，不稱罪則亂。故治則刑重，亂則刑輕，犯治之罪故重，犯亂之罪故輕也。書曰刑罰世輕世重，此之謂也。惟齊非齊者，江聲云上刑適輕，下刑適重，非齊也。輕重有權，隨世制宜，齊非齊也。有倫有要，倫，條理也。要，綱要也。二句總結上文四句。

罰懲非死，人極于病。非佞折獄，惟良折獄，罔非在中。察辭于差，非從惟從。哀敬折獄，明啓刑書胥占，咸庶中正。其刑其罰，其審克之。獄成而孚，輸而孚。其刑上備，有并兩刑。

四一

罰，五刑之罰也。懲，創艾也。極者，極是術之極，與劇聲相近。說文：一曰甚也。按：猶言困也。言五刑罰鍰，其懲創犯者雖非死，而人已困於病矣。此亦語釋贖刑之旨。蓋罰鍰贖罪，自古至今所以不能廢。今世新律以罰鍰抵罪者，猶是斯國制刑者之精意也。佞，口才辯給也。良，善也。言折獄者匪特口才辯給，使困窮於辭，惟當大畏民志，使民輸其情。庶幾公正不偏，無不得中也。差者，參差不齊之也。從者，順也。承也。辭非情實，必有參差矛盾之處。聽獄者察之於差，則辭非承而情已承，故曰非從惟從也。哀，敬也。敬當為矜。矜，憐也。胥，相也。占，隱度也。咸，皆也。庶，幸也。言以哀矜之心折獄，而明啟刑書，相隱度情罪服。命，庶幾咸協于中正也。言五刑罰之上下輕重，又當審克之意。

成獄辭也。王制凡制五刑，必察小大之比以成之。成獄辭，史以獄成告于正。所謂成者，謂獄吏初責數罪人之辭也。輸與成為對文。王引之云：輸之言渝也。爾雅：渝，變也。廣雅：輸，更也。獄辭或有不實，又察其曲直而變更之。後世所謂平反也。獄辭定而人信之，其有改更而人亦信之。所謂民自不以為冤也。至于加刑事罪則有其刑上備者，輕重同犯，以極罪并之，重罪不復科其輕。有并兩刑者，兩罪俱發，則但科以一罪，不復責其餘。皆取寬厚之意也。以上皆詳刑之條目及折獄之方法。

王曰：嗚呼！敬之哉！官伯族姓，朕言多懼。朕敬于刑，有德惟刑。今天相民作配在下，明清于單辭。民之亂，罔不中聽獄之兩辭，無或私家于獄之

一據貪

兩辭。獄貨非寶，惟府辜功，報以庶尤。永畏惟罰，非天不中，惟人在命。天罰不極，庶民罔有令政在于天下。

官伯，謂司政典獄也。族姓，謂伯父伯兄仲叔季弟幼子童孫也。有德惟刑者，言有德于民，惟此刑耳。慎刑則人被其德，濫刑則人蒙其禍，故不可不兢兢也。相，佐也，助也。配，與天地爲配也。猶言天生民而立之君，使司牧之也。單辭，無佐證者也。明清，猶明察也。後漢光武紀引作明察單辭是也。亂，治也。兩辭，兩造之訟辭也。自其爲私家務，是術語，讀如擅，君子不家于喪之家。言不以爲利也。罔不中聽獄之兩辭。無或私家于獄之兩辭者，言聽訟當求其平，不可因偏聽而有所徇，不可因賄賂而有所私也。獄貨非寶者，言刑獄罰金乃以

之慎刑

鬻獄非可資以肥家。取而寶之，惟以府怨也。府，聚也。辜功，怨事也。報以庶尤，報當罪人也。庶尤，眾過也。言國鬻貪墨之吏，報以眾過。永畏惟罰，言天罰可畏也。此即上文五過之疵，惟貨惟賕其罪惟均也。非天不中，惟人在命者，中，均也。在，終也。見釋詁。言墨吏寶貨府辜，國家報以天罰，罪在不赦。此非天之不均，惟人自終厥命，猶祖已言非天不相我後人，惟王淫戲用自絕也。天罰，猶言天威、天討也。極，已也。言此貪墨之吏，國法不加其身，則為民蠹者，罔有令政存于天下庶民矣。庶民在句首倒裝語。

王曰：嗚呼！嗣孫，今往何監？非德于民之中，尚明聽之哉！哲人惟刑，無疆之辭，屬于五極，咸中有慶。受王嘉師，監于茲祥刑。

四三

嗣孫，告後世也。監，戒也。今往何監非德，設問答以明其意，與上文何
擇非人，何敬非刑，何度非及，語意同。特言正例耳。民之中，即士師
所受之中也。哲讀為折，哲人，謂折獄之人。惟刑，猶上言折民惟刑也。疆，竟也。
辭，訟辭也。屬，繫也。極讀如洪範威用六極之極，謂死柳等云極
誅也。無疆之辭，屬于五極，言獄辭之盡實者，麗于五刑之誅罰
死者不可復生，刑者不可復續，咸協于中，民乃有慶也。中字為全
篇之旨，前云士制百姓于刑之中，又云故乃明于刑之中，云觀于
五刑之中，云罔非在中，云咸庶中正，云罔不中聽獄之兩辭，
云于民之中，尚明聽之哉，云咸中有慶，凡八用中字，得此中字遵守而
弗失，庶罰其祥刑矣。嘉，善。師，眾也。言受王庶民而治之，當監茲

祥刑也。民之犯刑，本為惡也，而謂之嘉師；刑本不祥之器也，而謂之祥刑。所以惡為嘉，以不祥為祥，而示知用刑之道也。末二語亦總結一篇之意。以上皆以警貪愼刑之旨。

文侯之命

平王錫晉文侯秬鬯圭瓚，作文侯之命。

說文：鬯，以秬釀鬱艸，芬芳攸服，以降神也。圭瓚，勺也，以圭為柄，謂之圭瓚。正義云：周本紀云：幽王嬖褒姒，褒姒生子伯服，幽王廢申后并去太子，用褒姒為后，伯服為太子。申侯怒，乃與西夷犬戎共攻殺幽王。於是諸侯乃即申侯，共立太子宜臼，是為平王，東遷於洛邑，避戎寇。左隱六年傳，周桓公言於王曰：我周之東遷，晉鄭焉依。鄭語云

四四

晉文侯於是乎定天子，故平王錫命焉。今案左傳二十八年傳敘晉文公城濮之捷，獻俘錫命之事，曰平禮也。杜注云以周平王享晉文侯仇之禮享晉侯，是平王錫命晉文侯仇之證。史記周本紀、晉世家、新序善謀篇均以文侯之命為襄王錫晉文公重耳之命，與書序不合。而父義和三字尤不可解。劉逢祿云釋文引本作王錫晉文侯秬鬯圭瓚，與平王合。故史記晉世家、劉向新序皆以為襄王賜晉文公命，馬亦同誤也。

王若曰：父義和。

義和，呼文侯字而告之也。鄭云：義讀為儀。儀、仇皆匹也，故名仇字儀。今謂和與仇義相反亦相成。周官調人掌司萬民之讎而調和

之，是名仇字義和之義。鄭君不解和字，失之矣。晁氏孔傳云
文侯周胙，接稱曰文，義和字父。稱父者非一人，故以字別之。是父。文
侯名仇者，晉世家穆侯四年，娶齊女姜氏爲夫人，七年伐條，生太
子仇；十年伐千畝，有功，生少子，名曰成師。晉人師服曰：異哉，君之命
子也。太子曰仇，仇者讎也；少子曰成師，成師大號，成之者也。名自命
也，物自定也。今適庶名反逆，此後晉其能毋亂乎。三十七年穆
侯卒，弟殤叔自立，太子仇出奔。殤叔四年，太子仇率其徒襲殤
叔而立，是爲文侯。

丕顯文武，克慎明德，昭升于上，敷聞在下，惟時上帝集厥命于文王。
亦惟先正克左右昭事厥辟，越小大謀猷，罔不率從，肆先祖懷在位。

四五

顯，光也。明，勉也。昭，見也。敷，布也。聞，聲聞也。上謂天。下謂人。詩文王云文王在上，於昭于天。昭升于上也。亹亹之文王，令聞不已。敷聞在下也。時，是也。文王，史記作文武，當從之。此承上文丕顯文武來，當兼言文武。猶君奭言集大命于厥躬也。亦，亦今也。先正，謂先臣，謂公卿大夫也。左右者，如詩言在帝左右也。昭，與釗聲同。釋詁，釗，勉也。厥，其也。辟，君也。越，于也，及也。肆，故也。懷，安也。言文武之時，先臣能左右勉事其君，及于小大謀猷罔不率從，故先祖乃安在位也。此言先祖亦賴羣臣之輔弼，以靈以保令終。

嗚呼，閔予小子嗣，造天丕愆，殄資澤于下民，侵戎我國家純。即我御事，罔或耆壽俊在厥服，予則罔克。曰惟祖惟父，其伊恤朕躬。嗚呼，呼，有績予一人，永綏在位。

閔悼傷之言。造與遭聲相近。大誥弗造哲，即弗遭哲。予造天役，即予遭天役。呂刑兩造具備，即兩遭俱備也。丕遂大畏也。殄，絕也。資，財也。澤，孟子趙注云：祿也。殄資澤于下民者，劉逢祿云：當幽王時，東國已傷于財，大東所為作也。侵讀為祲。穀梁傳二十四年傳：五穀不熟謂之大侵。亦借侵為祲。說文：祲，精氣感祥也。戎，兵也。竹書紀年幽王十一年，申人、鄫人及犬戎入周，殺王及王子伯服。申侯、許男、鄭子立太子宜臼於申。平王元年，王東徙洛邑。是戎兵之事也。純讀為屯，難也。侵為五穀不熟，而上殄資澤于民；來戎為犬戎內犯，而上遭天丕愆。來兼斯二者，是為屯難。文意言由予嗣位，遭天大罰，資祿絕于

四六

下民五穀不升，寇戎蹲乙我國家丁斯大難也。御事，治事之臣也。耆
壽，老成人也。俊，進也。服，事也，位也。克，能也。曰讀為欥，詮詞也。伊，康也。
語詞。恤，憂也。有，攸也。績，功也，殘也。永，久也。綏，安也。言就我御事言，罔有
老成人登進在位者，予則不能任此艱險。幸惟我同姓祖父行之諸
侯，庶幾其憂恤朕躬乎。又歎言有能成予一人永安在位乎。兩乎字均
嘆詞，與微子「殷其弗或亂正四方」、西伯戡黎「我生不有命在天」同例。
言小子嗣位遭國大難，無與國休戚之臣以扶危定傾也。承上節以起下。

父義和，汝克紹乃顯祖，汝肇刑文、武，用會紹乃辟，追孝于前文人。汝多
修，扞我于艱，若汝，予嘉。

父義和，重呼其字而命之也。紹，當為昭。唐石經亦作昭。阮氏校勘記

以作綏爲譔。樓傳釋此文爲安、綏、明、以顯祖唐叔之道。則作昭者是

也。肇、始也。刑、法也。會、猶會合、紹續。於以臣名君之名、言徵名諡侯

也。左傳、周桓公言于王曰：我周之東遷、晉鄭焉依。鄭語、晉文侯於是

定天子。竹書紀年、平王元年、王東遷洛雒邑。晉侯會衞侯、鄭伯、秦伯

以師從王入于成周。是會紹乃辟之事。孝當爲文、字形之譌也。說文

孝、放也。前文人、指唐叔、晉始封之君也。追孝于前文人者、所謂先

正、克左右昭事厥辟也。戰功曰多。修、敬也。魯語、吾冀爾朝夕修我

語意與此文相當。扞、衞也。艱、上文所謂侵戎我國家純也。若汝予

嘉、王肅云、如汝之功、我所嘉善也。意言致之功績、能敬扞我於艱險

之中。予是以深嘉汝也。此言晉文侯與鄭武公夾輔周室之功

四七

王曰、父義和、其歸視爾師、寧爾邦。用賚爾秬鬯一卣、彤弓一、彤矢百、盧弓一、盧矢百、馬四匹。父往哉。柔遠能邇、惠康小民。亡荒寍、簡恤爾都、用成爾顯德。

師、眾也。寍、安也。時晉亡有殤叔奪國之事、故命之歸視其師、寍其邦也。賚、賜也。卣、中尊也。賜秬鬯者、必以圭瓚副焉。此不言者、省文、從可知也。彤、赤也。盧、黑也。說文、齊人謂黑曰黸。礼王制、諸侯賜弓矢然後征、賜鈇鉞然後殺、賜圭瓚然後爲鬯。此晚出孔傳云、當以賜命告其祖、故賜鬯是也。四匹曰乘。周官司勳云、凡賞無常、輕重視功。父往哉、命之歸國也。能、鄭詩箋云、能伽也。擾猶言安擾也。康、安也。荒寧者、荒、廢、安逸也。簡、擇也。恤、收也。都、都人士也。

顯明也。言慎簡爾鄰人士以為輔翼，用能成爾明德也。此言所賜之器
及所命之辭。

費誓

魯侯伯禽宅曲阜，徐夷並興，東郊不開，作費誓。

史記魯世家：武王封周公旦於曲阜，是為魯公。周公不就封，留佐武王。武王崩，卒相成王，而使其子伯禽代就封於魯。周公卒，子伯禽固已前受封，是為魯公。伯禽即位之後，有管蔡等反也。淮夷徐戎亦並興反。於是伯禽率師伐之於肸，作肸誓。遂平徐戎，定魯。但據周本紀，多方之作，在周公行政七年。成王長，周公反政之後。序云：成王歸自奄，在宗周。書云：惟五月丁亥，王來自奄，至于宗周。工兩之篇序

云成王東伐淮夷，遂踐奄，作成王政。又云：成王既踐奄，將遷其君於

蒲姑，周公告召公，作將蒲姑。是周公攝政時，淮夷為亂，周公歸政

成王初元，淮夷重叛，故晚出孔傳云：周公歸政之明年，淮夷奄又叛。

魯征淮夷，作費誓也。故序云：伯禽宅曲阜，經云：魯人三郊三

遂。若在管蔡時，伯禽方就國，其郊遂區畫恐尚未臻完善也。

當以成王初元說為當。淮夷者，詩傳云：東國在淮浦而夷行也。徐

說文作鄪，云：粊下邑也。並興者，同時興戎也。閩馬本作闢，段玉裁

云魯東近郊，故曰東郊不闢。費，今山東費縣地。史記作肸，音相近。說

文作粊，聲相近也。又云或作鮮，作獮，則文肸之轉誤也。書堯典正義云：

孔以費誓在文侯之命第九十九，鄭以為在呂刑前第九十七。鄭

以事在穆王以上，故當編次在前。實則費誓、秦誓二篇皆以諸侯之事而連帝王者，正義云：孔子序書，以魯有治戎征討之備，秦有悔過自誓之戒，足為世法，故錄以備王事。猶詩錄商、魯之頌。

公曰：嗟！人無譁，聽命。徂茲淮夷、徐戎並興。

譁，讙也。徂，往也。茲，讀為哉。詩下武「昭茲來許」，或作「昭哉來許」。顧命「爾無以釗冒貢于非幾」，茲哉古作茲，可證。淮夷、徐戎並興者，左昭元年傳「周有徐奄」，疏有賈逵注云：奄，國名，淮夷東近魯。奄、徐即淮夷。據此，淮即淮夷，徐與淮夷同時並起也。

善敹乃甲冑，敿乃干，無敢不弔。備乃弓矢，鍛乃戈矛，礪乃鋒刃，無敢不善。

敹讀爲彌縫之彌，鄭云：裡穿徹之也。甲，衣也。胄，兜鍪也。敿，說文：繫
也。連弔，亦善也。備，具也。鍛，椎也。礪，磨也。鋒，兵端也。先治戎備
今惟淫舍牿牛馬，杜乃擭，敜乃穽，無敢傷牿。牿之傷，汝則有常刑。
淫，廣雅釋言云：游也。舍，釋詁郭注云：放置也。牿，鄭云：牿爲楷梏
之牿，施梏于牛馬之脚，使不得走也。杜，讀爲斁，閉也。擭，鄭云：山林之
田，春獵穿地爲穽，或設擭其中，以遮獸。擭，柞鄂也。敜，塞也。孔是
云：軍行以牛載輜重，馬駕兵車，常駕不舍，力不能任，故游放之
而以擭米閑之也。春田之際，人設阱以遮獸，牿牛馬亦常陷焉，故令
民杜擭敜穽，防傷牿也。汝則有常刑，曰謹之也。次謹牧政。
馬牛其風，臣妾逋逃，勿敢越逐，祗復之，我商賚汝。乃越逐不復，汝則

有常刑。無敢寇攘、踰垣牆、竊馬牛、誘臣妾，汝則有常刑。

風，服虔左傳云：放也。牝牡相誘謂之風。臣妾，鄭云：廝役之屬。王葵園云：臣者，公羊宣十二年傳：廝役扈養死者數百人。何注：刈草為防者曰廝，汲水漿者曰役，養馬者曰扈，炊烹者曰養。收鄭以廝役之屬言之。妾，墨子備城門篇：守法五十步丈夫十人，丁女二十人，老小十人，計之五十步四十人。是軍中有女子。書疏云：古者或以婦女從軍也。祗，鄭云：復還也。商讀為章，段云：章度乃周漢古語。商度即章度。按猶言量度也。賚，賜也。言牛馬臣妾有逃逸者，毋得越次而逐，致失軍律。失者不得越逐，得者敬復其主，我當商之度而賚汝也。乃或失者越逐，仍其乾沒，則有常刑也。強取為寇，有

五〇

固而盜曰攘。次嚴軍紀。
甲戌我惟征徐戎，峙乃糗糧，無敢不逮。汝則有大刑。
峙，具也。糗，乾糧也。逮，及也。大刑，馬云，死刑。以下三節，皆立期會。
魯人三郊三遂，峙乃楨榦。甲戌，我惟築，無敢不供。汝則有無餘刑，非殺。
周官注，王城五十里曰近郊，百里曰遠郊。六鄉即在郊內。此本當云三
鄉，云三郊者，郊鄉對文則異，散文不殊也。三郊即三鄉。古者天子
六軍，出於六鄉。諸侯三軍，亦當出乎三鄉。此兼言三遂者，周官小
司徒疏云，凡出軍之法，先六鄉。賦不止，次及六遂。賦猶不止，徵兵於公
邑及三等采地。依此推諸侯，則三軍出自三鄉。三鄉不足，乃及三遂。
猶不足，然後總徵境內之兵。此時淮夷徐戎並興，勢甚危急，故三郊三

遞逕供調發也。楨榦、馬、芻皆築具。楨在前，榦在兩旁，無敢不供者，將以築營壘也。無餘刑，言無遺，如儀禮無有後祿，無有近悔之言。疑問到語。西伯戡黎，不無戰于爾郊，無亦疑問到語也。本文意言非殺，尚有餘刑，無猶上下文汝則有大刑，特變文以取曲折耳。古音無讀如嗎。鄭云無餘刑非殺者，謂盡奴其妻子，不遺其種類，在軍使給廝役，反則入於罪隸、舂槀，不殺之。按本文三節，峙乃楨榦，峙乃糗糧、芻茭，事同一律，二文皆言汝則有大刑，此獨言非殺，固自異罰〔刑〕，訓疑非經旨。又無餘刑亦無由證為盡奴其妻子也。晚出孔傳言不備則有無餘之刑，刑者非一也，然亦非殺汝。說尤含混。本文文法與左傳僖二十三年傳其人能靖國者與有幾同例，皆到文以取姿也。

魯人三郊三遂，峙乃芻茭，無敢不多，汝則有大刑。

芻，刈草也。茭，乾芻也。多字無義。史魯世家作無敢不及。多蓋及之誤字也。此云無敢不及，下文云無敢不逮。及亦逮字，異義同也。

秦誓

秦穆公伐鄭，晉襄公帥師敗秦師于崤，還歸，作秦誓。

左傳杞子自鄭使告于秦曰：鄭人使我掌其北門之管，若潛師以來，國可得也。穆公訪諸蹇叔，蹇叔曰：勞師以襲遠，非所聞也。公辭焉。召孟明、西乞、白乙使出師。晉襄公帥師敗秦師于殽，獲孟明視、西乞術、白乙丙。既而歸之。秦伯素服郊次，鄉師而哭曰：孤違蹇叔以辱二三子，孤之罪也。不替孟明，孤之過也。秦誓之作，蓋在此時。史記所謂哭之三日乃誓於軍也。惟史記秦本紀以為在秦伐晉封殽尸之後，與書序戾，不可從。此誓稱公深悔聽杞子之言，不從蹇叔之諫，遂致敗釁。孔子深有取焉，故殿諸帝典王謨之後。

公曰：嗟，我士，聽無譁。予誓告汝羣言之首。

誓于軍中，故呼我士。羣言之首，猶言開宗明義第一章也。

古人有言曰：民訖自若是多盤。責人斯無難，惟受責俾如流，是惟艱哉。

言，諺言也。訖，止也，終也。盤讀為般，反也。俾，爾雅釋詁：從也。立政罔不率俾，即罔不率從也。言所行常自相反。猶責人無艱，而受責則艱。所謂多般也。此文盤、艱古韻叶。

我心之憂，日月逾邁，若弗云來。

逾，越也。邁，行也。云，詩傳云：旋也。字亦作員，聲近義通。言我心之所憂
日月運行，如弗旋來，悔過如不及也。亦當念年已衰老，恐命將絕，
日月逝往，若不再來，將不復見日月，雖欲改過，無所及。蓋自明改
過遲晚，深自咎責之辭。
惟古之謀人，則曰未就予忌；惟今之謀臣，姑將以為親。雖則云然，尚猷
詢茲黃髮，則罔所愆。
惟古之謀人，猶想古人也。忌，讀為惎，謀也。說文引周書作惎。未就予
忌者，未成予之所謀也。多方「爾尚不忌于凶德」，即爾尚不惎于凶
德。左傳「惎間王室」，即謀間王室也。姑，將姑且也。猶亦尚也。尚猶連
文，左傳之「薰一蕕，十年尚猶有臭」是也。黃髮，壽也。愆，過也。言古之

謀臣，既不可信。且無今之謀臣為親，雖以為親，然家國大計，尚猶詢

老壽之人，則罔所愆也。此注誤。

番番良士，旅力既愆，我尚有之。仡仡勇夫，射御不違，我尚不欲。惟

截截善諞言，俾君子易辭，我皇多有之。

番讀為皤，說文：老人髮白貌也。良，善也。旅讀為膂，廣雅：膂，力

也。愆讀為騫，虧損也。我尚有之者，尚之也。意蓋指蹇叔言。仡

仡，勇壯也。違，失也。我尚不欲者，言尚非我所欲也。意蓋指當時免

冑超乘者言。左傳秦師過周北門，左右免冑而下，超乘者三百人

也。截截，說文引作戔戔，淺孝子觀。諞，說文：巧言也。辭，公羊傳引作

怠，古音辭讀為怠也。易怠，猶輕慢也。皇，公羊作況，云：而況乎我

五三

多有之。皇況古同音也。我皇多有之，言不宜有也。我皇語倒，猶言況我也。意蓋指杞子言。此實指諸臣。言有之臣於此，吾宜何從。江聲云：我尚有之，我庶幾有此人而用之，貴其知識周也。我尚不欲，我庶幾不欲用之。惡其輕聽寡謀以取敗也。我皇多有之，便巧之言，使君子輕易爲惰，忽于禍敗，我況乎多有其人乎。

昧昧我思之，如有一介臣，斷斷猗無他技，其心休休焉，其如有容。人之有技，若己有之。人之彥聖，其心好之，不啻若自其口出，是能容之，以能保我子孫黎民，亦職有利哉。人之有技，冒疾以惡之；人之彥聖，而違之俾不通。是不能容，以不能保我子孫黎民，亦曰殆哉。

昧昧，廣雅釋訓云：暗也。介，大學引作个，即介字別體也。一介，馬云：耿介

一心端愨者。斷斷、廣雅云、誠也。猗、大學引作兮、聲相近。詞之餘也。休休
休、鄭云寬容也。技、能也。彥、釋訓云美士為彥。不啻、不但也。自、從也。
黎民、眾民也。職、大學引作尚、訓主也。冒疾為媢、鄭云妬也。疾賢為嫉
妒也。妒亦妬也。違、鄭云猶戾也。疑猶言乖隔也。俾、使也。通、達也。佛
戾賢人所為、使功不通于君也。殆、危也。無舉賢而肯使後人知所
法戒。

邦之杌隉、曰由一人。邦之榮懷、亦尚一人之慶。

杌隉、疊韻連語、危也。曰讀為欥、聿也。榮懷、亦雙聲連語、安也。
尚、主也。慶、善也。言邦之危、聿由人君所用非人。邦之安、亦由人君
所任得人。舉以自責、兼戒後世也。

尚書正讀卷六終

膠於雅詁，謬釋
全文，則詁反為病。
如若之訓順，見於
爾雅，然取同釋訓
之義。於粵若稽古為
順考古道，文尚可通；
洪範曰肅時雨若，曰
乂時暘若，為時雨時
暘順之，則不可通矣。
又如大誥王若曰猷
大告爾多邦，為順大
道以告天下，尤為不
可通矣。

一正訓詁。漢書藝文志云：書者古之號令，號令於衆，其言不立具，則聽受施行者弗曉。古文讀應爾雅，故解古今語而可知。釋書者自曉於孔傳而後，如宋之林蔡（之奇 沈）、清之江孫（聲 星衍），所著訓解多遺雅詁。然雅詁直文一字或具數訓，一訓或關數義，屢非可執一以繩。今茲所纂訓詁，要有根據，務求安愜，故自爾雅之外，如小爾雅、方言、廣雅及漢晉人傳注，皆所取材，以義理明通為主，不僅限於爾雅一書也。

一正句讀。學記云：古之教者，比年入學，中年考校，一年視離經辨志。鄭注：離經，斷句絕也；辨志，謂別其志意所趨向也。然則古人立教，斷句為先。前儒說書斷句多有訛誤，如朱子語錄云：書中難點，如大誥語句甚長，今人卻都碎讀了，所以曉不得。又云人說荊公穿鑿，只是好處應還他，如天降割于我家不少延，用寧王遺我大寶龜，皆以注家所及，可知尚書離由費那易易本書者，求文義多別由讀，先令文從字順，庶足深通旨意。

三正異文。尚書有今古文之別，而今文尤有歐陽三家之傳，古文科斗難識，今文口耳相傳，枝柱之有文字之異，讀法之差，如盤庚下「今予其敷心腹腎腸，歷告爾百姓于朕志」，堯典正義云夏侯等書「心腹腎腸」曰「優賢揚歷」。君奭「割申勸寧王之德」，禮記緇衣作「周田觀文王之德」，漢博士讀作「厥亂勸寧王之德」。梓材「戕敗人宥」，「王啓監，厥亂為民」，今文作「彊人有」。「王閒賢厥章他肥」，皋陶謨「在治忽」，今文作「采政忽」，今皆考其近聲之遠近，推其致誤之由來，為之訂正。

本書所釋者，爲伏生尚書二十八篇。但盤庚分爲三篇，顧命、康王之誥析爲二篇，是所解者三十一篇，如歐陽生所傳也。又堯典迺括晚出古文舜典，皋陶謨迺括晚出古文益稷於內，又加二篇，是於晚出古文已解三十三篇矣。又百篇之序，晚出孔傳附於各篇之間，本書一依其次，是已解三十四篇。晚書原五十九篇，除三十四篇，則廿五篇皆僞書矣。詞意淺露，學者可自擇之。

唐劉知幾史通自叙云：予幼奉庭訓，早游文學，年在紈綺，便受古文尚書。每苦其辭艱瑣，難爲諷讀。雖屢逢捶撻，而其業不成。嘗聞家君爲諸兄講春秋左氏傳，每廢書而聽。逮講畢，即爲諸兄說之。因竊歎曰：若使書皆如是，吾不復怠矣。蓋以尚書原甚古奧，加又諸儒訓詁不明，而讀未析，故在韓昌黎已有周誥殷盤詰詘聱牙之歎。予為此書，竊欲使後移聱牙之書為文從字順之文，庶後來賢質聰慧如劉知幾者，不至其苦辭艱瑣，屢遭捶撻也。

韓昌黎以周誥殷盤為詰詘聱牙，宋朱子又謂尚書中盤庚五誥之類實是難曉，又云周公當初如何其言聱牙難考，蓋亦書中周公之言便難讀。據此則尚書以盤誥為難，而尤以五誥為難。今講尚書先從五誥始，亦先難後易之一意也。

附録

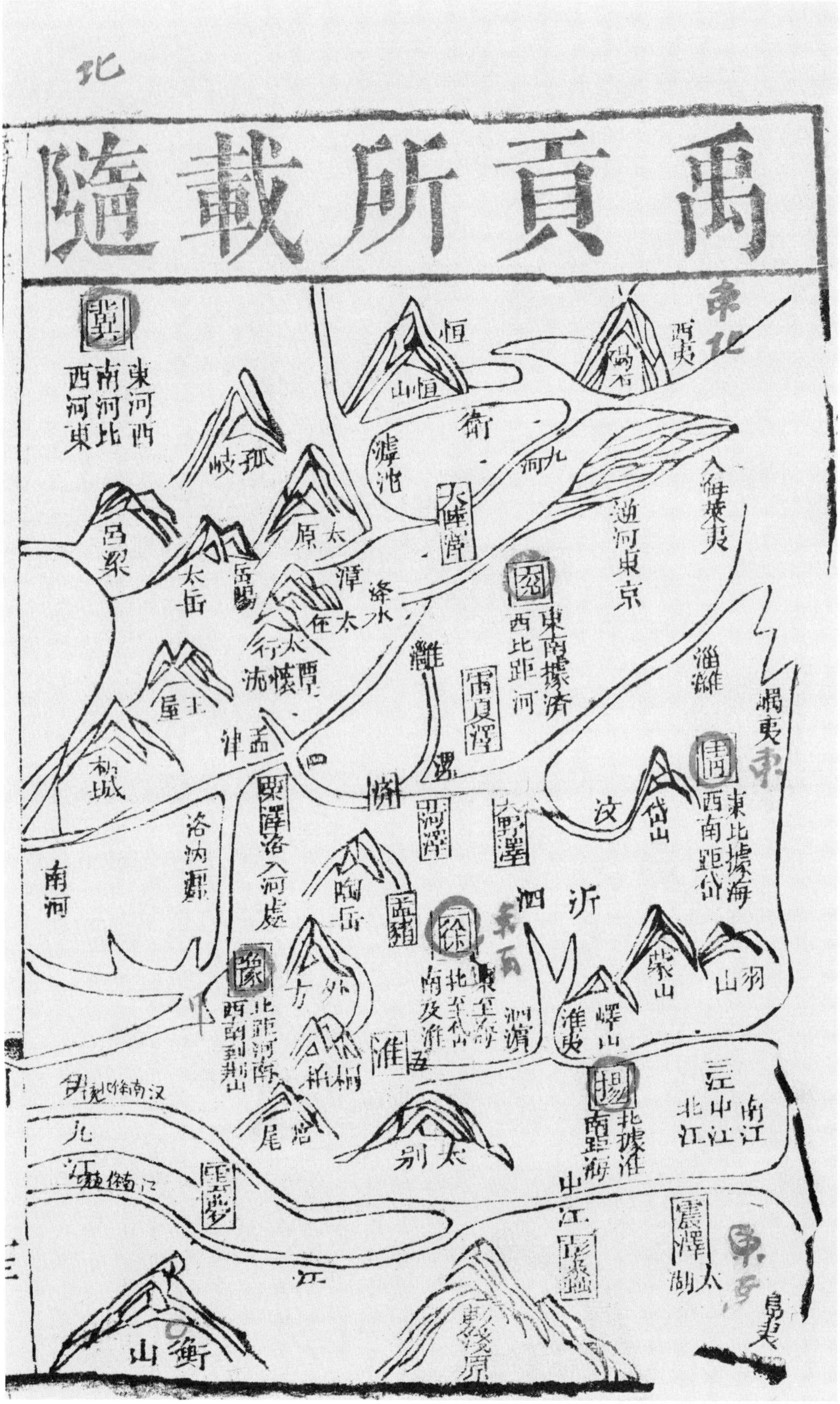
禹貢所載隨
北
冀
東河西
南河北
西河東
恒
恒山
碣石
孤岐
太原
呂梁
太岳
岳陽
衡漳
大陸澤
九河
逆河東京
入海夾右
兖
東南據濟
西北距河
濰
淄
嵎夷
青
東北據海
西南距岱
岱山
汶
雷夏澤
大野澤
菏澤
孟豬
徐
東至海
北至岱
南及淮
泗
沂
蒙山
羽山
嶧山
淮夷
淮
豫
西南到荊山
北距河
外方
桐柏
熊耳
洛納瀍
南河
伊洛瀍澗
洛入河處
揚
北據淮
南距海
三江
南江
中江
北江
太別
震澤
太湖
彭蠡
九江
雲夢
衡山
敷淺原
島夷

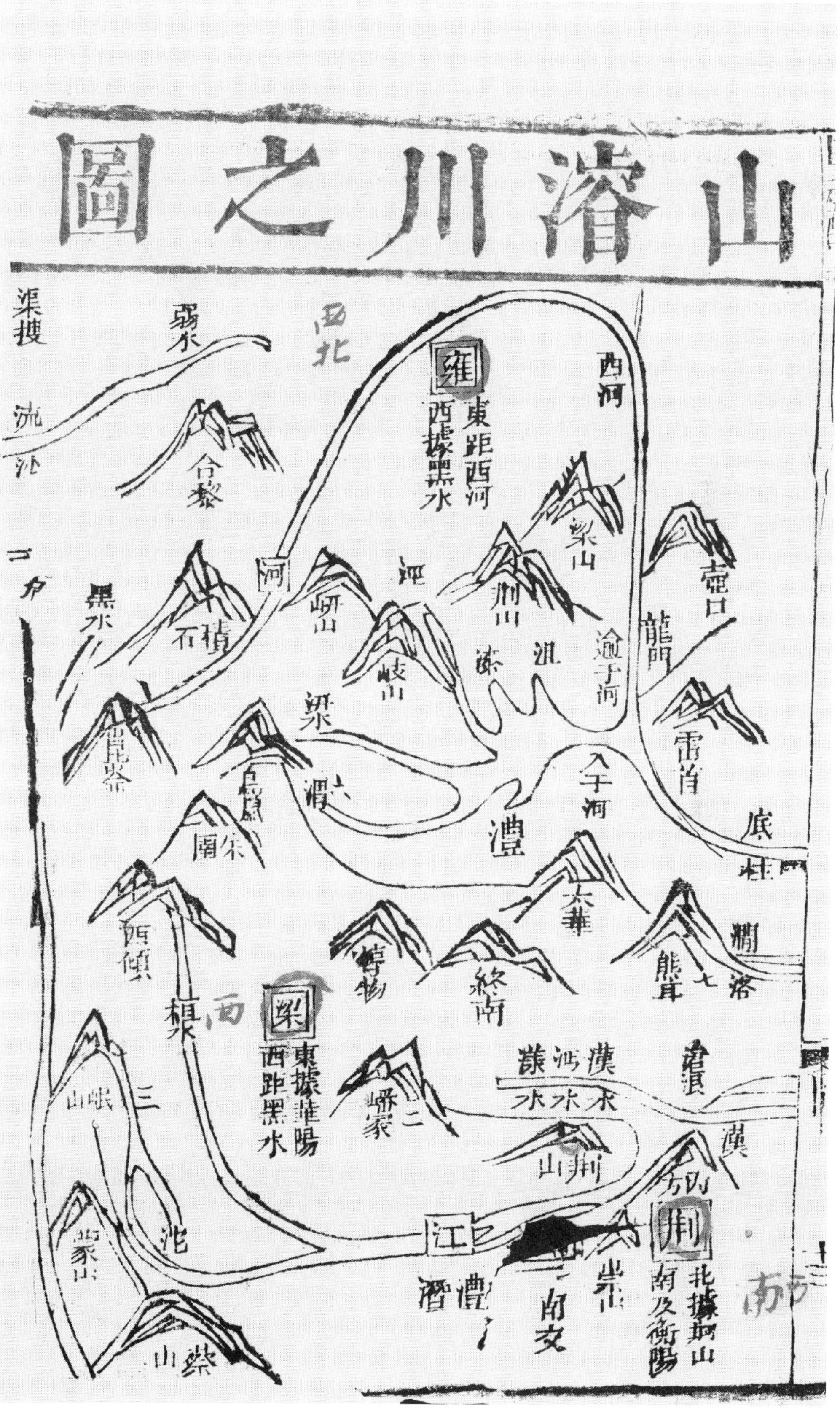
山濬川之圖
雍
東距西河
西據黑水
梁
東據華陽
西距黑水
荊
北據荊山
南及衡陽
西河
弱水
合黎
黑水
積石
崑崙
鳥鼠
朱圉
西傾
岍山
岐山
梁山
荊山
壺口
龍門
雷首
底柱
太華
熊耳
終南
惇物
嶓冢
逾于河
入于河
灃
渭
江
漢
岷山

北今河北曲陽縣山也碣石山漢志右北平驪成縣西南今河北撫甯縣西南也入于海者山脈入于海也

汧陰列

渭漢淮漢间山脈

西傾朱圉鳥鼠至于太華熊耳外方桐柏至于陪尾

此言汧陰列也西傾漢志在隴西臨洮今甘肅臨洮縣之西南也朱圉山在漢志在天水冀縣今在甘肅伏羌縣鳥鼠山漢志在首陽縣西今甘肅渭源縣西據今地志朱圉在東鳥鼠在西自西而東應先鳥鼠後朱圉經似誤倒耳鳴盛云以山脈言之朱圉山縣亘於伏羌西南者甚眾可與鳥鼠離錯舉之是也太華漢志在京兆華陰南今陝西華陰縣南熊耳山漢志在盧氏縣東今在河南盧氏縣西南外方山漢志潁川崇高縣注云武帝置以奉太室山是為中岳古文

二四

本傳十五年傳一寫於是傳寫因服但爰易也。本文爰宅正易宅也。孔傳訓爰為于，案于茲不辭也。

多何者之省略。古書湯誓夏罪，其如台。西伯戡黎，今王其如台。史記皆釋作奈何。孔訓奈何本言殷自明德也。晚出孔傳訓台為我，雖本雅訓，然曰其如我，所行文不成義。

我王來，指祖乙。爰，易也。爰宅，指祖乙自相遷耿言。

重我民，無盡劉。不能胥匡以生。卜稽曰其如台。

劉，殺也。無盡劉者，猶言勿遺也。胥，相也。匡，正也。卜稽者，考之於卜也。

其如台者，猶言其如何也。命龜詞脫之。

先王有服，恪謹天命，茲猶不常寧。

卜辭也。若辭，尚書中同若辭，多有曰字，如盤庚下爾謂朕曷震動

萬民以遷。肆上帝將復我高祖之德，亂于我家。擇[illegible]王其敬郁

君越御事厥命曷由以勤。寬勤情，皆是服舊為也。若指服言，寧安也。

卜辭有韶。本文命寧通叶，易乾為傳命與大寧叶可證。卜辭太

為決辭。餘當章為疑詞，故下篇亦敢通下同。當長貴之語。

文告論

三

本節文自來均以為盤庚謀民之語，如鄭康成為書注、孔安國為書傳、宋蔡沈集傳皆是。然不常厥邑，于今五邦，與盤庚之遷都之說全反，與下文之一面相會，是此正語。

不常厥邑，于今五邦。今不承于古，罔知天之斷命，矧曰其克從先王之烈？

若顛木之有由蘖，

馬融云：五邦，商、邸、亳、囂、相、耿也。由蘖，伐木之餘也。天之斷命承上恪

謹天命而言，克從先王之烈，承上先王言。服言，言伐木新生不可移植，使其生機也。

天其永我命于茲新邑，紹復先王之大業，厎綏四方。

茲新邑謂殷也。厎，定也。綏，安也。以上罗據下辭，駁遷都之議。

盤庚斅于民，由乃在位以常舊服，正法度。曰：無或敢伏小人之攸箴。

斅，覺悟也。乃，猶汝也。周禮小宰各修乃職，考乃法，待乃事。曰在位，女之言（乃，猶其也。）

也。伏，匿、絕也。攸，所也。小人攸箴，即工女所箴也。時群臣皆依據舊事以言

法度，謂常而民有言相撓錯，即下文所云今汝聒聒，起信險膚也。盤

王命節連上

庚悟小民不適有居，皆羣臣胥動以爲之梗，故大誥羣臣。

王命衆，悉至于庭。

以上皆史臣記事之辭，以下乃爲誥命正文。

王若曰：格汝衆，予告汝訓，汝猷黜乃心，無傲從康。

格，來也。猷，圖也。黜，降。傲，嫚。康，安也。無傲從康，於吉毋得傲上而懷安也。

古我先王，亦惟圖任舊人共政。

庶亦上安猷也。先王亦圖舍己從人，汝當降心相從可知也。

王播告之，修，不匿厥指，王用丕欽，罔有逸言，民用丕變。

播揚厥旨

播，敷之於其也。修，治。匿，隱也。丕，大也。逸，過之言。過言也。變，化也。

今汝聒聒，起信險膚，予弗知乃所訟。

言王布告其所修治，羣臣上所有謁誠，布不相非，故王欽其誠，而民化其德也。

書曰史官記言於王若云云者也，無爲例。

書序虞舜側微，堯聞之聰明，將使嗣位，聞其聰明也。

聒聒，讙聒之貌。起，興也。險，邪也。膚，浮也。乃，汝也。記，寧聽也。起信險膚

而理膚，動以浮言也。

非予自荒茲德，惟汝含德不惕予一人。

非予自荒茲德者，非予不善之修也。惟汝含德者，汝自遠隱，猶言不惕

猶爲易，施也。白虎通引作不施予一人。

說文：拙，不巧也。商書曰：予亦拙謀。讀若巧拙之拙。此說文以讀若明假借也。段玉裁古文尚書撰異云：疑古文作拙，假拙爲拙，取其同音，而含其字之本義也。孔安國以今文讀之，易爲拙。

予若觀火，予亦拙謀作乃逸。

如火之明而不能自行致威於遠也。逸，過也。

若網在綱，有條而不紊；若農服田力穡，乃亦有秋。

主於出其毒，行於衆群臣，若網之喻，申言無傲之戒；若農服之喻

申言從康之戒。以上言群臣之宜同心相從相助爲理也。

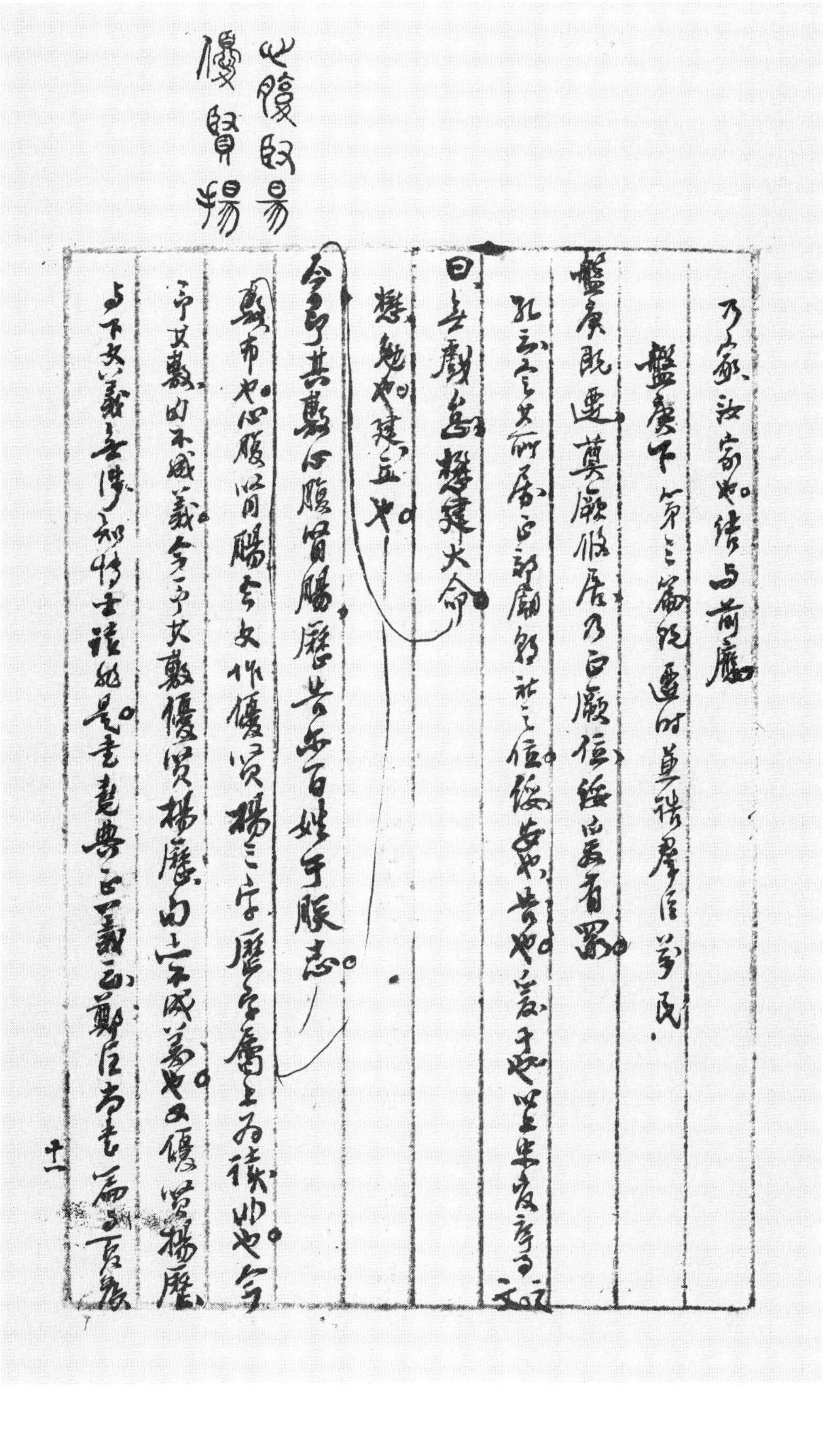

心腹腎腸
優賢揚

乃家、汝家也。法与前應

盤庚下　第三篇既遷後奠其居勞民

盤庚既遷奠厥攸居乃正厥位綏爰有衆。

孔云定其所居正郊廟朝社之位。綏安也、爰于也。衆于也。以上孔安國之文

曰無戲怠懋建大命。

懋勉也、建立也。

今予其敷心腹腎腸歷告爾百姓于朕志。

敷布也。心腹腎腸今文作優賢揚三字，歷字屬上爲讀非也。今

予其敷由不成義。今予其敷優賢揚歷由上字不成義也。又優賢揚歷

與下文之義無涉。郭特立說非是。意甚與上下義不鄭注尚書篇之異義

十一

皆同。今經字多異。夏侯等書心腹腎腸曰憂賢揚。是馬鄭讀

書古文本亦作心腹腎腸也。左氏宣十二年傳鄭伯曰敢布腹心，用此

經文也。心腹腎腸四字連用，猶援臣作朕股肱耳目之比。歷數

也。披肝瀝膽，盡情相告，故曰歷告。此文語倒，猶言歷告朕志于

爾百姓也。

罔罪爾衆，爾無共怒，協比讒言予一人。

協，合也。詩正月洽比其鄰，傳：洽，合也。以上當有脱志。協比猶洽比也。

古我先王，將多于前功，適于山，用降我凶德，嘉績于朕邦。

先王，指湯言。多讀爲侈。將多于前功，猶言功將侈于前也。適于山

鄭玄以爲亳在京城縣南耀縣西，降今是亳爲山陰地也。

謂湯自商邱遷于亳也。我凶德作我之錯亂，此處并脱用降嘉績

五十六

國志之上永福常宗
築于傅巖之野武丁
得而舉之立爲三公
晚出孔傳云說命殷
由行而命之也

高宗祭成湯有飛雉升鼎耳而雊。祖己訓諸王，作高宗肜日、高宗之訓。

高宗武丁，小乙之子，陽甲之弟子。祭之明日又祭曰肜。史記殷本紀云：帝武丁祭成湯，明日有飛雉登鼎耳而雊。祖己曰：雉雊鳴也，有不宜有也。按史殷本紀，帝祖丁崩，立弟沃甲之子南庚；南庚崩，立祖丁之子陽甲；陽甲崩，弟盤庚立；崩，弟小辛立；崩，弟小乙立；崩，子武丁立。是武丁爲小乙之子，陽甲之弟子。通典賀循議曰：殷之盤庚不序陽甲之廟，而上繼先君，以弟不繼兄故也。此蓋古文書說。時武丁祀祖，蓋亦以弟不繼兄之義，不序陽甲、盤庚、小辛之廟，特豐其禰祀，而上繼祖丁，遂有雉雊之異。祖己遂以典祀無豐于昵訓之。漢書五行志說五行者之此立說。五行志引劉歆以爲鼎鼐之藝，易有鼎卦，鼎，宗廟之器，主

西

惟先格王後正厥事，蓋倒字以承上文意而有也。

器奉宗廟者，長子也。野鳥自外來，入爲宗廟器之主，是繼嗣將易也。野鳥升鼎，長子缺祀之徵也。亡爲孝己入繼大統之兆，故祖己首降年永促之訓。殷高宗修德主器，其孫爲長子，故孔子以爲德之有報之之驗也。說見大傳。鄭以爲高宗之訓已。

高宗肜日，越有雊雉。祖己曰：惟先格王，正厥事。乃訓于王。

越，于也。（發語也。）祖己，武丁賢臣。曰者，謂其同儕也。格，正也。讀如孟子格君心之非之格。事，讀如左傳國之大事，惟祀與戎之事。意言禍災之來，由于王心不正，以致祀典有缺，故欲弭災戾，惟當先正王心，次正祀典，故卽以此二者諫訓于王也。以上記史官敘事之詞。

曰：惟天監下民，典厥義，降年有永有不永，非天夭民，民中絕命。

監，監視也。典，主也。義，循理而行宜也。少壯而死曰夭。時武丁祀事特豐於昵廟，蓋有祈福請命之心。雊雉升鼎又有大異，易王之數，祖己因事啓迪，以降年修短之主厥德。其言祈請但民自中絶其命，非天夭折斯民也。祈天永命，惟當正德以承天。

民有不若德，不聽罪，天既孚命正厥德，乃曰其如台。

若，順。聽，服也。孚讀爲罰，聲相近。禮坊記：毋怙毋傲、毋慢立毋踰言，若是者深謹深罰也。「按孚字因聲正讀爲罰，禮以此代之，請正郵國之正，如

「是字罰聲近義通之證」

台，奈何也。言民有不順德服罪者，天既降罰以正厥德矣，乃曰其奈何而已晚乎。「言民有不修德以自祈永之福也」以上祖己格王之言。

嗚呼，王司敬民，罔非天胤，典祀無豐于昵。

十二

昵，尼質切，日母。禰，奴礼切，泥母。

司讀爲嗣，史記正作嗣。胤，繼也。典，常也。昵，讀爲禰。馬融曰：昵，考也，謂禰廟也。王肅曰：高宗豐于昵，故有雊雉升遠祖成湯廟鼎之異。穀梁文二年傳何休注云：高宗殷之賢主，猶祭豐于禰，以致雊雉之變。疑昵爲禰也。意言王嗣能敬民，罔非天之胤，典禰廟固當致豐，而世父廟祀亦不宜者缺。以上祖己正事之言。孫星衍書古今文注疏云：通典引賀循議，以盤庚不序陽甲之廟，是陽甲無廟祀。詩殷武箋云：高宗之前王，有廢政教，不修寢廟者，高宗復成湯之道，故新路寢焉。疏云：其不修者，蓋小辛、小乙耳。按史記殷本紀祖丁子陽甲，陽甲弟盤庚，盤庚弟小辛，小辛弟小乙，小乙子武丁。又云帝小辛立，殷復衰。是殷自祖丁之後，陽甲至小乙皆兄弟相及，盤庚既尚桓桓如虎如貔如熊如羆于商郊。

桓桓，威也。貔，虎屬。于，往也。此文語倒，猶云于商郊，尚桓桓如虎如貔如熊如羆也。

弗迓克奔以役西土，勗哉夫子。

迓，迎也。克，能也。奔，來奔也。讀為娉則為妻，奔則為妾之奔。役，助也。周語以役王命，意同。西土言周。以上誓師之文。三言勗哉夫子，一戒其躐進，一戒其貪殺，一戒其殺降。史文自明，末又反言以警之也。

武成述建設之際之晚出之文者

爾所弗勗，其于爾躬有戮。

反言以警之也。

洪範

二五

武王勝殷，殺紂，立武庚，以箕子歸，作洪範。

洪，大也。範，法也。史記宋世家云：箕子者，紂親戚也。紂為淫泆，箕子諫不聽，乃披髮佯狂為奴。武王既克殷，訪問箕子。殷本紀云：箕子佯狂為奴，紂又囚之。周本紀：武王伐紂，釋箕子之囚。是其事也。左傳稱文引洪範皆云商書，經文之稱年為祀。或武王命箕子陳言而不臣之義，或箕子自為而不忘本之意，則不可知矣。

惟十有三祀，王訪于箕子。

文王受命之十三祀，武王即位之四年也。訪，問也。箕，國名；子，爵。鄭云：微子、箕子實是畿內采地之爵，非畿外治民之君，故云子也。史記索隱云：馬融以箕子為紂之諸父，服虔、杜預以為紂之庶兄也。